传播学总论

胡正荣 著

中国传媒大学出版社

图书在版编目（CIP）数据

传播学总论/胡正荣著．—北京：中国传媒大学出版社，1997.4（2006.12 重印）

ISBN 978－7－81004－720－3

Ⅰ．传… Ⅱ．胡… Ⅲ．传播学 Ⅳ．G206

中国版本图书馆 CIP 数据核字（2006）第 156249 号

传播学总论

作　　者：	胡正荣
责任编辑：	韩旺辰
封面设计：	任　名
出版发行：	中国传媒大学出版社（原北京广播学院出版社）
社　　址：	北京市朝阳区定福庄东街 1 号　　邮编：100024
电　　话：	65450532 或 65450528　　传真：010－65779405
网　　址：	http：//www.cucp.com.cn
经　　销：	新华书店
印　　刷：	北京市后沙峪印刷厂
开　　本：	850×1168 毫米　1/32
印　　张：	12.625
字　　数：	305 千字
版　　次：	1997 年 4 月第 1 版　2012 年 8 月第 20 次印刷

ISBN 978－7－81004－720－3/K・720　　　定价：22.50 元

版权所有　　翻印必究　　印装错误　　负责调换

目　录

前言 ··· (1)

第一章　传播学论 ··· (1)

第一节　传播学的兴起 ··· (1)
一、传播学兴起前的传播研究 ································· (1)
二、传播学兴起的背景 ··· (2)

第二节　传播学的发展 ··· (13)
一、国外传播学的发展 ··· (13)
二、我国传播学的发展 ··· (21)

第三节　传播学的研究对象 ··································· (23)
一、对传播学及其研究对象已有的认识 ····················· (24)
二、传播学的研究对象 ··· (28)

第四节　传播学研究方法 ······································ (31)
一、传播学研究方法的特点 ····································· (31)
二、传播学研究方法的层次性 ································· (32)
三、传播学研究方法体系 ·· (33)

第五节　传播学的奠基人及创立者 ·························· (46)
一、政治学家哈罗德·拉斯韦尔 ······························· (46)
二、社会心理学家库尔特·卢因 ······························· (49)
三、社会学家保罗·拉扎斯费尔德 ···························· (51)
四、实验心理学家卡尔·霍夫兰 ······························· (53)
五、传播学家威尔伯·施拉姆 ·································· (55)

· 1 ·

第二章 传播论 ……………………………………… (58)

第一节 传播 ………………………………………… (58)
一、传播的含义 ……………………………………… (58)
二、传播的类型 ……………………………………… (63)
第二节 人类传播的演进 …………………………… (65)
一、人类传播演进的过程 …………………………… (65)
二、人类传播演进的规律 …………………………… (78)

第三章 传播材料论 ……………………………… (83)

第一节 信息 ………………………………………… (83)
一、信息及其实质 …………………………………… (83)
二、信息的特征与功能 ……………………………… (88)
三、信息的分类 ……………………………………… (91)
四、社会信息化 ……………………………………… (93)
第二节 符号 ………………………………………… (99)
一、符号的界定及性质 ……………………………… (100)
二、符号类型 ………………………………………… (107)
三、符号系统与传播 ………………………………… (118)
四、讯息 ……………………………………………… (119)

第四章 传播类型论 ……………………………… (120)

第一节 人的内向传播 ……………………………… (121)
一、内向传播 ………………………………………… (121)
二、内向传播的形式 ………………………………… (122)
三、内向传播的核心——自我管理 ………………… (125)
第二节 人际传播 …………………………………… (126)
一、符号互动与人际传播 …………………………… (126)

二、人际传播的基础——自我表露……………………（130）
　　三、人际传播的动机…………………………………（133）
　第三节　组织传播………………………………………（136）
　　一、组织传播…………………………………………（136）
　　二、组织传播的形式、方向及功能…………………（140）
　　三、管理行为与组织传播……………………………（144）
　第四节　大众传播………………………………………（147）
　　一、大众传播的界定及特征…………………………（147）
　　二、大众传播的功能…………………………………（151）

第五章　传播过程论……………………………………（164）

　第一节　传播过程………………………………………（164）
　　一、传播过程及其特征………………………………（164）
　　二、传播模式…………………………………………（165）
　第二节　线性传播过程…………………………………（168）
　　一、线性传播过程模式………………………………（168）
　　二、线性传播过程模式的缺陷………………………（171）
　第三节　控制论传播过程………………………………（171）
　　一、控制论观关照下的传播过程……………………（171）
　　二、控制论传播过程模式……………………………（173）
　第四节　系统传播过程…………………………………（178）
　　一、传播过程的宏观系统认知………………………（178）
　　二、系统传播过程模式………………………………（179）
　　三、大众传播系统过程………………………………（184）

第六章　传播者论………………………………………（192）

　第一节　传播者的制度环境……………………………（192）
　　一、社会制度决定传播制度…………………………（193）

二、传播制度对社会制度的能动作用……………………（202）
　第二节　传播者与把关……………………………………（205）
　　一、把关人与把关…………………………………………（205）
　　二、影响传播者把关的因素………………………………（207）

第七章　传播内容论……………………………………（211）

　第一节　传播内容及其形态………………………………（211）
　　一、传播内容………………………………………………（211）
　　二、传播内容的形态………………………………………（213）
　第二节　传播内容的生产与流动…………………………（218）
　第三节　传播内容分析……………………………………（224）
　　一、传播内容分析的过程及方法…………………………（224）
　　二、传播内容分析的作用…………………………………（226）

第八章　传播媒介论……………………………………（228）

　第一节　传播媒介…………………………………………（228）
　　一、传播媒介………………………………………………（228）
　　二、认识传播媒介的意义及原则…………………………（230）
　　三、媒介分析………………………………………………（236）
　第二节　传播媒介的本体特征……………………………（241）
　　一、传播媒介的本体特征…………………………………（241）
　　二、传播途径的比较与选择………………………………（250）
　第三节　媒介价值与媒介文化……………………………（252）
　　一、媒介价值………………………………………………（252）
　　二、媒介文化………………………………………………（254）

第九章　受众论…………………………………………（257）

　第一节　受众………………………………………………（257）

一、受众的界定与类型……………………………………（257）
　　二、受众的特征……………………………………………（259）
　第二节　受众主体………………………………………………（260）
　　一、受众行为的动机与目的………………………………（260）
　　二、传受关系………………………………………………（263）
　　三、受众与信息的关系……………………………………（267）
　　四、受众权利………………………………………………（275）
　第三节　受众价值………………………………………………（277）
　　一、国内外对受众价值的认识……………………………（277）
　　二、受众价值的开发………………………………………（290）

第十章　传播效果论……………………………………………（295）
　第一节　传播效果的认识历程…………………………………（295）
　　一、传播效果的早期认识…………………………………（297）
　　二、传播效果的现当代认识………………………………（303）
　　三、传播效果研究的未来走向……………………………（311）
　第二节　传播效果的普遍取向…………………………………（313）
　　一、传播效果的内涵与层面………………………………（313）
　　二、传播效果的普遍取向…………………………………（315）

第十一章　传播实践论…………………………………………（320）
　第一节　传播学研究与传播实践的互动………………………（321）
　　一、传播实践的跟进对传播学理论研究的冲击…………（321）
　　二、传播学研究面对传播业冲击的相对被动……………（323）
　第二节　传播实践研究…………………………………………（325）
　　一、广播电视传播研究……………………………………（325）
　　二、广告媒介传播战略研究………………………………（338）
　　三、整合营销传播研究……………………………………（357）

四、西方宣传研究……………………………………（364）
五、跨文化传播研究…………………………………（380）

前　言

即将跨入21世纪的今天,信息的流动日益引起人们的高度重视。这不仅仅是因为有关信息和传播的理论日见繁多,表现在"信息社会"、"后工业社会"、"信息化工业社会"、"文化批判"等各种相关概念和理论的出现和壮大,而且,更重要的是因为,宏观上,现实社会及经济形态中信息资源的地位越来越高,信息流动带来的价值和效益越来越大;微观上,在人们的日常生活中信息及各种信息传播媒介不仅不可或缺,而且极其重要。在各种信息传播形态中,可以说,大众传播的作用最大,因而最引人关注。

在这样的社会背景和理论环境中,我们研究传播学或许也可以做出某些调整和努力。一方面,原原本本学习和研究传播学经典方法和成果,建立与国际传播学学术社区对话的"共同经验范围";另一方面,也是更重要的是立足基础,调整研究方法和研究对象,深化我们的传播学研究,提升我们传播学研究的水平。

我们似乎可以从更广、更远的范围来认识我们的传播学研究。我们面临的是经济社会的信息化和全球化,同时,我们的基础是社会主义市场经济。这种理念、机制以及由此而来的一系列变革为我们的传播学研究提供了宝贵而难得的素材。我们还可以从更具体、更微观的层面来审视我们的传播学研究。我们看到的是多样化的研究方法和研究结论,看到的是从多层面和多角度对研究对象的关照,看到的是研究结果带动的认识与实践的变动。目睹到的学术状况可以使我们有所收益。我们可以加强经验量化描述、价值论层面的研究,也需要关注质化批判、本体论层面的研究。

正是在这种学术意识的支配下，作者努力尝试对传播学进行总体把握。这次努力是在作者近十年传播学教学与研究的基础上进行的。1988年下半年，作者开始备课讲授传播学。那时，资料较少、视野有限不说，单是传播及传播学在学术界和社会上认知度之低就足以令初涉传播学领域的人茫然。90年代的今天，传播的作用增大了，传播学的影响也随之扩大了。

本书力图对传播活动，特别是大众传播活动进行较为全面的研究。共分十一章，第一章论述传播学自身的产生与发展；第二章至第五章研究传播、传播材料（信息、符号）、传播类型和传播过程；第六章至第十章研究传播的五个基本要素，即传播者、传播内容、传播媒介、受众和效果；第十一章论述传播实践与传播学研究的关系，并且对五种具体的传播实践（广播电视传播、广告媒介传播战略、整合营销传播、西方宣传以及跨文化卫星电视传播）进行研究，目的在于探索传播学理论之于传播实践的价值和意义。

本书写作过程中得到许多同志和朋友的支持和帮助，尤其是我院的领导和同事，正是在他们的催促和支持下，才得以成书。由于写作时间较短，加上本人学术浅陋，书中不足之处，乃至浅薄、错误之处定有不少，在此，敬请批评指正。

1997年4月8日

第一章 传播学论

传播学起源于本世纪一二十年代,形成一个学科是在四五十年代。从此以后,传播学在学术界和理论界的地位日益提高,同时其在实践领域的影响也在扩大。

第一节 传播学的兴起

我们将本世纪四十年代至五十年代视为传播学的诞生期。但是人类社会对信息传播的关注和重视却古已有之,这些关注有的演化成对信息传播活动的研究。

一、传播学兴起前的传播研究

传播学是传播研究进入到成熟阶段,能够利用自己的学术范畴、研究方法进行全面、系统而深入的科学研究的结果。我们考察传播学产生之前的传播研究活动将对我们认识传播学的起源和发展及其学术传统将大有裨益。

我们知道,人类的传播活动与人类的历史一样古老。人类社会便是建立在人们利用符号进行互动的基础上的。自从人类的传播活动建立以来,对传播现象的关注和思考便没有停止。

最早的传播研究可以追溯到古希腊时期和我国的春秋战国时期,在各种古代文献中,如古希腊亚里士多德的《修辞学》和我国的《论语》等,都有相当多的对传播现象的研究和探索,其中不乏精辟的论断。

从那时开始,许多学者都在各自的研究领域涉足过传播现象,如哲学家卢梭、孟德斯鸠等人。我国学者也在长期的实践中总结出许多有关传播活动的认识。

虽然早期的传播研究提出了不少值得后人珍视的观点,但是它们都不可能实现从传播研究向传播学的转化。这种转化实际上是一种飞跃,即学术研究的独立性、学术范畴的完整性、研究方法的科学性、研究成果的系统性的形成与确立。

真正认识到传播活动的本质,利用自己学科的范畴研究传播活动,从而认识传播规律,进而产生传播学,是在本世纪初。那时人类的认识能力、研究能力在学科爆炸的背景下大大提高;另外,人类的传播活动及其对外界环境的影响日益扩大,形成了独立的传播行业,而且日益壮大。

二、传播学兴起的背景

如前所述,传播研究起源于本世纪一二十年代,形成一门学科是在四五十年代。传播学的形成是有基本前提条件的,它最初在美国出现也是有其历史背景的。

任何一门学科的兴起与形成,必然要有其社会和学科基础及需要。传播学的兴起与形成也有其社会基础及需要。首先,本世纪初是资本主义从自由竞争走向垄断竞争的年代。工业化大生产使资本主义的生产活动和范围大大延伸。国内市场开始初步走向国际市场,走向跨国经营,因而对信息的要求就更高。其次,上世纪已经形成的报业,加上新兴的电影、广播、电视等新媒介,逐步形成了资本主义社会的独立的产业——传播业,这给社会产生了强烈的冲击。因此,社会急需关注和思考传播带给人们的一切。传播学的形成还必须有科学发展作其基础。到本世纪初,资本主义社会已经经历了两次科学革命,实则经历了两次思想革命。人类对物质和精神世界的认识能力、广度和深度有了大幅度的扩展。

研究方法日益科学化，学说日益多样化。因此人们能够科学而全面地研究影响日益扩大的传播活动。

传播学的最初提出和形成是在美国。作为资本主义阵营中最为发达的美国之所以能成为传播学诞生的摇篮，除了具备上述的基本社会、学科前提条件以外，还有其具体而独特的社会、学科条件。

具体而言，传播学产生于美国，有其较为深厚的社会背景。

首先，在政治上，美国的政治家无论是在日常的政治活动中，还是在四年一次的竞选中，都比较重视利用传播媒介宣传自己的政治主张、树立形象、争取支持。另外在战争时期，政治家对传播媒介的依附更凸显出来。

美国传播学的产生是与两次世界大战密不可分的。第一次世界大战是有史以来的第一次世界规模的战争，同盟国（德国、奥地利和意大利等）与协约国（英国、法国、俄国等）在战场上展开厮杀的同时，在另一领域也展开了较量，即"宣传仗"。美国1917年正式参战后，威尔逊总统就下令成立了一个机构，即"公共信息委员会"，专门负责美国的战时宣传。它为了宣传美国参战的意义，向社会倾泻了大量有关战争的广告、宣传小册子、新闻电影等，还组织演讲。协约国之间为了协调战时宣传，还组建了协约国联合宣传委员会，定期召开宣传工作联系会议。

一战结束之后，人们对宣传在现代战争中的作用以及宣传对社会生活的巨大影响，有了相当的认识。英、法、德、美等国的学者从各自的研究领域出发研究一战中的宣传。较有影响的研究著作有：

英国　坎珀尔·史图尔特的《克尔之家的秘密》

德国　施杰林·鲁贝尔特的《宣传是政治武器》

伊·普策克《德国宣传：关于宣传是实用社会科学学说》①

美国对宣传的研究起步较晚，但是对后来的影响最大。其中，被称为传播学奠基人之一的哈罗德·拉斯韦尔的研究影响最大。1927年，拉斯韦尔出版了他的博士论文《世界大战中的宣传技巧》，这是第一部系统而深入地研究宣传问题的著作，成为宣传研究的经典。其后，拉斯韦尔与人合作又编著了《宣传与推行》(1935年)、《世界革命的宣传》(1935年)、《世界历史中的宣传与传播》(1979年)等著作。

一战后的宣传研究中，美国成立的"宣传分析研究所"引人注目，它是第一个研究宣传的学术机构，由社会心理学家哈德利·坎特里尔任所长，创建于1937年。该所学者很关注德国宣传对美国的影响。该所最有名的研究成果是由艾尔费雷德·李与伊丽莎白·李编辑的《宣传的艺术》(1939年)。书中归纳整理了七种常用的宣传手法，流传甚广。这些宣传手法"可以被看作为对态度改变的初期理论探讨"。②

一战结束到二战爆发的这二十余年中的宣传分析与研究，虽然不直接是传播学研究，但是大大推进了人们对传播在战争中作用的认识。正如美国传播学家沃纳丁·赛费林和小詹姆斯·W·坦卡特所言：

"在两次大战之间，出了不少以宣传为题的书。在当时对宣传的分析中，包括有我们关于大众传播效果理论的某些初步探索。我们今天回溯起来，其中固然有许多相当粗糙，然而，至少有两个传播理论的重要领域，已在当时的宣传理论中奠定了基础。其一是'态度改变'，这是传播理论研究的一个传统的重要课题：要改

---

① 袭正义 (1991)：《世界宣传简史》，第271—272页，福建人民出版社。
② 赛弗林，坦卡特 (1985)：《传播学的起源，研究与应用》，第114页，福建人民出版社。

变人们的态度，有哪些最有效的方法？对宣传的研究可以为这个问题提供某些尝试性的答案。第二个方面就是对大众传播的一般效果的理论探讨：大众传播对于个人和社会有何影响？这些影响是如何发生的？早期关于宣传的研究也对这些问题提供了一般性结论"。[①]

由于第一次世界大战宣传起了重大的作用，又经过战后各国宣传研究学者的总结与分析，到了第二次世界大战爆发以后，参战各国有意识地普遍重视战时的宣传工作。美国于1942年6月成立了军事情报局，监督国内宣传，并负责对国外的官方宣传。同年美国陆军部新闻与教育署聘请了一些社会学家、心理学家，专门研究部队为士兵精心制作的四部电影是否影响士兵对战争的认识，鼓舞士兵参战的士气。传播学的另一奠基人卡尔·霍夫兰，受军方委派，成了该研究的负责人。他带领一批心理学家重点针对传播技巧、传播与态度改变等展开了大规模的研究。"这个集中了（美国）心理学界最出色人选的班子所从事的大型研究项目被认为是现代态度改变研究的开端，而且是大众传播理论若干重大贡献的渊源"。[②]

第二次世界大战期间，美国军队空前广泛地利用电影和其他大众传播媒介，客观上推动了传播研究的深入，为传播学的研究奠定了相当坚实的实践基础。

从对历史的分析中可以看出：两次世界大战中传播活动和实践直接地催化了传播学的形成。

传播研究在两次大战中有了长足发展。但是战争是一种特殊的政治状态。到了和平时期，美国的政治界是否需要传播及传播研究呢？回答是肯定的。

---

① 同前页注②，第102页。
② 同前页注②，第158页。

战争中传播的威力已有目共睹,传播研究提出的观点和成果为实践所应用,并产生了相当的作用,也被世人,特别是政治家们所共知。

和平时期,美国政治家们除了日常的施政宣传、形象工程外,最重要的便是四年一次的总统竞选及各种各类的竞选。

在竞选中,为了赢得选民的好感,争取选民的投票率,所有候选人求助于传播媒介大张旗鼓,利用一切宣传手段,包括广告、公关、新闻、演讲、活动等,在所有的媒介上展开攻势。1960年竞争中获胜的约翰·肯尼迪被称为"电视总统"。会不会利用传播媒介塑造形象,宣传施政主张已经成为衡量美国政治家的一个相当重要的标志。

在美国的历史上,传播媒介一直在政治生活中扮演着重要的角色。这一传统使得美国的各级政治家都非常重视传播,进而重视对传播的研究。这便推动了传播研究在美国的开展。

其次,在经济上,美国是资本主义阵营中唯一的在两次世界大战中加强了经济实力的国家。战争使整个资本主义世界生产能力的 2/3 都集中在美国手中。经济的发展使得美国的自由市场竞争更加激烈。

传播学的兴起是与传播,特别是大众传播在美国经济活动中的地位和作用密切相关的。

一方面,美国自由市场经济条件下,经济发展需要垄断资本家向国内、国际市场扩展,生产扩大,产品增多,随之而来的市场拓展和行销行为就前所未有地增加了。因此,美国在本世纪 20 年代应运而生了大量的广告公司、公关公司、调查公司等机构,并且形成一种新兴的产业。这正是市场经济不可或缺的。四十年代这一行业有了空前发展。1945 年到 1950 年的 5 年间,美国广告营业额从29亿美元增长到357亿美元①。为了判断传播媒介对消费者购买行为、购买需要和心理的影响，广告商、公关专家、民意调查人员、新闻工作者和学者等在垄断财团和企业的资助下不断对广告、公关、消费者以及媒介的经营与竞争进行研究。其研究成果对于工商企业来说，价值甚大。因此，企业普遍较关注营销环节中的各种传播问题。

另一方面，美国的大众传播业在两次大战之中和以后日益壮大，也成为一个个相对独立而完善的经济实体，共同形成一个产业——大众传播业。美国大众传播业的这种私营产业特征，使其将对市场的研究视为生存和发展的根本。媒介是产业，时间、空间是商品，各媒介的竞争日趋激烈，而能得到受众的青睐，拥有更高的发行量、收听（视）率是所有媒介追求的目标。因为只有这样才可以从广告客户手中拉来广告，以维持生存和继续发展。这种客观的竞争压力变成了大众传播业者关心和思考传播技巧、传播效果、受众等问题的动力。大众传播业客观上和主观上都需要进一步研究传播规律，改进传播行为，扩大传播效果。

美国自由市场经济及生存于其中的大众传播业为传播学的兴起提供了丰厚的经济土壤，从而使美国的传播学研究从第一天起便带有较为浓厚的商业色彩和实用气息。

再次，在社会上，美国的大众传播与社会生活的关系日益密切。互动中媒介给社会生活带来的负面作用也显现出来。

美国在第二次世界大战之后，挟本土未卷入战争而经济却大发战争财之优势，其科学技术有了空前发展，出现了科技革命。新的传播技术推动了传播业的大发展。原有的报纸、书籍、杂志等印刷业持续发展，而广播、电影，特别是电视业的发展最引人注

---

① Stephen Fox (1984): The Mirror Makers: A History of American Advertising and Its Creators; P172, William Morrow and Company, Inc, NY.

目。新媒介出现带来了一系列新的问题。一方面受众可以从更多的渠道获取信息，促进社会繁荣；另一方面，媒介内容中的暴力、色情等严重影响着受众，特别是少年儿童。因此，美国的社会学家、心理学家等纷纷关注和研究传播业提出的新问题，如：媒介与受众、社会的关系；媒介如何影响青少年的观念与行为等等，提出了不少研究成果。

从上面的分析可以看出传播学兴起于美国的社会背景。具体而言，我们可以看到传播学是在美国特定的政治、经济和社会条件下兴起发展的。更重要的是可以看到传播学研究的对象均为现实的传播实践。关注实践，研究实践才是传播学兴起的根本。

传播学作为一门研究人类信息传播活动及其规律的科学，是在借鉴、吸收其他学科研究成果的基础之上形成的。因此，传播学具有多学科综合而成的特点，这种多学科交叉性，使传播学成为边缘学科。它既属社会科学，又被视为人文科学，而且带有明显的自然科学的痕迹；它既有传播学自己的理论范畴、学术话语，又更多地借用了其他学科的理论范畴。因此不同学科的学者都可以从自己的角度研究传播学，从而使传播学的研究成果异彩纷呈，各成体系。

具体而言，传播学的学科基础主要是新闻学、社会学、心理学、"三论"（信息论、控制论、系统论）、政治学、语言学、文化研究、统计学、符号学等等。随着传播学的兴起及研究的深化，许多学科都与传播学建立了联系、交叉，出现了许多新兴的研究领域。

在大众传播学产生之前，新闻学是唯一专门研究大众传播现象和活动的学科，因此，可以说，新闻学是传播学的基础和前身。新闻学起源于十九世纪的德国，到上世纪末，在美国兴盛起来。随着新闻实践的逐步深化，新闻媒介种类增多，新闻学原有的研究范围无法涵盖日益发展的新闻业。新闻事业逐步扩大至大众传播媒介业,"新闻"概念逐步让位于"大众传播"概念。这时便出现了大众传播学。它以人类社会的所有大众传播行为为研究对象。大众传播学研究进一步深化的结果便是传播学,即从个别的传播规律——大众传播,再深入研究,上升到普遍的传播规律,即人类的传播活动过程及其规律。因此,可以看出,传播学的基本发展轨迹:新闻学→大众传播学→传播学。三者既相互关联,又有明显的区别:

表1.1 新闻学、大众传播学、传播学的区别

	新闻学	大众传播学	传播学
研究对象	新闻及社团活动	大众传播活动及过程	人类传播活动及过程
研究方法	经验研究	经验研究、定量技术、定性研究	定量技术、定性研究
研究取向	实务导向	理论化	本质研究、核心理论

新闻学是"研究人类社会新闻活动规律的一门科学。新闻学研究的中心课题便是:人类社会的各要素对人类新闻活动的决定和影响以及新闻活动的自身发展、新闻活动对社会的反作用"[①]。大众传播学则是一门边缘科学,"它在学术上是直接扎根于同属行为科学的心理学、社会学和政治学等学科之中并同这些学科相互借用假设、理论和知识","它的最重要的意义在于它聚焦于在大众媒介中的及围绕它们的人的活动,以期得到关于大众传播过程和效果的可靠知识。"[②] 而传播学就是要"解释人类传播过程的基

---

① 胡正荣(1995):《新闻理论教程》,第2页,中国广播电视出版社。
② 詹姆斯·哈勒斯(1985):《大众传播译介》,第521页,衣阿华州布朗出版社。

本性质，从诸如语义学、文化人类学、社会学和社会心理学这样一些领域里得出许多很有研究价值的线索。需要把它们结合起来，充分描述整个的人类传播，然后方可以估量出使用复杂媒介的大众传播的地位"①。

新闻学经历了一个多世纪的变迁、发展，自己也出现了某种程度上的变革。施拉姆分析整理了1937年到1956年《新闻学》季刊的内容，指出了新闻学发展的四个趋势：

1、从定质分析到定量分析。一般而言，定量分析较具客观性，因为它能以精确数字证明一个普通的现象或事实。而定质分析则失之主观，往往以部分的特殊代表普遍的全体。

2、从人文学方法到行为科学方法。传统报学是以哲学、文学为基础，而大众传播学亦属行为科学之一支，它是以社会学、心理学、统计学为基础，走向实验的阶段。

3、从伟人研究到过程与结构的研究。传统新闻学只以文学方法对报业经营者作传记性描述，而大众传播受牵制的因素变化多端，以致形成环境相连、交错复杂的因果关系。

4、从区域性角度到国际性角度。由于国际传播的发展，新闻学的研究范围已不能局限于一国或一个区域，它必须伸展至国际范围。

实际上，传播学的许多研究成果、概念、范畴和方法等也被近年来的新闻学研究所应用。德国著名的新闻学教授席格弗里德·维申伯格博士在其著作中就提出了许多全新的新闻学理论观点。他在传播学的基础上，对现实的新闻活动进行分析。其中引入了大量的大众传播学概念和观点。维申伯格教授提出了一个新闻业关系——新闻学研究对象图。如图1.1：

作者指出，新闻学研究对象，包括以下四个方面：

---

① 梅尔文·德弗勒等（1990）：《大众传播学诸论》，第30页，新华出版社。

1、媒介制度（规范关系）
   （1）社会背景环境
   （2）历史基础和法律基础
   （3）传播政策
   （4）专业标准和道德标准
2、媒介机构（结构关系）
   （1）经济要求
   （2）政治要求
   （3）组织要求
   （4）技术要求
3、媒介内容（功能关系）

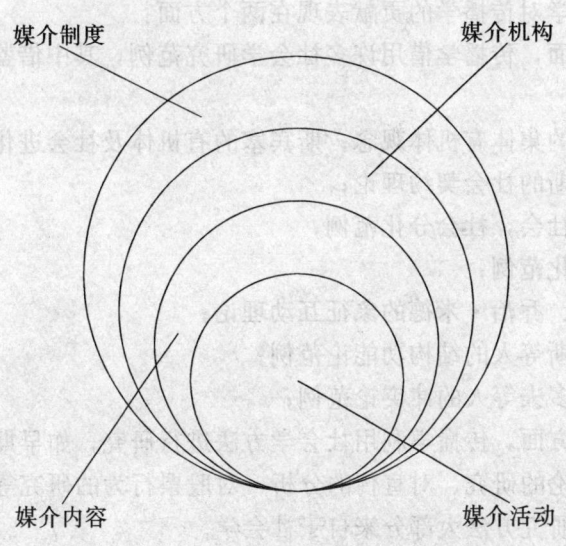

图 1.1　新闻业关系——新闻学研究对象

（1）信息源和推荐群体
（2）报道样式和播出形式

(3) 真实性的建立

(4) "作用"与"负作用"

4、媒介活动（角色关系）

(1) 人口统计特征

(2) 社会态度和政治态度

(3) 角色自我理解和公众形象

(4) 专业化和社会化[①]

我们从中可以看出新闻学研究与传播学研究的交融。

传播学的产生可以说是派生于新闻学，但是传播学的理论基础却是许多相关学科共同奠定的。其中，尤为重要的学科有社会学、心理学和"三论"（信息论、控制论和系统论）。

社会学对传播学的贡献表现在两个方面：

一方面，传播学借用许多社会学研究范例，其中借鉴较多的有：

孔德的集体有机体观念；斯宾塞的有机体及社会进化范例；

滕尼斯的社会契约理论；

大众社会，社会分化范例；

社会化范例；

库利、乔治·米德的象征互动理论；

帕森斯等人的结构功能论范例；

达伦多夫等人的冲突论范例；

另一方面，传播学利用社会学方法进行研究，如早期传播研究中对舆论的研究、对宣传的分析、对股票行为的研究等。传播学所用的研究方法大部分来自于社会学。

心理学对传播学的贡献也表现在两个方面：

---

① Siegfried Weischenberg (1992): Journalistik ; Medienkommunikation: Theorie und Praxis, P68, Westdeutscher Verlag

一方面，传播学借用了许多心理学研究范例。有：

心理学中的学习理论和模仿理论；

社会心理学中的群体动力论范例；

社会心理学中的实验图式范例；

社会心理学中的知行不和谐范例；

实验社会心理学中的态度改变范例；

另一方面，传播学从心理学中借鉴了实验法等研究方法。

四十年代兴起的信息论、控制论和系统论都属于技术科学，但是它们在哲学和方法论层面给众多的社会科学、人文科学研究提供了新的价值和意义。我们将在"信息"一节中详细论述。

除社会学、心理学、"三论"之外，对传播学影响大的还有统计学、数学、政治学、符号学、语言学等。正是这些学科的研究成果为传播学提供了丰富的理论、方法。这些学科的学者也都在各自领域涉猎过传播现象的研究。

第二节 传播学的发展

传播学在社会环境的催生之下，经过社会学、心理学、政治学、新闻学等学者的努力，经历了 20—30 年代的传播研究，到 40 年代已经基本形成，并初具规模。

一、国外传播学的发展

现代传播研究兴起于美国，传播学诞生于美国，因而传播学的发展主要以美国为代表。我们可以从下列著作的发表看出传播学走上历史舞台的轨迹：

1922 年，李普曼的《舆论学》出版。

1927 年，拉斯韦尔的《世界大战中的宣传技巧》出版，较系统研究"一战"中的宣传。

1944年,拉扎斯费尔德的《人民的选择》出版,系统研究大众传播与投票行为的关系,并且提出著名的"两级传播"理论。

1945年,联合国教科文组织发布的宪章第1条,在国际范围内首次使用"大众传播"概念。

1946年,拉斯韦尔等人编著,出版了《宣传·传播·舆论》一书,首次明确使用了"大众传播学"的概念。

1948年,拉斯韦尔发表了传播学的经典性论文《传播在社会中的结构与功能》,首次完整地提出传播的"五W模式",确定了传播学的基本研究范围。

1949年,霍夫兰发表了《大众传播实验报告》。

1949年,施拉姆编辑出版了《大众传播学》,第一次提出大众传播学的框架,汇集了前人有关大众传播的研究成果,是最早的大众传播学著作。

可以说,到此为止,传播学作为一门独立的学科已基本形成,并且确定了初步的研究范围、内容、方向和方法。

传播学研究经历了早、中、当代三个阶段。

早期的传播学研究:第一阶段:(20—30年代),人们将传播研究的对象,放在传播效果上,产生了最早的传播学理论,即效果研究中的"枪弹论"。这是受当时行为主义"刺激—反应"理论的影响。

第二阶段:(40—50年代),这时的传播学研究开始兴盛。一方面形成了传播学,研究者众多,并且纷纷提出自己的传播模式,"五十年代证明是模式建立的鼎盛时期"[1]。另一方面,经过学者们深入的研究,提出了许多新的理论,动摇了早先的"枪弹论",从而出现了传播的"有限效果论"。甚至有学者由此而断言,传播学的研究都没有必要再进行下去了。

---

[1] 丹·麦奎尔等(1986):《大众传播模式论》,第8页,上海译文出版社。

中期的传播学研究：(60—70年代)

这个时期是传播学研究突破传统局限，拓展范围，深化内容的时期。一方面这时的传播学研究已从早期的传播效果研究拓展到传播过程的各个方面。"传播研究及有关的模式建立的兴起焦点，已从寻求对整个大众传播过程的一般理解逐渐转向研究这个过程的各个具体方面：长期的社会、文化和意识形态效果；媒介组织及其同社会和受众的关系，受众之选择和反应的社会基础和心理基础；特有的内容形式（尤其是新闻和'现实'信息）的构造等等"[①]。另一方面，传播学研究在多个地区开始进行并出现不同的派别。发达国家的英、法、德、日等国家的传播学大幅度发展。第三世界国家也从早期照搬和模仿以美国为代表的西方传播学研究中意识到，他们必须解决自身在传播领域中面临的问题。

这一时期是传播学研究空前繁荣的时期，各种理论纷呈，研究中的问题也暴露不少。

当代的传播学研究：(80年代以来)

这一时期的传播学研究继承了70年代传播学研究领域扩大的传统，将传播学研究扩展到了政治、经济、文化等各个领域，因为"大众传播与其它信息处理方式和传递系统（尤其是以电话和〔或〕电脑为基础的系统）的界限正在日益变得不那么分明"，"传播流动的总'图'可能随着新的传播功能和期望的出现而改变"[②]。因此，传播学的范围也将不那么分明。与此同时，传播学研究中的派别分流日益明显。在60—70年代开始出现的欧洲传播学派以其对社会文化的批判性备受人们的关注，被称为"批判学派"，与注重实证分析，强调传播实践的美国传播学派相并峙，人们称后者为"经验学派"。

[①] 丹·麦奎尔等（1986）：《大众传播模式论》，第11页，上海译文出版社。
[②] 丹·麦奎尔等（1986）：《大众传播模式论》，第14页，上海译文出版社。

传播学中的批判学派萌芽于本世纪60年代,70年代开始兴盛,及至80年代已经成为传播学研究中的主流之一。批判学派的传播学研究起源于欧洲,但是其影响和发展已波及世界许多国家和地区。美国、加拿大等注重经验学派的国度中也有一些批判学派的学者。尽管如此,欧洲仍然是传播学批判学派的基地。

批判学派之所以在欧洲出现有两个原因:一是欧洲传播实践与美国的传播实践有很大的不同。60年代前,欧洲各国基本照搬美国传播学思想、理论和方法。但是其中许多理论难以与欧洲自身的传播业相匹配。美国的大众传播业基本上属私营企业,商业化程度高,受产业和利润规律支配。与此不同,欧洲的大众传播业大多是公营或公共,少部分私有,少部分国有,更强调其社会服务性。由此,欧洲的传播学家们决定采取不同的研究方法、研究范例,研究欧洲的实践,因此逐步形成了自己的理论范畴和体系。二是欧洲的社会科学和人文科学研究的传统不同于美国。可以说,欧洲古代哲学家就已经从哲学角度研究了传播现象。欧洲学者更强调哲学、社会学等研究中的思辨研究和质化分析。

传播学的批判学派正是植根于欧洲悠久的历史和文化传统之中的。具体而言,批判学派的理论基础主要有两个:一是"法兰克福学派"。这个学派是指以德国法兰克福大学社会学研究所为主的一个学术派别。该所成立于1923年。这一学派主张从哲学、社会学的角度研究和批判现代资本主义社会,对欧洲的学者影响很大。法兰克福学派批判理论的代表人物有霍克海默、阿多诺、马尔库塞等。这一学派的学者对资本主义社会中的文化危机及现代西方文明进行批判。二是"西方马克思主义。"这是60年代开始在欧洲流行的一种理论。这些学者主张用"马克思主义"的观点对资本主义社会结构、文化及意识形态等进行批判。英国的传播学者进行的文化研究就是这一思潮在传播学中的体现。批判学派实际是对欧、美等国持不同于美国实证分析、经验研究派别立场,坚持批判观和方法进行的研究的总称。它自身也不是一个完全整齐划一的学术社区,而是不同观点,不同方法的集合体。批判学派中主要的流派有:(一)法兰克福学派。该派主要观点集中于对资本主义社会商业化体制下文化工业及大众文化的批评上,剖析和批判西方传播媒介的垄断化和"霸权主义"本质。(二)政治经济学派(又称"政治经济传播媒介理论学派")。该派着重分析西方垄断传播体制的经济结构和市场经济运行过程。(三)意识形态学派。该派着力研究意识形态本身,研究意识形态的表达方式。(四)社会文化学派。该派着重研究大众传播在社会及文化过程中所扮演的角色。

传播学的批判学派与传统学派存在着一定的差异。具体而言,这些差异集中在研究目的、研究焦点及研究方法三个方面。

研究目的的差异:美国的传统学派的研究目的是要维护现在的社会制度和传播制度,为美国社会的大众传播媒介充分实现其政治、经济、商业乃至军事功能服务,因而实用性、经验性明显。而欧洲的批判学派是将传播活动置于社会系统中加以考察,从哲学、社会学质化分析的角度探讨传播与社会结构各要素之间的关系、矛盾与冲突。利用对现存传播状况的研究改变既存事实、促进社会变化,因而要对现有的状态进行分析、批判。

研究焦点的差异:由于传播学传统学派研究目的在于维护,在于实用,因而它的研究焦点就放在了传播效果与受众上。对这两者的研究可以更直接,从而更有效地服务于传播实践的需要。批判学派则有所不同,虽然它也研究传播效果与受众,但是其着重点在于宏观的传播体制的研究、传播者和传播与社会结构各要素的关系上。这与它希望找到变革的社会原因和根本动力的出发点不无关系。

研究方法的差异:传播学传统学派主要采用社会学、心理学等方法,强调定量分析,注重实证、经验、微观。批判学派则主要采用哲学、社会学、政治经济学、文化研究等方法,强调定性分析,不排斥定量分析,注重思辩、理论、宏观、全面。

传播学的批判学派经过二三十年的发展、成熟。80年以来已经形成了相当丰富的理论内涵,备受人们青睐,特别是近年来,其中的文化研究在历史、文化、政治、媒介等不同层次与当下炙手可热的后现代主义争辩。它不仅紧扣社会现实的脉动,而且介入社会的变动之中,因而其影响已波及许多领域,其学术地位和实践价值日渐提高。[①]

传播学中的传统学派和批判学派在各自的研究范围内都取得了很大的成果。对此,应有客观而实事求是的态度。

传播学自从40—50年代形成于美国以来,在世界上的许多国家和地区都有较大的发展。英、法、德等国的传播学从50年代起步,步伐较大,现基本形成各自的学派,并且成为传播学研究的另一重要基地。日本的大众传播研究起步于40年代末,它的理论体系基本遵循美国的经验学派。

60年代以后,发展中国家的传播学研究也纷纷开始。亚洲的印度、马来西亚、韩国、泰国;拉丁美洲的巴西、秘鲁、墨西哥等都逐步扩大了在传播学领域中的影响和地位。发展中国家的传播学研究除了集中于基础理论的研究外,更关注大众传播与国家和社会发展的研究。实际上,大众传播与国家发展的研究首先是由西方学者提出的,如丹尼尔·勒纳在其《传统社会的消逝——中东的现代化》(1958),施拉姆在其《大众传播与国家发展——信息对发展中国家的作用》(1964)书中,他们都提出了基本的理论观点。发展中国家曾一度引用并将他们的观点列为本国制定传播与发展政策的依据,但是经过实践,发展中国家发现了这些西方学者提出的理论的局限性。他们开始自主研究本国的实践,对

[①] 陈光兴译(1992):《文化、社会与媒体》,M. Gurevitch 等著,台湾远流出版公司。

内提出适应本国现实的理论成果,对外提出了建立"国际传播和信息新秩序"的主张。发展中国家的这些研究丰富、发展了传播学,并促成了发展传播学的成熟。

进入 90 年代以后,传播学研究又面临了新形势的挑战。当今社会发展正朝着信息化、全球化、生态化的方向发展。传播学如何适应社会形态的转变,传播形态的进化,调整自己,进一步发展,已成为全球传播学学者共同关心的话题。①

传播学的未来发展首先要解决的问题就是如何使传播学成为真正的独立学科。美国学者提出:要想使传播学真正独立成体系,那么传播理论就应该越来越重视整体传播现象,发展核心传播理论,也就是说传播学的走势应该是朝理论化的方向前进。传播理论的未来将会更重视传播本质的探讨,领域是越来越开阔而不是收敛。②

其次要解决的问题便是如何开阔视野。1992 年日本东京大学将历史悠久的新闻研究所(1929 年,日本东京帝国大学〔即现东京大学〕成立新闻研究室,1949 年升格为新闻研究所)改名为社会情报研究所(Institute of Socio — information and Communication Studies)。这次所名更改意味着研究范围的拓展。社会情报研究所的目的就是通过对社会情报的生产、流通、处理、蓄积、利用的综合研究,对从情报角度出发的人类社会进行社会科学分析,从学术上探讨情报的社会现象的各种课题。

我们从下表中可以看出东大社会情报研究所的研究领域:

---

① 《新传播教育》专题,见《新闻学研究》,第五十三集(1996),台湾政治大学新闻研究所。
② Littlejohn, W, S. (1992):Theories of Human Communication (4th ed.),Belmont,CA:Wadsworth Publishing Company.

表1.2 东京大学新闻研究所研究部门之变迁

1949	1952	1953	1957	1958	1974	自1980迄今
有关新闻理论的研究	大众传播理论	基础部门：大众传播理论研究	基础部门：大众传播理论研究	基础部门：大众传播理论研究	基础部门：大众传播理论研究	基础部门：大众传播理论研究
有关报道的研究	有关新闻理论的研究	历史部门：新闻史	历史部门：大众传播史	历史部门：大众传播史	历史部门：大众传播史	历史部门：大众传播史
有关社论的研究	有关社论的研究	特殊部门Ⅰ：传播过程研究	特殊部门Ⅰ：传播过程研究	特殊部门Ⅰ：传播过程研究	特殊部门Ⅰ：传播过程研究	特殊部门Ⅰ：传播过程研究
	有关报道的研究	特殊部门Ⅱ：报纸与杂志的研究	特殊部门Ⅱ：报纸与杂志的研究	特殊部门Ⅱ：报纸与杂志的研究	特殊部门Ⅱ：报纸与杂志的研究	特殊部门Ⅱ：报纸与杂志的研究
			特殊部门Ⅲ：舆论与宣传	特殊部门Ⅲ：舆论与宣传	特殊部门Ⅲ：舆论与宣传	特殊部门Ⅲ：舆论与宣传
				放送（即广播）	放送（即广播）	放送（即广播）
					情报社会	情报社会
						社会情报系统

资料来源：东京大学新闻研究所《新闻研究所40年—其轨迹及将来展望1949～1989年》，1989年10月，28页。

它一开始是以报纸为研究的中心对象,然后将范围扩大到大众传播,再后来便是传播学,如今则将研究范围进一步扩大到"社会情报"。

虽然东京大学社会情报所研究范围的变化并不一定代表传播学发展的未来走向,但是可以给我们提供至少是未来走向的一个方向。

二、我国传播学的发展

我国的传播学研究是从台湾开始的。1953年台湾政治大学新闻研究所设立,开始新闻学研究。十年后的1963年,台湾开始了传播学研究。施拉姆的学生朱谦博士到该研究所任教,并进行"电视与儿童"的研究,这在台湾是第一次进行的传播学研究,他给台湾的传播学研究带来了第一个研究范例。他还进行了台湾传播学研究中第一个定量研究——电视效果的研究。另外他在木栅等地进行了台湾第一个大规模的传播学调查研究,主要研究传播与个人的现代性。他将所调查对象名单留存下来,问卷也保留下来,在14年以后又对调查对象进行回访,原有的317人中找到了185人,他的这项固定样本研究是台湾传播学历史上里程碑式的研究。另一个里程碑式的研究是杨孝荣所做的对传播效果的统计研究,后成书《传播统计学》。

进入70年代以后,台湾传播学渐渐从单一的研究逐步走向多样化。经验学派和批判学派的研究都可以找到。领域涉及政治传播、宣传、教育传播、健康传播、受众研究等等。有一些著作奠定了台湾传播学的基础,如徐佳士教授的《大众传播理论》、阎沁恒教授的《大众传播研究方法》等。

到目前为止,台湾的传播学研究基本上是在美国经验学派和部分批判学派研究的影响下进行的。现在面临的一个问题就是传播学研究的中国化。

第一章　传播学论

台湾的传播学研究基本上集中在近 20 所大学的有关系、所中。

我国大陆的传播学研究起步较晚。

1956 年，复旦大学新闻系主编的《新闻学译丛》将"Communication"译成"群众思想交通"，这是我国大陆最早接触"Communication"（传播）一词。1978 年该校刊物《新闻大学》登载文章介绍传播学理论。继而，复旦大学、中国人民大学、中国社会科学新闻研究所、北京广播学院的新闻学者翻译、评介西方传播学论文、著作，比较准确地介绍了传播学的主要学说、概念、范畴和方法。

1982 年传播学创始人威尔伯·施拉姆来华访问，向中国大陆介绍传播学理论。再一次推进了中国大陆对传播学的了解。1983 年出版了中国社会科学院新闻研究所编辑的《传播学（简介）》一书，1984 年 9 月出版了施拉姆的代表作《传播学概论》中文版等，这些著作成了中国大陆传播学研究的奠基之作。

1982 年中国社会科学院新闻研究所主持召开了第一次全国性的传播学座谈会，对传播学产生的历史背景、社会条件、传播学研究的对象、内容、方法进行了初步探讨，确定了中国大陆新闻学界对传播学的态度，并提出对待西方传播学的 16 字方针：系统了解、认真研究、批判吸收、自主创造。

1986 年全国第二次传播学研讨会召开，这次会议"最大的成果就是着手讨论了如何建立具有中国特点的'新闻传播学'。"① 此后，传播学的实证研究在我国开始展开。

1993 年全国第三次传播学研讨会召开。会议论文涉及传播学本土化、传播学基本理论、传播实证分析、跨文化传播等许多方

---

① 吴文虎：《对中国大陆传播研究的思考》，见《中国大陆新闻传播研究》台湾政治大学新闻学系主编，第 82 页。

面。

1995年全国第四次传播学研究会以其论文最多、与会学者最多、成果多样化而成为历届会议中最引人注目的一次。我国的传播学研究到此次会议时已取得了相当的成果。会议讨论了传播学自身建设（特别是本土化）问题、传播学前沿问题、传播学基本理论问题、国际传播问题、传播与发展问题以及应用传播、传媒管理、传播与文化、传播实证研究等许多问题。

从传播学在我国的发展可以看出，我们已经开始引进和介绍国外的传播学经典著作和成果，这项工作还将持续并进一步加强。与此同时，我们也进行了一些自主的传播学研究，这些研究项目多是利用量化方法对我国传播实践进行的实证研究。研究所用的范畴、范例、方法等均引自于西方的传播学，而且基本上是传统学派。

我国传播学的未来发展将在进一步准确引进的同时，大力开展传播学本土化研究。建立自己的理论范式，关注本土的传播实践，这才是我国传播学进一步发展的根本动力和方向。

第三节 传播学的研究对象

传播学经历了半个多世纪的发展，它涉及的领域越来越宽泛。似乎给人一种错觉，即传播学可以研究一切问题。这种研究对象的不确定乃至泛化使得传播学研究至今都难有一个明确的研究范围和一套核心概念。这便使得传播学至今也没有建立起一个核心的理论框架。

造成这一状况有其客观原因，即传播学是边缘学科，它的研究对象、概念、范畴、方法等与其他学科有相当的重叠之处，难以从中理清一套属于自己的体系。

最早为传播学确定研究对象的可以说是拉斯韦尔。他在1948

年出版的《思想传播》一书中,发表了传播学的经典论文《传播在社会中的结构与功能》。在这篇文章中,他第一次明确提出"传播"概念的范围,提出了传播研究就是研究传播行为过程,进而研究传播行为过程的五个要素:谁传播?传播什么?通过什么渠道传播?向谁传播?传播的效果怎样?他指出:我们在对传播过程进行科学的研究时,一般都集中研究其中的一个问题,相对应上述五个要素的研究,称:控制分析、内容分析、媒介分析、对象分析、效果分析。人们为了方便,简称之为"传播的五个W。"这也就成了后人研究传播学的基本对象范围。

尽管如此,摆在我们面前的头等大事便是解决这样几个问题:什么是传播学?传播学的研究对象究竟是什么?

一、对传播学及其研究对象已有的认识

关于传播学及其研究对象的认识,由于研究的角度、方法、领域不同,有许多不同的观点和表述方式。我们要想获得对这个问题的认识,有必要了解已有的对此问题的认识。

美国传播学者威尔伯·施拉姆在《传播学概论》中提出:"人类传播是人做的某种事",是两个人或两个以上的人"试图共享某种信息",传播学就是"研究人——研究人与人的关系以及他们所属的集团,组织和社会的关系;研究他们怎样相互影响,受影响;告知他人和被他人告知;教别人和受别人教;娱乐别人和受别人娱乐。要了解人类传播,我们必须了解人是怎样相互建立起联系的"。[①] 施拉姆观点的核心就是人所具有的社会关系及在此关系之上共享信息的活动是传播学研究的基本对象。

美国传播学者梅尔文·德弗勒认为:传播学就是要"解释人类传播过程的基本性质。从诸如语义学、文化人类学、社会学和

---

① 威尔伯·施拉姆等(1984):《传播学概论》,第4页,新华出版社。

社会心理学这样一些领域里可以得出许多很有研究价值的线索。需要把他们结合起来,充分描述整个的人类传播,然后方可估量出使用复杂媒介的大众传播的地位。"① 在此基础上,他进一步指出了大众传播学研究的三个关键问题:

"1. 一个社会是怎样影响其大众媒介的?是什么政治、经济和文化条件导致大众媒介以目前的形式运作?

2. 大众传播是如何发生的?它是在原理上还是仅仅在细节上不同于直接的人际传播?

3. 接触大众媒介对人们有何作用?这种接触是怎样在心理上、社会上和文化上影响人们的?"②

简言之,德弗勒认为传播学的研究对象主要集中在社会与传播的关系、传播过程的基本性质以及传播效果上。

英国传播学家丹尼斯·麦奎尔将传播学的研究要素分成四种:社会的政治、经济、法律、教育、家族、宗教、文化因素;媒介;媒介内容和受众。这四个要素构成了传播过程。因此对这四个要素及其相互作用进行研究,便构成了传播学研究的理论体系。如图 1.2③

从上图中可以看出,传播媒介(B)是联系广大的世界对象(A)和个人直接经验(C)的桥梁。传播媒介自身内部的各要素(如媒介制度、媒介组织、内容、媒介诸形式等)之间也存在着互动的关系。

我国传播学者对传播学及其研究对象、理论体系也有自己的看法。

---

① 梅尔文·德弗勒等(1990):《大众传播学诸论》,第 30 页,新华出版社。
② 同上,第 32 页。
③ 沙莲香(1990):《传播学——以人为主体的图象世界之迷》,第 44 页,中国人民大学出版社。

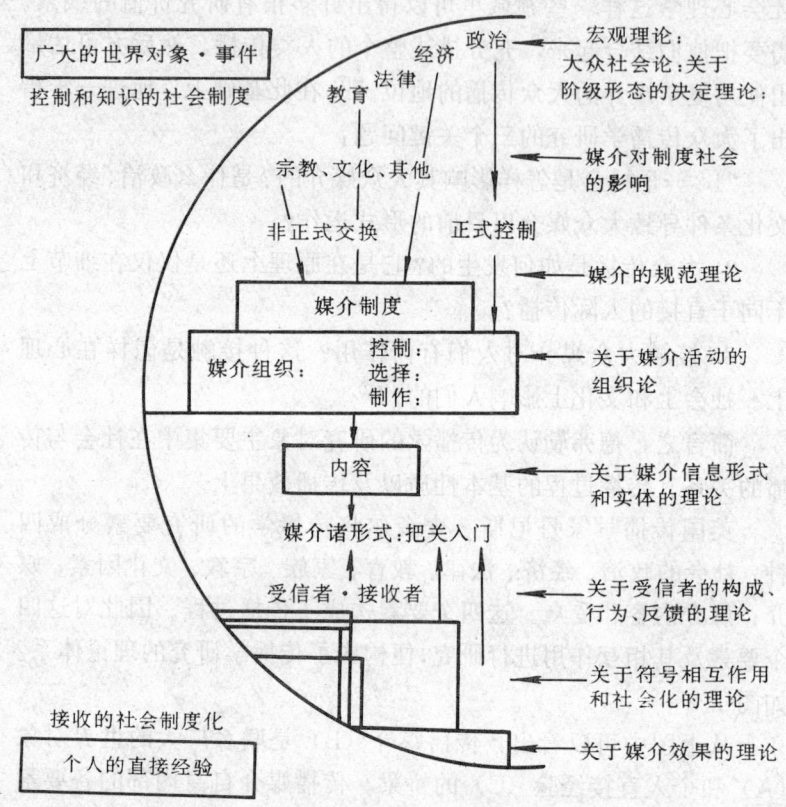

图 1.2　媒介理论图

有的认为：传播学"是研究人与人，人与他们所属的群体，组织和社会怎样借助符号（语言、非语言、类语言等），直接和间接地进行信息、思想和感情的传递、接收、反应和反馈，并在此基础上形成人际关系和人群关系的学问"。它的理论体系包括"传播学方法论、传播学一般理论、传播学的分支理论。"它的研究领域包括：各种信息对人的影响和影响方式，这些信息赖以发出与接收的机制——人、集体（组织）及途径、传播在社会中的地位、作用及其同政治、经济、文化、科学诸领域的关系、传播的社会结构和社会制约、传播者、受传播者、媒介和信息反馈、传播的社会功能和社会效果、传播与宣传、传播与舆论、传播与新闻的关系、传播学的研究方法。① 有的认为:"传播学是研究人们同生活环境之间的信息传递过程及其机理和作用。"传播学要研究"更广意义上的传播过程,既能包括大众传播和人际传播,又能包括在人内部所展开的信息传递,以及计算机、人工智能、机器人领域的信息传播过程。信息传播神通广大,它的作用也就成了传播学研究的重要内容之一。"②

还有学者认为"传播学是研究人类传播活动及其规律的科学。大致来说,它的研究范围包括人际传播与大众传播两个方面,其中尤以大众传播方面的研究为主"。③ 从传播学的早期研究到新近成果,从国外学者的观点到国内学者的认识,都有其合理的部分。但是长期以来传播学研究的实践使我们认识到急迫需要对"传播学究竟是研究什么的?""传播学的研究对象是什么?"等问题进行研究。因为这个问题关系到传播学能否形成自己的理论体系、创制自己的研究方法。

研究对象、科学理论和科学方法之间存在着密切的联系。德国学者克劳斯从控制论的角度讨论了三者的关系,并作图示如下:

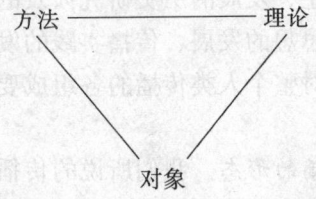

---

① 戴元光等(1988):《传播学原理与应用》,第4—7页,兰州大学出版社。
② 同前页注③,第6—9页。
③ 李彬(1993):《传播学引论》,第6页,新华出版社。

他提出，由于研究对象的不同，会出现不同的理论，而不同的理论就派生出以之为根据的方法。更重要的是，对开创性的工作来说，针对新的研究对象，有时必须提出开创性的新的方法进行探索。[①]

二、传播学的研究对象

根据对国内外学者的观点的分析，我们看到，对"传播学究竟是什么？"这一问题的理解和看法差别不大。基本认为：传播学是研究人类社会信息传播活动的科学。这是对传播学研究对象的基本而科学的概括

具体而言，传播学的研究对象可以分为三个部分：

第一、人类传播的发生与发展。简言之，就是要研究人类传播的历史。人类从蛮荒年月进化到高科技时代的今天，其传播活动的产生、演化、进步对我们社会进程和文明积累是重要的、不可或缺。这是传播学研究的中心议题之一。梅尔文·德弗勒在其《大众传播学诸论》(1989) 中，首先指出"本书的中心任务是：寻求理解（1）大众传播是如何发生的；以及（2）它对个人和社会秩序产生何种后果。"而且他进一步指出：这个问题虽然意义重大，但没有引起很多研究专家和学者的注意。

对人类传播发生、发展的历史研究涉及的范围非常广泛，其中重要的包括传播思想的发展、传播实践的发展、传播技术的发展等等。我们可以对整个人类传播的各组成要素进行这种历史研究和文化分析。

第二、人类传播的形态。我们所说的传播形态是指人类传播活动的不同类型。由于社会发展的历史阶段和社会形态不同，产生了许多不同的传播形态。同时在一个社会中，因社会所需功能

[①] 克劳斯（1981）：《从哲学看控制论》，第162页，中国社会科学出版社。

的不同又存在着众多的传播形态。因此,传播学必须研究这些传播形态的结构、功能及运动机理等。这是对传播学进行的细化研究。到目前为止,已有相当多的学者对各种传播形态进行过研究。比如:传播四种形态的研究(即人们的内向交流、人际传播、组织传播、大众传播)、跨文化传播、发展传播以及新闻、舆论、宣传、广告、公关、营销等等研究。

第三、人类传播的过程(结构)。所有人类传播活动都可以视为一个动态的过程或静态的结构。从普遍意义上,对人类传播活动的过程进行研究,是传播学的深化研究,即深刻地研究传播活动的本体运动。

传播活动是一个自组织和他组织结合的系统。因而我们既要研究其自组织特征,又要研究其他组织原理。由此,可以简而言之,对人类传播过程的研究可以从至少两个层面进行。首先是宏观层面。任何传播过程都是发生在宏观的系统中的,即都具有他组织性。因而我们就需要研究传播活动过程与社会、政治、经济、文化等系统要素的互动关系。美国学者德弗勒所说的,传播学研究集中在三个问题上的第一个问题,便是"一个社会是怎样影响其大众媒介的?"。大众传播如此,一般意义上的传播也是如此。因为归根到底,传播乃一种社会制度(social institution)。这个问题意义重大,但是许多学者对此并未注意和重视。其次是微观层面。我们知道,人类传播活动过程都有其运动的自身轨迹,具有自组织特征。因此我们可以细分传播活动过程,按拉斯韦尔所言,人类传播过程基本包括:控制分析,内容分析,媒介分析,受众分析和效果分析。拉氏的论点确实有其简单明确之处,但是他的五W公式,忽略三大问题:"第一,它全然不顾社会制度如何铸造、影响媒介。媒介的存在被视为当然。第二,这五W里头独漏Why,或with what intention,或for what。传播行为的动机又可细分为两个层次:一是受众的心理动机,即他们为什么使用传播媒介,企图满足什么需欲;二是传播组织的社会文化动机,即发明、创造把持先进传播科技的社会团体(如政党、财团)究竟想用它作何用途。第三、拉氏的定义也不包含回馈(feedback)或'谁说话'(who tells back)的问题,传播成为单方向而非双向的行为。尽管以后有学者将'回馈'安插还原到公式里,似乎也只聊备一格,缺乏认真的研究。严格地说,'谁能回话'比'谁回话'更能击中问题的要害。社会上各团体的权力与利益本不应该等质齐观,强势的团体比弱势的团体更能动员并运用传播媒介,以资'回话',争取公众的视听,进而巩固团体的地位。"[1]

实际上,传播过程本体研究是一个开放的、系统的研究。我们将这种本体分为两个层面,也只是为了更加明确传播活动过程的多层性和多面性。在实际的研究活动中,大量的研究都同时具有微观和宏观特征。

长期以来,由于"传播研究者的探索更多地是由普遍兴趣支配,而不是理论意义引导"[2],因此,传播学研究过多地集中于微观层面,特别是效果、受众等单一非关联的研究。传播学批判学派的研究之所以丰富了传播学的理论体系,主要是因为它在宏观层面对传播过程进行了开创性的深入探讨。

对传播活动过程进行研究,就是探讨传播的本质。将整体传播现象作为理论研究的基本对象,探索本体特征,发展核心传播理论,这是我们界定传播学研究对象的根本目的,也是我们进行传播学研究的目标。

---

[1] 李金铨(1982):《大众传播理论——社会·媒介·人》,第19页,台湾三民书局。
[2] 梅尔文·德弗勒等(1990):《大众传播学诸论》,第32页,新华出版社。

第四节 传播学研究方法

"在一定意义上,科学方法是由一定的科学研究对象所决定的。研究对象的不同,往往要采用的方法也不同。""研究对象是客观存在的,但它们成为一门科学的研究对象,却必须经过一定方法的提炼和抽象,才表现为一种理论框架,成为人们思维和研究的直接对象"。① 研究方法对于把握研究对象,建构理论体系至关重要。

一、传播学研究方法的特点

传播学作为一门相对独立的学科,它的研究方法多种多样。与其他学科相比,传播学在研究方法上有自己的一些特点。

第一、方法论基础的多元化。

传播学兴起于美国,但是后来在许多国家都得到壮大发展,不同的国家拥有不同的认识原则和方法。在不同指导思想的导引下,其方法论基础也有较大的差异,如美国进行社会科学和人文科学研究时更强调行为主义、实证主义和经验主义的方法论基础。

第二、方法的综合性。

传播学的具体研究方法呈现出多种多样的特征。一方面是由于传播学的边缘性,它是在综合吸收许多学科研究成果的基础上形成的,因此用来进行传播学研究的具体方法也是从其他学科借用来的。可以进一步说,传播学尚无诞生于本学科的研究方法。另一方面由于传播学研究的开拓和深化,又有大量的具体研究方法综合进传播学研究方法体系中,如,在传播学研究具体方法多为

---

① 王雨田(1987):《控制论、信息论、系统科学与哲学》,第281页、272页,中国人民大学出版社。

调查研究、内容分析等定量方法的基础上,又逐渐引进了符号学、文化研究等许多定性方法。

二、传播学研究方法的层次性

科学研究方法基本包括两个层面的含义,一是科学研究的方法论体系;二是科学研究的方法体系。前者为方法体系的指导、方向与范围;后者是方法论体系的具体化、实践化与成果化。可以更简单而具体地说:方法论体系是思想,方法体系是工具。

有必要指出的是,传播学研究方法也有层次性。即分为传播学研究方法论体系和传播学研究方法体系。

(一) 传播学研究方法论体系:这是指传播学研究中所应用的方法论基础。"方法论与方法不同。方法论是关于方法的理论学说和科学。我们通常在三种意义上讨论有关方法论的问题:(1) 方法论作为完整的理论体系。这种理论体系是具有某种逻辑结构并经过一定实验检验的概念系统,从中已产生一系列既定结论,如应用于传播学研究的信息论、控制论、结构主义、唯物主义和辩证法等;(2) 方法论作为成份构成体系,即方法论由哪些基本问题组成,一般来说,其基本问题是:什么是可以研究的问题?怎样设计一个回答问题的研究计划?用什么方法搜集和分析资料?怎样从资料中提出对问题的解释?怎样阐明自己的发现并把它表述给其它研究者和大众社会等;(3) 方法论作为方法类型体系。这个体系将说明各种方法如思辩方法、实证方法等的特征、作用及理论研究的可能贡献。"[①] 研究传播学研究方法论问题可以使我们了解作为工具的方法的思想基础及其特征,具体方法的作用与使用等。

[①] 卜卫 (1994):《传播学实证研究的方法论问题》,载《新闻与传播研究》,第一卷第 2 期 (1994 年第 2 期),第 8—9 页。

(二)传播学研究方法体系:这是指进行传播学研究所使用的具体操作方法。传播学的研究方法可以分为两大类型:定性研究方法和定量研究方法。有人又称前者为质化研究法、思辩方法等,称后者为量化研究方法、实证方法等。

三、传播学研究方法体系

传播学研究方法基本分为定性、定量两类。这两类研究方法体系是建筑在传播学两大类基础学科基础上的。传播学研究受现代社会科学和人文科学的影响至深。社会科学所采用的研究方法多为定量研究方法,亦称实证研究方法、量化研究方法。而人文科学采用的研究方法多为定性研究方法,亦称思辩研究方法、质化研究方法。

因而,传播学研究就形成了两个方法系统,两种方法系统有着一定的差异。定性研究方法和定量研究方法的最大区别在于定性方法操作的是概念体系,而定量方法操作的是量化事实体系。

可以说,这两种方法的分野通常可以在以下四个分析层次上体现出来:

"(1)分析客体——厘清研究脉络及目的,进而找寻分析客体,并赋予特征。

(2)分析机器或方法——具体操作研究步骤。包括资料的搜集、验证和归类。

(3)方法学——研究过程的整体设计。在所使用的理论参考架构下,设计资料搜集和分析方法,证明资料选择的正确,并进行资料的诠释。

(4)理论架构——理论概念的组成,点出其他层次的知识论成分，赋予方法学在分析客体层面的解释力。"①

然而，我们也必须看到，尽管两个系统有着较大的差异，但是仍然难以将这两种方法截然分开。事实上，在实际的传播学研究活动中，两种方法的互通性也很明显地存在。因此，我们进行传播学研究之前，还要认清这样的事实。

"首先，在本质上，我们必须了解，任何分析客体都无法被划分、归类为'量化'或'质化'的分析客体，而这种划分主要是由研究者使用的分析机器所中介决定的。针对这个已经公开的论点，有人表示量化分析的中介体是数字以及数字之间的相对关系；而质化分析的中介体，则是以人类语言表达出每日经验的概念，将人们带到一个更细致的脉络中。而每个分析方法的中介体是否恰当，则完全以探索的目的和区域为依归。

其次，狭义来说，在理论架构的层次方面，质化和量化的分野并不是很重要。基本上，质化和量化传统只是强调重点不同的理论形态。不过，在本质层次上，所有理论都属于质化的，不管它是否再现出相关概念如何组合的型态。换句话说，在理论层面上，地质学和统计学和艺术评论，都属于质化研究的范畴，只是，大部分的理论都还是引用形式化、数据化、图象化的再现方式。的确，也许所有洞见都必须依靠质化分析的程序，才能连结不同的分析层次。"②

实际上，定性与定量的划分多半存在于方法论层次上，"代表不同的结构化研究程序和工具，而大众传播的经验现象更可以作为这种分野的引述与诠释。"③

---

① 唐维敏译（1996）：《大众传播研究方法——质化取向》(A Handbook of Qualitative Methodologies For Mass Communication Research, K. B. Jensen & N. W. Jankowski, ed. Routledge, London, 1995)，第7页，台湾五南图书出版公司。
② 同上，第8页。
③ 同上，第10页。

(一) 定性研究方法系统 (Qualitative Methods)。

定性研究就是建立一套概念体系，借助理论范式，进行逻辑推演，据此解释或解构假设的命题，最后得出理论性结论。

将定性研究（质化研究）方法应用于社会与文化过程的分析，成为近年来国际学术界的一个趋向，即转向定性研究。这种转向现象在传播研究中尤为明显。

之所以如此，是因为一方面科学研究内部出现了激荡。人们越来越意识到一味以量化形式的测量成果回答提出假设/演绎模型的问题，并没有完全解释许多重要的问题。另外人文科学、人类学、文化研究等研究传统也纷纷提出不同的、互补的分析模型，以区别于大量的量化分析；另一方面，社会发展变化也使得科学研究要适应这种变化。人类正在进入"后工业社会"、"信息社会"，传统社会形态逐步消亡，新社会形态的变动要求研究者立即寻找新的理论和方法，关注社会和文化的多端变化。

定性研究方法可以补充传统定量研究方法的不足，也可以修正传统研究中的理性角度。不过，需要指出的是，尽管传播学研究中定性研究逐渐增多，但是定性研究的方法论仍处在萌芽阶段，在整个传播学研究中仍然相当微小。然而，这种定性研究的取向呈现出了很强的发展前景和理论价值。

定性研究方法的历史相当久远。它不仅应用于人文科学领域，而且也应用于社会科学领域。

1. 人文科学的定性研究方法。

若按当代的角度看，人类历史上人文科学始终研究的正是人际传播和大众传播中的文本 (text)。过去在人文科学对文学作品和其他主要文化形式的研究中，大部分只对文本中所包含的文化传统、意境、时代精神和意识形态提出解读和注释，而没有从文化分析角度对文本中出现的概念、词汇进行分析，而这些概念和词汇本身的变化具有相当丰富的意义。

包括文学历史研究、符号学和文化研究在内的人文科学传统视传播为意义的社会生产。所谓意义的生产，从人文科学的角度来看，就是内容，而内容既是特定主体性与美学的"表现"（expression），也是对特定语境的"再现"（representation）。这种意义的生产与三个基本传播过程要素密切相关，这三个基本要素便是社会科学术语中的讯息、传播者及其再现的社会结构。如果用人文学科的术语来说，这三个基本要素便是话语、主体性和语境。

"话语"概念是从西方哲学、神学和其他人文科学研究中对文本进行的研究中诞生出来的。提出"知识话语理论"的法国思想家米歇尔·福柯认为：话语实践是指严肃言语行为。这种行为产生的言语，称为"陈述"。严肃言语是权威性主体以某种被人们接受的方式所说的话（包括写作、绘画等等）。这些话要求人们承认其真理性。换言之，陈述是专家们以专家身份所说的话，是一种有价值的东西。其实，除了福柯的话语论述外，话语还有一些特点值得说明：

"首先，话语是知识的载体和工具。话语的原意既是指进行理性思维的能力，又是指交流这种思想的手段，前者是形成思想的条件，后者是表达思想的媒介。这两者所依赖的语言既不是思想者、说话者的个人所属物，又不是与主体无关的客观差异体系。其次，话语的真理性不仅在于它说什么，而且还在于它怎么说，换言之，话语是被接受为真理，不仅与它的内容有关，而且还与话语使用者的意向有关。第三，话语与权力（不是狭义的'政权'，而是广义的支配力和控制力）之间存在着复杂多样的关系，所谓说话，归根结底就是说话的权力，意义也就是具有自称为意义的权力。""话语的作用就是使人实际上不能在话语之外进行思想。"①

话语的基本材料便是语言及其他符号。因此"话语"概念的基本观点就是：语言是人与真实交换过程的主要媒介。在当代人文理论家的研究中，"话语"已经包含所有日常生活的互动和意识层次，因此，"话语"成为社会真实建构的媒介。通过语言，真实才得以进入社会。同样地，也只有通过语言，真实才可以进入主体范围之内，并且可以经过分析，得到解释。由此，语言和其他符号系统就成了人文科学重要的分析客体和分析工具。

"主体性"是指不同于传统哲学的对主体的认识而提出的一个概念。传统哲学认为：主体是相对独立的一方，可以做出道德和美学的判断。然而，新近的人文科学研究认为："人生活在世界上并认识世界，这并不是一种主观与客观的封闭性双向关系，人在认识过程中随时受到现存的各种思想体制的制约和束缚。人的主体是一个受到各种限制的，早已由一系列对世界的代表系统所决定了的'屈从体'(Subject：既是'主体，又是'屈从'的意思)，""已经被安置在意识形态结构为我事先排定的位置上。"② 这个位置也是由语言来决定的。语言就是"世界的代表系统"。

"语境"是指我们在分析文本时所必须考虑的某种情境和历史过程。正是语境使得文本成其为文本。因此，我们从人文科学角度研究传播时，实际上，也将传播视为某种"语境"。传播是历史变化过程的结果。因此，我们的分析焦点要转到受既定社会或文化主导的文本的深层结构。

可以说，话语是人文科学进行研究时共同面对的客体。构成话语和文体的语言，则成了多年来人文科学研究的核心。从早期的结构主义、符号学到后来的文化研究、后结构主义与解构主义

---

① 徐贲（1996）：《走向后现代与后殖民》，第127—130页，中国社会科学出版社。
② 同上，第99—103页。

等，都重视对文本的诠释和解读。

在众多的、复杂的研究方法中较为基础的方法便是语言话语分析。它包括三个分析层次：

首先，话语的最基本元素是不同形态的发音或陈述。通过语言，人们可以展现许多日常行为。而这些发音或陈述实际上就是完成了一种社会结合的动作。维特根斯坦认为：语言的意义正是在于使用。

其次，语言可以在传播者之间建立一种"互动"模型。双方都处在沟通状态，引入并发展某些主题，同时关闭某些话语空间。可对这种互动形式进行语言分析。

第三，在"话语"的层面上，各种语言范畴可以被看作是一个连贯的结构，是一个带着讯息、可被诠释的文本。对这个文本，可以进行多层次的分析，以此指出并说明某种隐于其中的社会特性。

值得注意的是，尽管人文科学的定性研究已对语言、文字传播进行了大量的说明和研究，但是对其他视觉传播的研究还相当薄弱。

总之，在人文科学定性研究的视野中，大众传播既是社会现象，又是话语现象。符号是人类与真实互动的主要模型，它进入到一个连续的意义生产过程后，便将社会真实建构成政治、经济和文化活动等方面。因此需要建立如何描述符号的社会使用情况的研究结构——社会符号学[①]。

2. 社会科学的定性研究方法。

社会科学的定性研究是以长期的、第一手观察的形式，从近距离观察社会及文化层面的现象的过程。这个过程实际上是对"意义"的理解（verstehen）过程。"意义"是由人们赋予自己的

---

① 同第34页注①，第5—34页。

社会情境和活动。

　　社会科学的定性研究方法由来已久，从十九世纪末直到本世纪30年代，社会科学中的社会学家结合人类学的成果，采用参与观察法，以获得第一手的观察资料进行研究，强调定性研究。30年代后期直到60年代，社会学研究采用了自然科学家使用的方法，进行量化和实证研究。60年代以后，社会科学领域又重新出现质疑量化研究的倾向，许多学者再次将定性研究方法作为社会研究的方法。

　　定性研究的诸多方法中，诠释取向的研究方法引人注目。其中较有代表性的有符号互动论、人种学和民族志学方法。

　　符号互动论是社会学中的一种理论，在60—70年代，这种理论影响很大。这种理论认为：人们展现行为的基础是他们赋予物体和情景的意义。意义是人们在互动中衍生出来的，而且这个意义在互动的诠释过程中会进一步得到强化。

　　人种学方法起源于欧洲现象学家的研究成果。它主要是利用参与观察法和深度调查。非常强调日常会话，因为它是日常互动最基本的媒介过程。

　　民族志学方法源自于人类学。这种研究方法有三个原则，一，广义来说，民族志学研究应该关注所有的文化形式，包括日常生活、宗教或艺术；二，由于研究者本身就是最基本的研究工具，有必要从事长期的参与观察，三，必须采用多重资料收集法，以核对观察中发现的资料。

　　不论何种定性研究的方法，利用它们在进行研究中一般都要遵循下列程序：

　　资料收集：收集资料时，可以采用各种方法，如深度访谈、文献分析和观察等等。

　　分析定性资料：

　　辅助分析：主要是实地调查或访谈，对资料进行选择、筛选；

用矩阵、图形或表格等形式,重新安排资料等。

分析程序:包括分析归纳法和理论建立法(Grounded Theory)两项程序。前者有基本的以下步骤:首先,将所研究的现象,进行一个一般性描述;其次,针对研究者原先假定的最为重要的特征,进行微观的检验与探索;然后,以某个案例的检验结果,来验证这些假设是否成立。一个程序可以一直不断重复,一直到所有案例分析完毕。后者便是在经验资料的基础之上,发展出新的理论体系。

定性研究报告:这种定性研究报告,可以有三种形式:单纯的描述;分析讨论;以研究中产生的概念为主;实质说明,以对理论有所贡献。这种研究报告应该贴近资料,真实、准确、可信,应该从现有的研究资料中提出引述和描述素材,应该详细说明资料分析程序。[①]

简言之,传播学研究方法中的定性研究已经成为60年代以来传播学研究中的相当重要的方法。许多学者都在应用这种方法系统开拓传播学研究的新领域。

(二)定量研究方法系统(Quantitative Methods)。

定量研究方法又称量化研究方法和实证研究方法。它是在占用大量量化事实的基础上,描述、解释和预测研究对象,通过逻辑推论和相关分析,提出理论观点。

传播学的定量方法源自于社会学、心理学等行为科学。常用的方法有实地调查法、内容分析法、实验法与个案研究法。所有这些方法都以数理统计为工具并利用日益发达起来的计算机,进行资料量化数据的精确统计,从对这些数据的分析中验证某些理论假设或提出某些观点。所有这些研究方法都遵循一套严格周密的操作程序,即:

---

① 同第34页注①,第47—100页。

确立研究假设
确定研究方法
收集各种数据
整理、分析数据
得出研究结论,以验证最初的假设

传播学定量研究方法有:

1. 实地调查法。

这种方法最早起源于19世纪后期的欧洲,到本世纪初,数理统计学科的成熟使得实地调查法更加准确和科学。实地调查法是美国传播学研究中的传统方法。乔治·盖洛普30年代就利用这种方法进行民意测验。传播学的奠基人之一保罗·拉扎斯费尔德是将这种方法引入传播学研究的最早的学者,他在1940年总统大选期间,对选民进行调查,分析他们投票意向与接触大众传播媒介之间的关系。这已经成为传播学定量研究中的经典。

实地调查法的研究步骤包括:

首先,提出研究假设:即根据现有的基本理论,对某一传播现象提出一项有待证实说明的理论命题。这个假设可以是正命题,也可以是反命题,还可以包含正反相对的两个命题。

其次,按照研究假设的需要,确定本项实地调查的总体范围和样本数。一般说来,实地调查分为全面普查与抽样调查两种。前者由于要对符合假设要求的总体范围内所有成员进行普遍调查,虽然这可以准确地反映总体情况,但是成本过大,所以传播学研究者常常采用的是后者,即抽样调查法。这种方法既可以以很小的误差,准确地反映出总体的情况,又可以节省成本和时间消耗。

第三,确定抽样方案:抽样方法一般有两种:随机抽样和非随机抽样。随机抽样就是严格按随机原则,使总体的每个成员都有可能被选中作样本。非随机抽样就是按照调查者的意图抽样。这种方法主观色彩浓厚。传播学一般采用抽样中的随机抽样。随机抽样还有不同的方式，如单纯随机抽样、机械随机抽样、分层随机抽样和整群随机抽样。传播学多采用后两种之一或两者结合。样本要达到一定的数量，才可保证样本具有代表性和典型性。一般原则，样本数应占总体的千分之一到万分之一。

第四，设计调查问卷：实地调查主要是通过记录现场的观察和谈话或请调查对象填答问卷的方式进行资料收集。因此，问卷的结构设计，将直接影响到资料的收集。作用至关重要。问卷一般包括两部分内容：一是调查对象的特征指标；二是调查对象的意见、态度、行为倾向等。前者在日后的分析处理中，一般被视为自变量；后者一般视为因变量。问卷中的问题分三种类型：开放式问题、封闭式问题和混合式问题。问卷设计中多为封闭式问题。问卷设计完成后，先在一定范围内试行填答进行测试，这是为了发现问卷中不合理的、含糊不清的指标进行修正。最后将修正完的问卷通过面谈、邮寄、电话等方式进行实际调查。

第五，统计分析调查结果：将收回的问卷整理分组，进行统计运算，然后对结果进行分析，看统计的结果能否验证研究开始时提出的假设。这种分析分为三种：描述性分析，即对统计结果进行初步归纳、描述；推断性分析，即分析各结果之间的关系；结果性分论（或结论性分析），即提出最后的研究结论，可以证实还是证伪先前提出的假设。

实地调查法强调实地的考察，基本不受人为控制因素的影响，比较客观、准确和全面，但是它对实际对象中的复杂的相关性，特别是起主要作用的因果相关的概括仍显得不尽如人意。

2. 内容分析法。

内容分析法就是用系统的方法分析传播的讯息内容。美国传播学家伯纳德·贝雷尔森认为，内容分析就是"对传播内容进行客观、系统和定量的分析与描述的一种方法"。

早期的内容分析主要用于对印刷媒介内容的分析。到了本世纪20年代,传播学的奠基人之一哈罗德·拉斯韦尔使用精确和系统的内容分析法进行第一次世界大战时期宣传技巧的研究。继而在二战期间,拉斯韦尔又与其他学者共同对战时军事宣传品进行内容分析。

内容分析适用于分析一切传播的讯息内容。内容分析一般分两个层次,即"说什么"(传播内容)和"怎么说"(传播形式)。一般情况下,对这两个层次都要进行分析。

内容分析法的实施程序与其他方法近似。

首先,提出研究假设,并根据这个假设确定研究范围。可以根据时期、媒介种类、传播的讯息等指标确定要分析的范围。如果确定的范围中研究对象过多时,也可以采用随机抽样方法,抽取其中一部分进行研究。

其次,制定分类表。目的是将分类表作为观察和测量讯息内容的统一标准尺度。一般分类表要包括两个层次:一是将研究内容分成若干大类;二是在各大类之下,再确定若干个"分析单元"。所谓"分析单元"是进行内容分析的最小单位,一般以特定的单词、词组、句子、人物、事件名称等作为分析单元。分类表中必须对所使用的分类标准进行明确而严格的界定。分类表的制定一定要仔细、周密,并进行必要的测试与校正,方可使用。

第三,将讯息内容按分类表的分类方式编码归类,然后计算出各种类别所占的比例,各种分析单元出现的频数。用相应的统计方法进行分析。

第四,验证先前的假设,提出结论。

内容分析法可以科学检验假设,可以描述传播内容的倾向;说明信息来源的特征;检查传播中不符合标准的内容;分析说服的方法;分析文本;说明读者对信息的意见;描述传播的模式(霍尔蒂斯,1969年)。

内容分析也有其不足之处,一是如果研究者的判断失误,他所选择的材料不能如实地反映问题的真实情况,那么在其后来的研究中,无论其研究步骤和方法如何精确,也不能得出与事实相符的结果。简言之,内容材料(即分析的对象)必须能代表总体,能反映总体的真实情况。因此,要对所有分析的内容材料进行事先的审核;二是研究者主观因素影响了分类表的严密与科学。这将影响到分析结果的客观和准确。因此,要对分类表进行事前的单独评价。

3. 实验法。

实验法源自于实验心理学。实验法分为两种:控制实验法(室内实验法)和自然实验法(室外实验法)。

控制实验法是指研究在室内进行,而且在研究进行时对某些实验因素加以人为的控制。这种方法适用于微观的、探究因果关系的研究。因此它们的实验对象人数不多,常为几十人。在实验中,"实验者控制并操纵着某一变数,并通过客观、系统的方法观察和测量其结果","实验设计是研究因果关系的最佳方法"。[①]

传播学的奠基人库尔特·卢因和卡尔·霍夫兰最早在传播研究中使用实验法。霍夫兰在第二次世界大战及战后的研究中,就是利用控制实验法对说服与态度进行研究的,此项研究成为传播学研究中的经典之一。

实验法中的控制实验需要在一个特殊设计的实验室中进行。这个实验室内装有实验所需的必要设备和仪器,如阅读机、录音机、放映机、记录和测量研究对象反应的仪器。有时还对室内的装修有专门的要求。

实验研究第一步仍是提出假设。

第二步,简化众多的影响因素,选择具有重要影响的因素,确

[①] 赛弗林,坦卡特(1985):《传播学的起源、研究与应用》,第19页,福建人民出版社。

立其中一对为自变量和应变量。

第三步，控制、实验，将选择出来的研究对象分为"控制组"和"实验组"，两组人数相同，特征相似。给实验组提供我们简化并确定的自变量，给控制组提供的则是普通的、非研究所用的自变量。

第四步，统计、分析，将实验所得的大量的变量数据进行记录、统计。从中得出某些结论，以此结论对假设进行检验。

控制实验法的优势在于研究者可以主动控制实验因素，而且实验本身具有严密的逻辑性。但是，这些实验都是人为地制造出来的，实验情景被简单化了，其发现还要经人演绎，因此，现实生活中复杂多变的众多因素都被忽略了，其结论必然带有误差。

为了弥补控制实验法过于"纯粹"、人为的缺陷，后来的传播学研究中又出现了将实验放置在社会环境中自然进行的趋势。这种方法就是"自然实验法"。这种方法相对控制实验法而言，真实可靠，客观准确，但是在社会真实背景中进行实验，难于控制。

进行自然实验，可以用"分别进行"的方法，用两种方式、途径或媒介将讯息发送出去，随后通过电话访问、上门询问等方法测定实验的结果；也可以事先设计好一个研究方案与程序，然后等候一个合适的时机，当事件一旦发生，研究者便进入，对调查对象进行研究。这种结果就非常可靠。

4. 个案研究法。

个案研究法是心理学所用的一种研究方法。传播学中个案研究法使用的不是很多。所谓个案研究就是检验某一对象的多方面特征。一般是研究某一特定对象或案例在一定时期内的全面情况。而前面的实地调查法、内容分析法、实验法都只对总体的某几种特征进行研究描述。

1950年，怀特首次用个案研究法对"把关人"进行实际研究。

个案研究只涉及某一个别事例，它不能像抽样调查那样，可以据此作出合乎逻辑的科学的推论。因此，个案研究一般没有事先的研究假设，其结果都是从案例研究中得出的，也不证实什么假设。这种方法的价值在于它详细、深入、全面地占有研究对象的资料，可以提供许多材料、观点、见解，可以作为其他研究的基础，经过后续的其他类型的研究得出一般性结论。

除了上述的四种定量研究方法以外，传播学在自己的发展过程中仍在不断与其他学科相互渗透和吸收。近年来，又发展出了新的定量研究方法，如"传播网络分析法"、"多元座标定比法"等。

需要强调的是传播学的研究方法是一个系统，我们到目前为止，还没有办法将定性与定量方法截然划分开。在现实的传播学研究实践中，人们也是将定性方法与定量方法综合使用的。

第五节 传播学的奠基人及创立者

了解传播学研究的历史，有必要了解这门学科的奠基人。美国著名传播学家施拉姆将传播学研究比作"沙漠中的绿洲"，他说，许多"过路客"如社会科学家与自然科学家出于某种需要，在绿洲上停留一会儿，然后又继续他们的行程，各自向前走去。

1980年，施拉姆在《美国传播研究的开端》一文中，高度评价了美国传播学的四位先行者，即美国政治学家哈罗德·拉斯韦尔、社会心理学家库尔特·卢因、社会学家保罗·拉扎斯费尔德和实验心理学家卡尔·霍夫兰，他们20年代开始便从自己研究的学科角度对传播进行了深入的研究。他们的研究内容和方法为后来的传播学奠定了一个基础。

一、政治学家哈罗德·拉斯韦尔（1902—1977）

哈罗德·拉斯韦尔是美国著名的政治学家。他一生致力于研究政治术语，运用心理学理论和方法去探讨政治学，试图用一系列自然科学理论建立政治学体系。他的政治学著作受到政治家们的重视,他自己也曾在政府部门担任过顾问。

拉斯韦尔1902年2月13日出生于美国伊利诺斯州唐尼尔逊的一个牧师家庭。父亲是长老会的牧师,母亲是中学教师。家中藏书甚丰,常与著名学者来往。拉斯韦尔1918年入芝加哥大学学习,成绩优秀,表现突出。1922年获芝加哥大学哲学学士学位。随后的三年中,拉斯韦尔在伦敦大学、日内瓦大学、巴黎大学和柏林大学攻读研究生课程。1926年获得博士学位,博士论文题目是《世界大战中的宣传技巧》。同年,回芝加哥大学任教,历任政治系助教、讲师、助理教授、副教授。1938年辞职前去担任耶鲁大学的客座讲师,1947年成为该大学的法学教授。他先后在美国的锡拉丘兹大学、西方保留地大学、加利福尼亚大学、中国的燕京大学、日本的东京大学、印度的巴特那大学等学校作为客座教授讲过学。

1939年拉斯韦尔被任命为新成立的美国国会图书馆战时通讯研究委员会第一任主任。这个机构受洛克菲勒基金会资助,对报纸、杂志、书籍、广播、电影和其他通讯手段的内容,进行了大规模的分类调查。之后他还先后担任许多公共和私人机构的顾问等职。

他对传播学研究的贡献集中在宣传分析和传播过程研究。

拉斯韦尔是美国系统研究政治传播的第一人,是分析研究宣传的权威。1927年他的博士论文《世界大战中的宣传技巧》刊行于世,轰动一时,成为宣传学的经典著作。该论文主要描述和分析了第一次世界大战各交战国之间的政治和军事宣传战。拉斯韦尔对宣传做了如下定义:"它仅指以有含义的符号,或者稍具体一点不那么准确地说,就是以描述、谣言、报道、图片和其他种种社会传播方式来控制意见"。他在书中归纳了宣传的四个主要目标:(1)激起对敌人的仇恨;(2)保持与盟邦的友好关系;(3)与中立者保持友好关系，而且尽可能与其达成协作；(4)瓦解敌人的斗志。他的这本书有着极强的经验性，以致于当时一位评论家指责该书"教唆权术，应当予以销毁"。

1935年拉斯韦尔与布卢门斯通合著出版了《世界革命的宣传》，进一步发展了对宣传进行分析的基本方法。同年，在美国社会科学研究会的资助下，拉斯韦尔与人合编了《宣传与推行》一书。该书的目的在于用科学的方法分析与研究"宣传的功能及其社会控制"。1979年在他去世后二年，拉斯韦尔、勒纳、史皮尔三人合作编写的三卷巨著《世界历史中的宣传与传播》，成为宣传学研究的又一里程碑。

拉斯韦尔在进行宣传研究的同时，其研究领域也逐步扩大至大众传播。1932年他提出过一个传播模式："谁？说什么？对谁说？产生了什么效果？"。1946年拉斯韦尔与史密斯合著的《宣传、传播与舆论》出版，书中指出：宣传只不过是信息传播的一种特殊形态，而大众传播所要研究的应该包括广播、报刊、电影、书籍、告示以至于歌曲、戏剧、庆典、讨论等等。该书第一次提出了大众传播基本传播过程：谁？说什么？通过什么渠道？向谁说？有什么效果？1948年拉斯韦尔发表了《传播在社会中的结构与功能》一文，这是他对传播过程、结构及功能作的一个较全面的论述，成为早期传播研究的经典成果之一。

拉斯韦尔在这篇文章中，明确提出了传播过程及其五个基本构成要素：

谁传播？　　　　　　　　　——→控制分析

传播什么？　　　　　　　　——→内容分析

通过什么渠道传播？　　　　——→媒介分析

向谁传播？　　　　　　　　——→对象分析

传播的效果怎样？　　　　　　──→效果分析

　　拉斯韦尔指出对传播过程进行科学研究时，一般都集中研究其中的一个问题。他的这一模式成了传播学中经典的传播过程模式。后来学者对此进行过各种修正、补充和发展，但是都不可能有本质的差异。这是这篇文章对传播进行的内部结构分析，分析了传播过程及要素。

　　这篇文章还从外部功能上分析了传播活动的作用。拉斯韦尔指出传播的三大作用或三大功能，即监视环境、联系社会、传递遗产。这一观点经过后来学者的发展，也得到了丰富。

　　总之，拉斯韦尔在宣传分析领域的成就是巨大的，同样，他在对传播的内部结构和外部功能分析方面，影响也是深远的。他的这些开创性的研究奠定了传播学研究的基本范围和层面。拉斯韦尔一生著述众多，有 600 多万字，除了上述的有关宣传、传播的著作外，还有许多政治学著作。

二、社会心理学家库尔特·卢因（1890—1949）

　　库尔特·卢因（又译库尔特·勒温）是美籍德国社会心理学家。一生致力于人类行为的动力和控制的研究，是心理学中"场论"和"群体动力论"的最先提出者。

　　1890 年 9 月 9 日卢因出生于德国，曾就读于德国的弗莱堡大学、慕尼黑大学。1914 年毕业于柏林大学，获哲学博士学位。一战期间，曾到前线打仗，战后，1921 年回到柏林大学任教，同完形心理学派（Gestal Psychology）（又称格式塔心理学派）的创始人惠太海默、苛勒等建立了关系，成为积极倡导该学派的著名心理学家。1933 年辞职移居美国，先后在斯坦福大学、康奈尔大学、衣阿华州立大学等学校任教，进行研究。1944 年，到麻省理工学院，创立了群体动力研究中心，并担任主任，直至去世。

他的学术成就主要体现在他最早创造性地提出了心理学中的"场论"和"群体动力论",这些理论成果对传播学的研究影响较大。

卢因在自己的心理学研究中倾向于完形心理学,但是又超出了完形心理学的范围和领域。他借用物理学"场论"这一理论类比至心理活动中。物理学场论的基本观点是一个场就是一个整体性的存在,其中每一部分的性质和变化都由场的整体特征所决定,而这种整体特征并不等于场内各部分特征的总和或相加。换言之,场一旦形成便成为一种新的结构实体,而不再是形成场的那些个体元素的机械组合。

卢因将自己的场论应用于社会心理学的研究中,形成了群体动力论。这是他对社会心理学的最重要的贡献。群体动力论主要研究群体与个体之间的关系,特别关注群体规范对个体行为的制约和影响。他认为,一个群体就是一个场,必须将群体视为一个整体,而不是成员个体的简单相加。在群体与个体的关系中起决定作用的是群体而不是个体,一个群体中最重要的便是凝聚力。所谓凝聚力就是群体成员相互利益的延伸。由于人们都关心自己的利益,因此他也就自然地倾向于维护群体的凝聚力这种自身利益的延伸。

从卢因的群体动力论可以看出:个体与群体的关系是如此地紧密,以致于群体的规范可以直接制约和影响个人的行为。传播者要想通过传播改变一个人的态度、认识和观念,不仅要考虑他的个人因素,更要考虑他所属的群体因素。

卢因将自己的群体动力应用到传播研究中。第二次世界大战期间,他和学生运用这一理论对军队士气问题进行研究,从中证实了群体可以影响到士兵个体的观念、动机、愿望、行为和倾向。二战期间,卢因还进行了劝说人们改变饮食习惯的研究,这项研究也是在群体动力论的指导思想下进行的,研究结果也说明群体规范可以改变个体的饮食习惯，使之与所属群体相适应。

卢因的群体动力论对美国传播学的建立起了一定的推动作用，也为传播学研究提供了一个新的层面和方法。

三、社会学家保罗·拉扎斯费尔德（1901—1976）

保罗·拉扎斯费尔德是美籍奥地利社会学家。他在社会学，特别是应用社会学领域的影响相当深远。

1901年2月13日拉扎斯费尔德生于奥地利维也纳。1925年毕业于维也纳大学，获哲学博士学位。后来，又在美国的芝加哥大学、哥伦比亚大学、耶什瓦大学获得人文学和法学博士学位。早年主修数学，后来受奥地利心理学家弗洛伊德等人的影响，对心理学产生了浓厚的兴趣。1935年在美国洛克菲勒基金会的资助下，前往美国学习社会心理学，他运用在欧洲已掌握的调查研究的方法，写成《马里兰城里失业的人》一书。

拉扎斯费尔德到美国后，在洛克菲勒基金会的资助下，在普林斯顿大学建立了一个广播研究中心。1940年移居纽约，得到哥伦比亚广播公司资助，在哥伦比亚大学建立一个应用社会学研究中心。在他的主持下，一些社会学家开展了失业、大众传播、竞选与政治活动、教育与心理、社会研究方法与程序、市场研究等方面的应用研究。

虽然传播研究只是拉扎斯费尔德研究领域中的一个部分，但是他在其中的研究对早期传播学的形成起了极大的推动作用。

他及其助手、合作者从社会学原理出发，将传播媒介置于完整的社会环境中去考察。他们认为受众不是彼此隔绝的抽象的个体，而是在现实生活中与其他人共同生活，互相影响的。他对广播听众的研究更侧重研究广播在社会中的影响力。

他继续将他对传播媒介社会影响的研究扩展到美国的政治生活中。他们以1940年总统选举为课题，进行了大规模的连续性调查,主要研究大选期间影响选民投票意向的因素。该调查从1940年5月开始,直到该年的11月大选结束,历时半年。调查之后,拉扎斯费尔德及其合作者对结果进行分析、研究,试图发现选民政治态度的形成与变化的规律。1948年将这次研究成果汇集出版,即《人民的选择》。

这项研究的基本结论是大多数人早在竞选之初就已经作出了怎样投票的决定,而传播媒介的影响力并不大。投票意向受传播媒介影响的人不到百分之五,即使是这不到百分之五的人,也主要受他们周围的人(领导、同事、家庭成员)的影响。由此可以得出进一步的结论,便是决定人们投票意向的,主要不是传播媒介的影响力,而是人际传播的影响力。

拉扎斯费尔德及其助手在进一步的研究中发现人际传播并不是杂乱无章的。在一个群体中,常有少数人是消息和影响的重要来源,这少部分人不一定是这个群体的领袖,但是他们频繁接触各种媒介,比一般人更留心媒介讯息,对有关事情有更多的了解,他们能在大多数一般选民中发布一些消息、解释和看法,从而影响普通人。这少部分人就被称为"舆论领袖",而这种由舆论领袖再传递讯息和影响的过程,就被称为"两级传播"。由此,拉扎斯费尔德提出了两级传播理论,即讯息和影响先由大众传播媒介传播给舆论领袖,然后,再由舆论领袖扩散给社会大众;传播媒介的作用是间接的,并且会受到社会基层舆论领袖的影响而削弱。

拉扎斯费尔德及其助手进行的这项研究被称为大众传播学研究历史上的里程碑之一。"《人民的选择》中的广阔范围,先进方法和给人以深刻印象的发现使这次研究成为媒介研究中的一个重要里程"。"《人民的选择》在关于大众媒介的思想领域开辟了一个新时代"。拉扎斯费尔德的研究"似乎完全否定了所谓媒介无比的旧思想,而支持一个新假设,即媒介效果甚微,它只是许多种影响中的一种"。①实际上，正是拉扎斯费尔德的竞选研究及其发现结束了"枪弹论"理论统治传播学研究的时代，此后，传播学中效果研究可以说进入到了"有限效果论"年代。

另外，他提出的"两级传播理论"对传播学研究也贡献很大。一方面它使研究者深入认识到传播环节中的众多因素；另一方面，它推动了传播学的研究，特别是传播过程的研究。后来的学者在此基础上建立了新的"多级传播理论"。

四、实验心理学家卡尔·霍夫兰（1912—1961）

卡尔·霍夫兰是美国实验心理学家，毕生研究人的心理对人的行为的影响，具体而言就是研究说服与态度的关系、态度的形成与转变、说服的方式、技巧与能力等。

1912年6月12日霍夫兰生于美国芝加哥，先后获得文学学士学位，硕士学位，1936年获耶鲁大学哲学博士学位，之后担任耶鲁大学心理学系讲师、助理教授、教授、主任。

卡尔·霍夫兰的学术成就集中在用实验方法研究人的态度与说服之间的关系。他的研究生涯可以分成两个阶段：第一阶段第二次世界大战期间，第二阶段第二次世界大战结束直到去世。

第一阶段：第二次世界大战期间，美国军方计划实施美军的思想训练计划，这时，美军陆军部召集一批心理学专家，组成一个专门的研究小组，由霍夫兰负责具体研究工作，指导和研究美军的这个项目。他们在营地与士兵频繁接触，在训练中开展了大规模的研究工作。他们主要研究陆军部拍摄的军事教育影片对军人的影响，他们用严格实验的方法，试图找出影响说服效果的因素。研究中强调说服者本身和说服内容与方式的作用，而被说服者则被视为被动的、消极的。他们研究发现军事教育影片确实

---

① 梅尔文·L·德弗勒等（1989）：《大众传播通论》，第311—312页，华夏出版社。

使观众发生了变化，但变化很有限，显然，电影的影响是有限的。"这个集中了心理学界最出色人选的班子所从事的大型研究项目被认为是现代态度改变研究的开端，而且是大众传播理论若干重大贡献的渊源"。①

第二阶段：第二次世界大战结束后，霍夫兰及一些心理学家继续进行二战期间开始的态度与说服的研究。在他的领导下，一批心理学家、人类学家、社会学家和政治学家等30多名合作者探讨了多层面的、广泛的问题。他们研究传播者的信誉、信息组织、群体适应效果、态度和观点变化的持续等问题。他们将研究成果结集出版，产生了一批关于态度问题的耶鲁丛书，如卡尔·霍夫兰等人的《传播与说服》（1953年）、《耶鲁大学关于态度和传播的研究丛书》（五卷本）等。

霍夫兰及其合作者没有研究现实社会生活中的媒介运动和大众传播。另外，他们使用实验法进行研究，研究对象多为学生和实验性对象，范围有限。虽然他在后期也发现了许多实验过程中没有发现的众多影响因素，但是"这项研究的结果对现实生活有无实用价值却不清楚"。②

以上是对传播学四大奠基人的生平、学术成就及与传播研究的关系进行的简要介绍。我们从中可以看到早期传播研究的学术基础和领域大多是社会学、心理学、政治学等，这些学科和这些学者对传播学的最终形成贡献很大，但只是奠基作用而已，真正将传播研究系统化为传播学的人却是威尔伯·施拉姆。

---

① 赛弗林，坦卡特（1985）：《传播学的起源、研究与应用》，第158页，福建人民出版社。
② 同前页注①，第308页。

五、传播学家威尔伯·施拉姆（1907—1987）

威尔伯·施拉姆是人类历史上第一位传播学家，正是他创立了传播学这一新兴学科。人们称他为"传播学鼻祖"、"传播家之父"。他将传播学作为一门单独的学科提出来，并力图使之系统化、正规化、完善化。

1907年8月5日，施拉姆出生于美国俄亥俄州。1928年，获文学学士学位。1930年，获哈佛大学硕士学位，1932年，获衣阿华大学哲学博士学位。毕业后，从事新闻工作，曾在《波士顿先驱报》做过记者和编辑，后当过美联社记者。后来从事教育和研究工作。历任衣阿华大学助理教授、副教授、教授、新闻学院院长；伊利诺斯大学传播研究所主任、研究部教授；斯坦福大学新闻传播系教授、传播研究所主任；夏威夷东西方研究中心传播研究所主任。他还在美国的许多学会、团体、政府机构等任过职。

他在传播学领域的地位来自于他对传播学的巨大贡献。

首先，他把美国的新闻学与社会学、心理学、政治学等其他学科综合起来进行研究，在前人传播研究的基础上，归纳、总结、修正并使之系统化、结构化，从而创立了一门新学科——传播学。这是他最大的功绩。自此以后，才有了学科意义上的传播研究，而且这门学科日益扩大、完善、成形。

他创立传播学的标志便是1949年由他编纂的第一本权威性的传播学著作——《大众传播学》的出版。这本书收录了政治学家、心理学家、社会学家、语言学家以及许多其他学科的专家对传播的研究成果。施拉姆当时主要还仅限于挖掘前人和他人的传播研究成果，加以整理，使之系统化。

其次，施拉姆不断著书，目的在于立说，推进传播学的壮大。施拉姆一生共写有30多部传播学论著，约有500多万字。他的著作基本可以分成两大类，一类是理论性著作，一类是应用性著作。

他的代表性著作主要有：

《大众传播学》（1949）

《大众传播的过程与效果》（1954）

《报刊的四种理论》（1956）

《大众传播媒介与国家发展》（1964）

《新媒介》（1967）

《传播与变化》（1967）

《传播学手册》（1973）

《人、讯息与媒介：人类传播概览》（1973）

《男人、女人、讯息和媒介：人类传播概论》（1982）[①]

第三，施拉姆大力推进传播学教育，扩大传播学在教育及学术界的影响。他先后亲自创建过四个传播研究机构：衣阿华民意调查中心（1934年），伊利诺斯大学传播学研究所（1948年）、斯坦福大学传播学研究所（1955年）、夏威夷东西方研究中心传播研究所（1973年）。通过这些教育、科研机构，施拉姆培养了一大批传播学研究生，造就了许多学有成就的后起之秀。当今美国传播学者中许多知名者都是他的学生，形成了"施拉姆学派"。

施拉姆曾周游世界，推广美国的传播学。1982年，他到我国访问期间，曾对传播学的发展作了大胆的预测。他指出："在未来的一百年中，分门别类的社会科学——心理学、政治学、人类学等等——都会成为综合之后的一门科学。在这门科学里面，传播的研究会成为所有这些科学里面的基础。讲话、编写、广播等技术都同传播的过程密不可分。因为要牵涉到这些基本的技术问题，所以综合之后的社会科学会非常看重对传播的研究，它将成为综合之后的新的科学的一个基本学科。"

[①] 中国社会科学院新闻研究所世界新闻研究室编（1983）：《传播学（简介）》，第124页，人民日报出版社。

需要说明的是施拉姆自己有关传播学的理论、观点，开拓和革新对传播学的贡献很大，但是他的最大成就在于集前人和他人有关传播的研究及相关学科的成果于一炉，提炼、整合，最终创立了传播学。

传播学是研究人类社会传播活动及其规律的一门学科，它具有交叉性、边缘性、综合性等特点。人类社会的早期，就已有人开始关注传播现象，但是直到 20 世纪，传播研究才形成气候，到 40 年代、50 年代逐步形成为一门相对独立的学科。传播学主要研究人类传播史、人类传播形态、人类传播结构与过程等。传播学的研究方法是科学方法论与具体方法的集合体。具体方法有定性、定量研究方法体系。传播学的形成是在众多奠基人成果的基础上，由传播学的创立者和集大成者威尔伯·施拉姆完成的。

第二章 传播论

我们知道,传播学是研究人类社会传播活动及其规律的科学。简言之,就是研究传播的科学。传播到底是什么?传播活动是如何产生和发展的?这些问题就成了我们首要探讨的问题。

第一节 传播

传播是人类的一种社会行为。传播活动无时无刻不发生在我们每个人自己身上。我们研究传播活动首先就得阐明"传播"的含义。

一、传播的含义

古今中外对"传播"一词有各种各样的解释。

(一)"传播"与"Communication"。

汉语中的"传播"最早是分开使用的,即"传"、"播",它们都是古代汉语中的单音词。

"传"是"傅"的简写,周代金文中就已有这个字。按《说文解字》的解释"傅"的左边原义为"人",右边"尃"义为"六寸簿也"。"尃"的上半部分与"牵"同义。因此,"传"字与"人、六寸簿、牵马"有关。

按照周礼,"行夫"(即人)掌管国家的信息传递。这些传递者"以车驾马",手持六寸长的竹简(汉代改为五寸)。这样的"传"意义非常广泛,可以是指上对下的信息传通,如"传宣"、

"传法"、"传道"、"传经",也可指下对上或平级间的信息传通,如"传檄"、"传字鸽",可以指确实的信息传通,如"传神"、"传真",也可以指不确定甚至是错误的信息传通,如"传疑"、"传闻"、"传讹",可以指小范围的信息流通,如"传宣",也可指大范围的信息流通,如"传布"。

"播"在金文中也已存在。原意是"播种",表示人手将种子撒到田里。它的含义在历史上也曾有多种,如:"撒也"、"扬也"、"布也"、"放也"、"弃也"、"迁也"等等。谷种的"播"是在广大的田地上进行的,信息的"播"也应该是在大范围内实施的。[①]

"传播"一词是近义并列构造的词。据考证,"传播"一词在我国出现于1400年前,即可能始见于《北史·突厥传》中的"传播中外,咸使知闻"一语。[②] 元代史也见使用,《宋史·贺铸传》中有"所为词章,往往传播在人口。"我国古代,使用"传播"一词并不广泛。大量使用"传播"是近现代的事。

当代的日常生活中,"传播"一词使用甚广。基本含义是表达某种事物的传递、散播。

英语中的"Communication"(communicate 的名词形式)源自拉丁语的 Communicatus 和 Communis,其原义为"分享"、"共有",该词的印欧语词源是 Kom—moini,其中 Kom 意为"共同",Moini 源自 Mei,意为"交易、交换"。由"共同交换"、"共享"引申到信息传递领域,就成了"交流"。

从 Communication 的语源中可以看出该词的语义较汉语中的"传播"一词要丰富,英语的"Communication"包括"传达"、

---

① 赵心树(1995):《从语源、语义论"宣传"、"传播"、"新闻"的异同》,载《新闻与传播研究》,第二卷第 1 期(1995.1),第 26—33 页。
② 方汉奇(1994):《中国近代传播思想的衍变》,载《新闻与传播研究》,第一卷第 1 期(1994.1),第 79 页。

"传布"以及"交流、交通、交往"等含义。它在词义上更强调"交互"、"双向"的含义,它更强调传者与受者的同等地位和相互作用。

在传播学意义上,我们使用"传播"一词对等于"Communication"。虽然英语中 Communication 的原意要比汉语中的"传播"丰富得多,但是我们使用的是两个词的最基本的内涵性含义,即:信息的流动。

(二)传播学中"传播"的含义。

"传播"是传播学的最基本概念,所以每个传播学研究者都必须从对"传播"的认识、界定登堂入室,走进传播学的学术领域。然而,不同的传播学家,对"传播"都有各自的解释,每一种解释与界定都代表了学者们不同的认识视角和学科领域。

我国学者经过近 20 年的研究,对"传播"的界定有许多认识相同,但也有一定的差异。

我国学者对"传播"的界定,较具代表性的主要有如下几种:

"事实上传播是信息在时间或空间中的移动和变化。"(戴元光、邵培仁、龚炜 1988 年)

"从最一般的意义说,传播是社会信息的传递;传播表现为传播者,传播渠道,受者之间的一系列传播关系;传播是由传播关系组成的动态的有结构的信息传递过程;传播是社会性行动,传播关系反映社会关系的特点。"

(沙莲香 1990 年)

"传播就是人们进行信息交流的一种活动。"

(徐耀魁 1990 年)

"传播是信息的双向流通过程,包括人际传播与大众传播两大类型"。

(李 彬 1993 年)

"传播,即:传受信息的行为(或过程)。"

(张国良　1995年)

我国学者对"传播"的定义有两点是共同的：第一，认为传播是一种行为、一种活动，即认为传播是动态的；第二，认为信息是交互流动的，即比较强调信息流动的双向性。

与我国学者情况不同，西方传播学家对"传播"的理解和界定差异非常大。1970年美国威斯康星大学的丹斯教授就曾列出学者们给传播下的98种不同定义。

对西方学者的定义进行分析，可以看出其基本立足点仍然是信息的流动，但是强调之处有所差异。我们列出以下的定义及其强调之处，供比较分析。

强调"共享"：

"我们在传播的时候，是努力想同谁确立'共同'的东西，即我们努力想'共享'的信息，思想或态度。"

(W. 施拉姆)

"传播就是变独有为共有的过程。"

(A. 戈德　1959年)

"传播是我们了解别人并进而使自己被别人了解的过程。"

(M.P. 安德森　1959年)

强调"互动、关系"：

"所谓传播是人际关系借以成立的基础，又是它得以发展的机理。就是说它是精神现象转换为符号并在一定的距离空间得到搬运，经过一定的时间得到保存的手段。"

(C. 库利　1909年)

"传播可以定义为通过讯息进行的社会的相互作用。"

(G. 格伯纳　1967年)

"互动，甚至在生物的层次上，也是一种传播；不然，共同行动就无法产生。"

(G.H. 米德　1963年)

强调"符号"

"传播就是用言语交流思想。"

(J. B. 霍本 1954年)

"运用符号——词语、画片、数字、图表等传递信息、思想、感情、技术等。这种传递的行动或过程通常称作传播。"

(贝雷尔森和塞纳 1964年)

强调"目的"、"影响"、"反应":

传播就是"某个人(传播者)传递刺激(通常是语言的)以影响另一些人(接受者)行为的过程。"

(C. 霍夫兰等 1953年)

传播就是"在大部分情况下,传者向受者传递信息旨在改变后者的行为。"

(G. 米勒 1966年)

"所有传播行为都旨在从特定人物(或一群人)引出特定的反应。"

(D. 伯洛 1960年)

除以上的较有代表性的解释以外,还有其他许多大同小异的定义。

我们从上面列举的西方有关"传播"的定义中可以发现:每个定义都有其优缺点。这是因为每个学者的理解都从不同的学术领域出发,更多地关注本学科研究对象的传播活动、范围和方式等,而没有从更多普遍意义上和层面上对"传播"进行界定。

从以上中外对"传播"的认识可以看出,最普遍意义上的传播必然包含以下两个要素:信息(传播的材料)、流动(传播的方式)。

由此,我们认为,所谓传播,就是信息的流动过程。

我们首先必须界定最普遍意义上的"传播",因为,这个广义的"传播"概念不仅能包括人类社会的信息流动,而且能涵盖非人类社会的信息流动,如自然界中的信息流动。更进一步讲,因为信息是事物运动的存在或表述形式,信息无时无处不存在,只要有信息存在,便有信息的流动,便有了传播。这是对传播的科学认识。

在认识了最普遍意义上的"传播"之后,我们可以再进一步认识人类社会的传播。人类社会的传播便是人的信息的流动过程。这是我们传播学所研究的传播。

二、传播的类型

我们知道,传播是信息的流动过程。这是对传播现象的一般概括。实际上,由于信息的类型、流动的范围及状态等的不同,传播也可以有多种类型、多种形态。

我们面对的客观世界可以分成自然界和人类社会,因此我们可以在最普遍意义上将传播分成自然界的传播和人类社会的传播,前者由于不是发生在人类社会,因此也可以称作非人类社会传播,具体表现如:彩霞、闪电、鸟语、花粉传授、基因遗传等。这种类型的传播均是自然界中信息的流动。人类社会的传播是指发生在人类社会中的信息流动,具体表现如:聊天、听广播、看电视以及人的内省思索等等。

传播学要研究的不是非人类传播,而是人类传播。然而,人类的信息流动也千差万别,由于其流动的范围、方式等不同,又可以分成多种。

需要说明的是,对人类传播包括哪些类型没有绝对一致的看法。不同的研究者由于其分类方法的不同,将人类传播分成了不同的类型体系。

比如:"二分法",即将人类传播分成亲身传播与大众传播。分类标准是传播的手段。亲身传播指以人体为媒介(主要以语言和身体非语言符号为手段)的信息流动方式。大众传播指以机械化、电子化的大众媒介（以系统化、规范化的符号系统为手段）进行的信息流动方式。这种分类略显笼统。

"四分法"，即将人类传播分成人的自我传播、人际传播、组织传播和大众传播四种类型。分类标准是传播的范围及规模。

人的自我传播是个体对信息的加工过程，即个体自我进行的思维活动。思考、内心冲突、自言自语以及发泄、陶醉等均是自我传播。基本可以说人所有的心理活动都属于自我传播的范围，因此，自我传播属于心理学的研究领域。

人际传播是两个以上的个体之间进行的传播。基本要求是两个人及两个人以上，不在组织内外进行的、非组织目的的传播。但是即便如此，人际传播也是难以截然与组织传播区分开来。聊天、关怀、体贴、流言、时尚传布等均为人际传播。

组织传播是指组织内部及内部与外部的信息交流。其内部的传播是为了协调关系，提高内部运行的效率；其外部的信息交流是为了适应环境，满足社会对其的需要，实现组织的目的。组织传播的规模大于人际传播，它与后者的明显区别在于前者的传播活动都是有组织目的的。

大众传播是指通过大众传播媒介进行的信息传播活动。这种传播中传播者职业化，讯息大量、快速复制，传播媒介也是机械和电子设备系统，受众非个性化。大众传播是社会化的传播。

除了上述的"四分法"外，有的学者还将传播分成五种，即内向传播、人际传播、群体传播、组织传播、大众传播。增加的"群体传播"是指群体与群体之间的信息活动。这种分类实际上是对"四分法"的补充和细化。

传播的分类有多种，但是普遍比较认可的就是传播的"四分法"。

实际上，人的自我传播是其他传播类型的基础。从自我传播到人际传播、组织传播，再到大众传播，传播活动介入的人越来越多,而讯息的个性则越来越淡化,更强调讯息的普遍适用性,传、受双方的空间及心理距离越来越远,所使用的传播技术和传播的结构则越来越复杂。

从上述的情况可以看出,传播因其规模及性质可以分出不同的类型。自我传播具有非社会性,而人际传播、组织传播和大众传播则具有社会性。但它们都属于人类传播这一大类。

由此可见,从普遍的意义上讲,传播可分为如下类型体系:

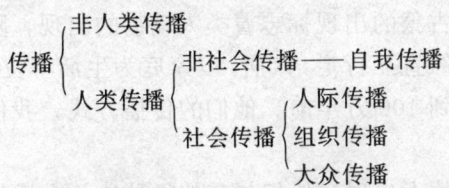

正是这些规模不等、性质不同、层次有别的传播类型结成了整个传播的结构体系。这种结构是由客观物质世界的形态与结构决定的。传播学要研究的当然不是传播结构体系中的全部,而是人类传播中的社会传播部分,即人际传播、组织传播和大众传播。

第二节 人类传播的演进

人类传播经历了漫长的历史过程。传播的每一次进步,都是人类进步的前提条件之一。传播是与人类文明的进步相对应的。一部人类传播史,就等于是社会文明史。按历史学家,传播学家从人的行为发展、环境、传播能力、符号体系、传播媒介以及社会文化的角度分析,人类传播的演进基本上可以分为六个阶段,即符号和信号时代、说话和语言时代、文字时代,印刷时代、大众传播时代和网络传播时代。

一、人类传播演进的过程

自从有了生命体,就有了传播。当然,这种传播纯粹是为了生物体的需要。随着生命的进化，传播也在不断地发展。原始的化学信号让位于更加复杂的行为举止。大约在2.5亿年前，生物的进化迈出了重要的一步——爬行动物大脑形成，这种大脑可以对外部世界作出反应。

大约7000万年以前，我们人类的先祖进化成灵长类动物。它们大脑和躯干的比例略大于同代的多数动物。大脑容积与学习能力是相适应的。大脑的进化是人类进步的关键。大约在1400万年前到500万年前，腊玛古猿的出现标志着类人动物的出现，随后出现的非洲南方古猿已经直立行走，穴居，以家庭为生活单位。它们存在于大约550万年到100万年前。他们的传播方式，我们现在无从考察。

大约200万年前，猿人出现。他们与其他物种的一个重要区别在于：他们开始制造工具了。随后，距今约50万年前，尼安德特人出现，之后，在距今9万年到4万年前，出现了克罗马农人。他们都有了大量的劳动活动，如狩猎、搭建屋棚、制造工具等。

1万8千年前左右的我国山顶洞人又掌握了火。人类的这些早期发明，如粗糙的石器和火的使用，标志着人类的创造物——文化的出现。从这以后，人类文明终于起步了。

早期的类人猿及人类在进步的过程中，他们的传播能力也在不断的进化之中。他们为了生存，不断改进传播、记录、交流信息的能力。"人类文明在过去的4万年里所取得的日新月异的进展，对掌握传播系统的依赖程度要更大于对制造工具和材料的依赖程度"，"正是人们完整准确传播信息的能力不断增长，结果复杂技术不断向高级发展，并有了神话、传说、解释、逻辑、习俗以及复杂的行为规范，从而使文明得以产生。"[①]

(一) 符号和信号时代。

---

① 梅尔文·德弗勒等 (1990)：《大众传播学诸论》，第8—9页，新华出版社。

这个时代开始于早期类人灵长类到早期猿人的进化时期。这一时代的早期，人类的传播更多地是在遗传的或本能的反应的基础上进行的。后期，人脑容量的增大，能够有一定程度的社会学习能力，因而可以进行一些传播，主要是利用有限的声音和体语符号，如喊叫、尖叫、手势信号、面部表情、身体动作、姿势等。这些声音和体语符号与信号成为早期人类祖先进行沟通的基本手段。人脑的成熟，使他们学习并理解这些符号、信号的意义和解释、使用规则。人们在这种共通的意义和规则基础上才可进行交流，并将其发展成为越来越复杂并相当有效的传播方式。

由于早期人类祖先可以使用的有声和无声的符号和信号十分有限，因而他们能够相互传播的讯息的复杂程度也就十分有限，传播的速度也就十分缓慢。

造成这种状况的原因主要在于早期人类的生理局限。这主要表现在一是早期人类的生理条件无法使他们说话，他们的唇、喉、舌等不具备发出人语的结构；二是早期人类的大脑条件无法使他们进行复杂的思维，这是最重要的制约因素。他们的智力水平限制在基于符号和信号系统的初级概念化层次，人们只能进行短期记忆，不可能形成后来人们进行思维所用的概念，从而进行分类、综合、抽象等思维活动。

符号和信号时代有着千百万年的漫长历史，但是其文化发展和进化却极其缓慢，规模相当微小，这是早期人类在生理方面的局限性导致的。

（二）说话和语言时代。

这个时代大约开始于9万年到4万年前。这时的克罗马农人已经开始说话了。这是人类生理成熟，实践丰富的结果。距今35000年前语言也基本形成。这时的语言很简单。但是随着人类语言能力的成熟以及实践的需要，简单的语言无法传递日渐复杂的意义，无法进行复杂的思维，人类创造出了更多表现的方式和更完善的语言程式,而且人类的智力也能够使用这些更进步、更复杂的符号。

说话和语言传播方式的到来,对人类传播的发展乃至社会的发展来说,具有非常深远的意义。

首先,人类使用语言这种符号系统进行传播,使得人类可以用语言概念进行思维,从而大大提高了人们认识世界、改造世界、适应世界的能力。人类使用的语言有其基本的词语及规则,人们利用它可以进行分类、抽象、分析、综合及推测。语言可以记忆、传送、接收、理解的讯息,在其复杂性、精确性及容量上远远超出符号和信号所能达到的程度。

其次,人类使用语言这种符号系统进行传播,也推动了人类社会的进步。一方面,人类使用语言之后,可以更有效地观察自己的生存环境并进行分类,在自己的实践中吸取信息进行决定。人们能够计划和构思自己的行为,组织自己的社会互动并将自己的经验传播给他人。另一方面,语言出现之后,人类文化积累和发展的速度加快。旧的语言在更新,新的语言在发展。

(三) 文字时代。

人类学会将声音与其所指对象分离开,便产生了语言。之后,人们又学会了将声音同发出声音的人也分离开,从而使它们更便于携带,这便产生了文字。

实际上,人类祖先早在说话和语言时代就尝试用壁画、雕刻等方式将信息贮存下来。在法国、西班牙及我国都发现有原始人创作的岩洞壁画,这些可以看作是文字的前身。

用图画传递信息过于复杂化和非规则化,因而人们"感到有必要把图象抽象化以及使语词符号比别人能听到的转瞬即逝的几秒钟持续更长时间,"[①] 便产生了文字。

---

① 威尔伯·施拉姆等 (1984):《传播学概论》,第11页,新华出版社。

大约 5000 年前，世界若干地方开始出现文字发明，如两河流域、埃及、中国等地。文字发明的第一步便是将已有的图画符号的意义标准化、抽象化和规范化，这样便可以进行沟通。

公元前 4000 年，古代两河流域和埃及出现了将图画象形化、表形化的文字，即最早的象形文字。他们的象形文字系统中，每一个字代表一个观点、事物和概念。要进行复杂的传播，文字的书写者和接收者都必须掌握大量的这样的象形符号（如图 2.1）。

公元前 1700 年，居住在波斯湾以北的苏美尔人，发明了楔形文字，即用每个符号代表一个具体的声音，而不是一个观点、事物和概念。这种文字的优点在于不需要成千上万个单独符号去对应地代表事物和观念，而只需少量的符号代表组成音节的声音。这是文字从表形走向表音的进步。这是人类传播发展中的重大突破。人们只需记住代表不同音节的符号（约 100 个），从而极大地便利了人们识字。

后来，出现了字母表音文字。公元前 1200 年左右，希腊发展出了人类第一套完整的字母文字系统，并且使之简化、标准化。随后，传到罗马，在那里得到进一步改进。

埃及的象形文字因其使用不便，一直无法与其它更有效的文字进行竞争。

大约在 3500 年前，我国古代的殷王朝出现了甲骨文。在殷墟出土的甲骨文片，有 10 万多片，单字近 5000 个。当时，它已是有着严格规范的文字，有象形、形声、假借的区别。其内容主要记录当时农业、畜牧业的状况。

由此可见，文字的出现正是在人们生产活动大量增加，需要沟通，同时又要将图画简化、规范化的情况下实现的。

文字的发明与使用是人类进步历程中最具意义的成就之一。它弥补了口头语言时空障碍的缺陷，具有规范、便携、长期保存等优点，所承载的信息也由简单、容易变得复杂、繁多。

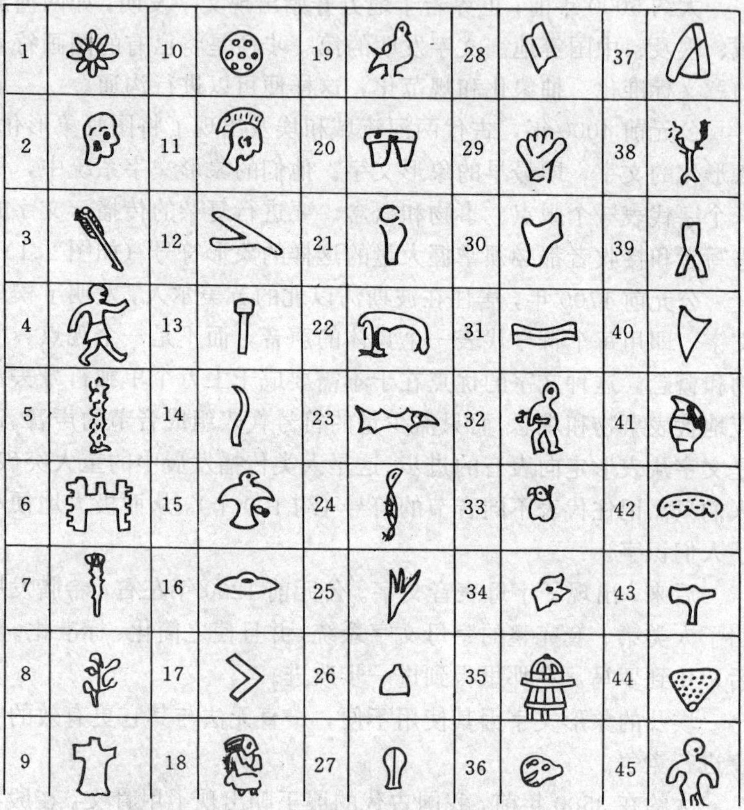

图 2.1 克里特岛居民使用的 45 个图形符号
(约公元前 3500 年)①

文字的发明同时伴随着人们对文字载体的寻找发明过程。文字的载体从泥盘、石头、羊皮到莎草纸等等。人们努力抛弃沉重

---

① Merten, K., Schmidt, S. J., Weischenberg, S (1994): Die Wirklichkeit der Medien: Eine Einführung in die Kommunikationswissenschaft, P147, Westdeutscher Verlag

不便的媒介而越来越创造性地使用轻便的媒介。

文字及其媒介的出现给人类社会带来了巨大的影响。首先它们使得社会结构产生了重大的变革。有了文字符号，有了轻便的媒介，便出现和形成了特定的阶层来使用文字及媒介，文化积累及宗教成为行业，即有了图书馆，宗教教义和经文可以记载，文化得以积累。其次它们使得大规模的社会管理和控制成为可能。

（四）印刷时代。

印刷术产生前，人类社会的讯息是难以大规模复制的。因此，文字的使用是特定阶层的事情。这个特定阶层包括僧侣、权贵等，他们垄断文化。文化的扩展与传播、保存大大得益于造纸术和印刷术。

公元105年以后，我国东汉宦官蔡伦用树皮、麻、鱼网等混合造纸，是当时最先进的造纸方法，取代了竹简和帛等书写工具。纸的发明在文化上的价值是无限的。公元五世纪中国已经较普遍地用纸了。中国的造纸术在八世纪时传入阿拉伯，十二世纪时传入欧洲，十四世纪时欧洲各国才普遍用纸。

公元450年（南北朝宋文帝时），我国就发明了雕版印刷。公元868年，唐朝印刷的《金刚经》是世界上现存最早的雕版印刷书籍。宋庆历年间（1041—1048年），毕升发明了活字印刷，给人类的传播行为注入了新命脉。之后，活字印刷由蒙古人传到欧洲，公元1456年，德国的谷腾堡摸索出金属活字印刷法，印刷了几百本《圣经》，这标志着人类规模印刷时代的开始。

活字印刷机也在社会日益增长的需要中渐渐成熟和先进。从16世纪开始，印刷机的速度大幅度提高，可以印出成千上万册书籍。

在资本主义萌芽的欧洲，报纸也开始出现。十六、十七世纪西欧出现了新闻小册子和经常出版的印刷报纸。1609年德国的《报道与新闻报》是世界上现存最早的印刷报纸，为周报，每周一张。十七世纪上半叶,欧洲各国几乎都有了新闻周报。1660年德国莱比锡出版的周刊《莱比锡新闻》改为日刊,这是世界上最早的印刷日报。

十七世纪中到十九世纪初,欧美许多国家进行资产阶级革命,此阶段的报纸,政治宣传色彩浓厚,再加上交通、通讯、印刷、纸张等成本较高,价格不菲,因而难以普及。到十九世纪30年代中期,美国纽约出现了第一种真正的大众媒介——便士报。这种报纸商业色彩突出,追求利润,降低成本,因而价格便宜(一个便士),广大普通市民可以购买。这是"快速印刷技术和报纸的基本概念相结合,形成了第一种真正的大众传播媒介。"[1]

表2.1 印刷技术的发展[2]

年份	排字速度 (每小时)	印刷速度 (每小时)	时间消耗 (每张报纸)
1440	手工排字(铅字)(1500个字符)	手工印刷(35个双面印张)	—
1886	机器排字(铅字)(6000个字符)	高速轮转印刷(72000份双面报纸)	约5小时
1932	电传铸排机(TTS)(9000个字符)	高速轮转	约3小时
1954	电传铸排机,计算机辅助造字(3万个字符)	高速轮转	约1小时

---

[1] 梅尔文·德弗勒等(1990):《大众传播学诸论》,第26页,新华出版社。
[2] Weischenberg,S,(1995):Journalistik:Medienkommunikation:Theorie und Praxis (Band 2),P24,Westdeutscher Verlag

1963 至今	照相（500万个字符）和激光（3千万个字符）屏幕排字	高速/胶印轮转	约1分钟或更短

印刷技术的进步使报纸、书籍、杂志在社会上迅速普及开来。这些印刷媒介比其他媒介发挥着更大的作用。美国社会学家C.H.库利（1909年）指出，这些新媒介在四个方面比早期的更有效：

表达性：它们能传送范围广阔的思想和感情

记录永久性：可以超越时间

迅速性：可以跨越空间

分布性：可以达到所有阶层的人们。

库利说："新的大众传播体现了生活方面的变革，包括商业、政治、教育以至单纯社交行为和闲谈……。"[①]

印刷及报刊、书籍在相当程度上促进了知识的普及，推动了生产力的发展，并且使资产阶级革命得以顺利进行。这是人类社会划时代的一种力量。

（五）大众传播时代。

19世纪开始了一个新的时代的曙光，真正的大众传播时代是从本世纪初，电影、广播、电视的发明和普及开始的。

资本主义借15世纪以来启蒙运动、资产阶级革命的成果，于19世纪进入了第一次工业革命。大众化报业形成、教育普及、科学进步，导致传播史上新时代——电子时代的萌生。

1840年美国人S·摩尔斯发明有线电报，开电讯传播信息之端。

---

① 梅尔文·德弗勒等（1990）：《大众传播学诸论》，第27页，新华出版社。

1876年美国人A.G.贝尔发明了电话,人类的口头传播伸向了从未跨越到的无限的空间。

1877年美国人爱迪生发明留声机,从而使人类第一次将声音记录下来,使声音突破了时间的障碍。

1895年意大利人G.马可尼完成了无线电试验。1902年无线电横跨大西洋。

1906年美国第一个无线电节目试验播出,1910年无线电广播初次试验完成。

1920年世界上第一个电台KDKA在美国的匹兹堡正式开播,同年播出了总统竞选的讯息,反响强烈,刺激了广播业的发展并带动了广告业和收音机制造业的蓬勃。

电视原理的发明可以追溯到19世纪初,1884年德国科学家尼普柯发明了旋转盘扫描式的播送方式,为现代电视技术奠定了基础。

1936年英国建立了世界上第一座正规的电视台,标志着新生媒介的诞生和媒介结构的重组。本世纪50年代之后,电视在世界上迅速普及。同在50年代,彩色电视节目播出。

1962年美国首次发射了"电星1号"卫星,专门用于传播电视节目,开始了电视进入太空的新时代。

70年代后,有线电视迅速普及。其他新媒介,如录音机、录像机、视盘机等大量出现。

大众传播时代的到来意味着人类的传播能力与需要有了空前的提高和壮大。我们可以从大众传播媒介的产生、发展过程看到社会生产力的发展,工业革命带来的知识、信息的急剧增加,城市化进程加快等都对大众传播产生着影响,可以说,大众传播媒介本身就是工业化、城市化进程的产物。同时大众传播及媒介又推动了社会生产力、知识和信息的进步和拓展。

(六) 网络传播时代。

大众传播时代的辉煌还未过去的时候,网络传播时代已经在向我们招手了。

进入80年代以来,社会形态、经济结构的巨大变化使得整个人类社会出现全球化、信息化等趋势。这一过程到90年代以后,日益突出地被人们直接感受到。

所谓网络传播时代是指利用先进的网络技术进行信息传播的新时代。它突破了大众传播时代大众化、非目标性、单向、区域传播的障碍,使得传播走向个人化、目标性、双向和全球网络传播。如上所述,这是社会走向全球化、信息化的产物,也是信息社会传播的基本形态。

仅有社会的需要和可能,网络传播时代仍然是不会到来的,必须要有坚实的技术基础。简言之,支持网络传播时代的技术主要有:有线电视(光缆)、卫星通信、计算机和数字技术等。

有线电视技术早在本世纪50年代就出现于美国,1950年就有了这种社区天线电视系统,即用一座大天线接收电视节目,通过电缆接到每个订户的家中。70年代以后,有线电视在欧、美、日等国盛行。80年代以后发展更加迅速,现在美国的用户已达7000万户,有线电视节目就达百余套。有线电视的优点在于,一是它不受地形和高层建筑的影响,因而图像清晰,信号稳定。二是容量大,可传输几十套,乃至百余套电视节目和广播调频立体声节目。三是功能多,可与计算机网络联网,用于交互式电视、图文传真、可视电话、电子购物、金融等。近年来,用光纤电缆代替金属同轴电缆的有线电视已在发达国家应用。光缆的容量更大,质量更高,发展前景可观。

卫星通信技术也已在60年代出现。到90年代的今天,卫星已被普遍应用于大众传播之中。卫星作为中介将电视节目转发给地面的各个有线网,也可以直接将节目信号传给个体用户,即卫星直播电视广播（DBS）。卫星电视的普遍使用，标志着电视进入了一个崭新的发展时期。

计算机技术及计算机网络技术渗透到大众传播之中，必将引起大众传播形态、结构的巨大变化。"一个更有可能的前景，是计算机将与各种现代电缆电视结合而发展出新的大众媒介"[①]。从一定意义上说，多媒体乃是即将在网络传播时代普及的新媒介形态。

多媒体是在有线网和电脑基础上，将有声语言、图像、文字、声音、传真通信、娱乐性服务等结合起来。它将深刻地改变我们所熟悉的传播方式。这种一体化不仅意味着传播所提供的信息不断大量增加，而且同时导致产生完全新型的提供方式和利用方式。

多媒体是建立在必要的技术基础之上的，首先的技术基础便是数字化和数字压缩技术，数字化是用一系列0和1这两个数字的形式传输电子信号，这种数字技术可以摆脱干扰，提高了音、视频信号的质量。另外还可以使不重要的信号能够得到删除。数字压缩便以这种方式工作，这将大大增加电子服务和提供更多的节目。其次是利用可靠和高效的传输通路，如陆地上的窄带或宽带光缆传输，或数字卫星传输。第三，多媒体还需要一台解码器。第四，还需要有相应的多媒体终端，即综合电脑、电视接收机、收音机、对答机及电传等于一体的设备。

推动多媒体发展的主力是美国。美国于90年代初提出建设"国家信息基础结构（NII）"，即指联系家庭和公共机构的覆盖广袤面积的信息传播网络，通过这些网络建立为社会提供无所不包的信息的基础。为此，美国已经于1996年制订了新的电信法，从法律上鼓励、协调信息网络的建设。欧洲联盟也于1994年提出了旨在发展高新信息技术和充分发挥其经济潜能的倡议。

多媒体表明了各种信息和通信技术的汇合。它可以有许多应

[①] 梅尔文·德弗勒等（1990）：《大众传播学诸论》，第376页，新华出版社。

用形式,有的已经投入实际使用,有的则将投入应用。它的应用主要体现在:①国际互联网络(Internet),发端于60年代、70年代到80年代广泛应用,90年代更新、更高性能的软件使人们更便利而舒适地使用这一网络。②商业性联机服务(或称在线服务),指通过电话线路、调制解调器在个人电脑上向用户提供各种类型的有偿信息。这里的信息便于利用。1979年美国的CompuServe开始提供世界范围的联机信息服务。③远程工作,即在远处所从事的工作,工作人员通过利用一个通信系统如一个电信网络或某个卫星来达到此目的。④网上购物,即通过屏幕直接购物,观众通过电话,电脑订购网上提供信息的产品。⑤远距离学习和利用多媒体学习。⑥居家汇兑。⑦交互式电视,即电视观众自己决定收视的程度越来越高。这种交互性实际上具有极为宽泛的内容,如按频道付费、按节目付费是一种交互;交叉时间视频点播、随意视频点播也是一种交互;导演功能(即观众能在多种可能情节中作出选择,也能对多种摄影角度作出选择)和信息额外传输以及虚拟现实还是一种交互。当然这些交互的实际应用还有待时日。

由于受到网络等新技术和新形态的冲击,原有的报刊、广播、电影、电视等也在网络化、数字化。上网报纸和电子出版物日益增多,数字音频广播即将实际运用,电视中使用虚拟演播厅,电影、照相也大量应用数字技术。

网络传播时代的到来将给人类社会带来众多方面的冲击。社会形态将愈加信息化、全球化,经济结构发生变化,信息业成为主体,劳动市场等随之变化;由网络而来的法律问题大量增加;对人们的生活方式、消费方式等带来影响等等。①

---

① 参见 J. Wilke (1996): Multimedia Strukturwandel durch neue Kommunikationstechnologien, in Mediensituation in Deutschland, P1 — 23, Botschaft der Bundesrepublik Deutschland

总之，网络时代引起的结构性变化将出现在各个领域。

二、人类传播演进的规律

我们研究和认识传播演进的过程是为了更清楚地认识传播发展的规律，认识传播在社会背景中的互动关系。

通过上述的对传播发展历史的考察，我们可以看出，传播在以下方面呈现出的特征及规律。

（一）传播手段与传播媒介的进步贯穿整个人类存在过程，而且其发展进步呈加速度发展趋势。"人类传播的历史是传播系统的复加过程，而不是简单地从一种系统转向另一种系统。"①

人类在学习和积累前人创造的基础上不断创造出更多、更新的传播手段、传播媒介。这实际上是人类认识客观世界能力提高，从而使生产力水平提高的结果。（见图 2.2）

原始人百万年前才发明语言，之后的几万年，人类创造了文字，再过几千年人类又发明了造纸术、印刷术，后来，经过几百年，人类就创造出了电子媒介。从电子媒介到如今的网络年代，还不到100年。新手段、新媒介的出现间隔越来越短，而其集合程度却日益提高。从而使得传播方式越来越多，传播对象日益广泛，传播速度日益加快，传播信息日益增多。

（二）传播与人类社会文化的积累与发展密切相关。传播本身正是人类文化创造和积累的产物。文化发展速度越快，规模越大，对传播的速度和规模也就要求越高，传播的过程与结构也就变得更加复杂。特别是到了大众传播时代，人类社会因为大众媒介的影响日益扩大，从而形成了独有的新的文化形态——媒介文化。另外，媒介也直接参加到每个时期的文化创造和积累之中，直接推进了文化的多样化和文化交流。传播媒介参予启蒙大众，提高了

---

① 梅尔文·德弗勒等（1990）：《大众传播学诸论》，第11页，新华出版社。

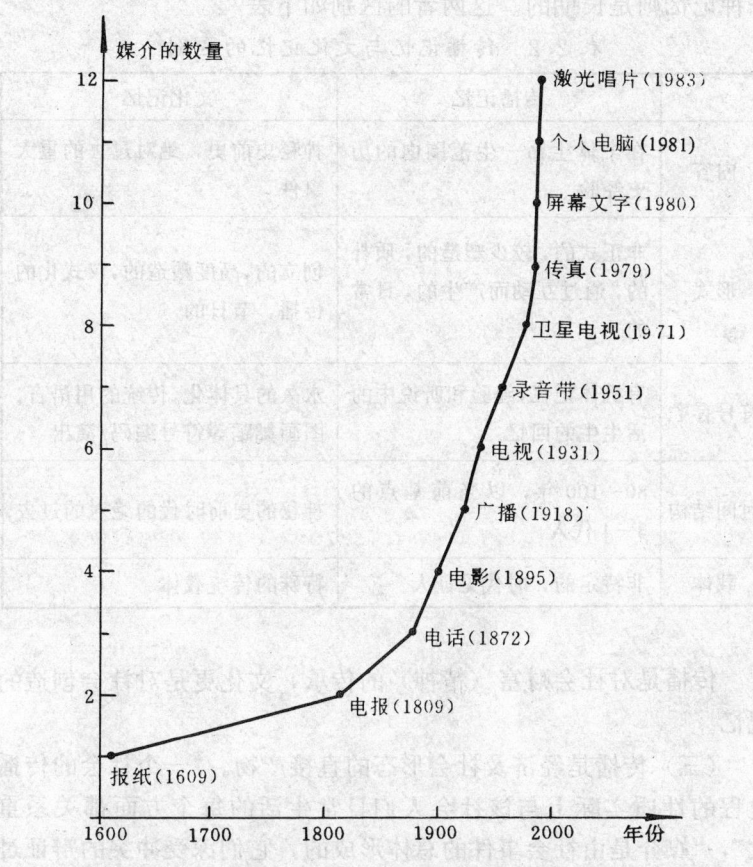

图 2.2　传播媒介的进化[①]

大众的文化水平。

德国传播学者 A·阿斯曼和 J·阿斯曼（1994 年）认为：社会记忆有多种形式，传播作为一种记忆形式是短期的，而文化作为

---

① 同第 70 页注①，第 142 页。

一种记忆则是长期的。这两者的区别如下表①：

表 2.2　传播记忆与文化记忆的区别

	传播记忆	文化记忆
内容	在个体生命一生范围内的历史经验	神秘史前史，绝对过去的重大事件
形式	非正式的，较少塑造的，质朴的，通过互动而产生的，日常的	创立的，高度塑造的，仪式化的传播，节日的
符号存贮	有机体记忆，经验和听说中的活生生的回忆	永久的具体化，传统的用语言、图画舞蹈等符号编码/演出
时间结构	80—100年，以当前基点的3—4代人	神秘的史前时代的绝对的过去
载体	非特定的，时代见证人	特殊的传统载体

　　传播是对社会财富（精神）的传承，文化更是对社会创造的记忆。

　　（三）传播是经济及社会形态的直接产物。"一个社会的传播过程的性质实际上与该社会人们日常生活的每个方面都关系重大"，"媒介是由社会事件的总体形成的，它们深受冲突的辩证过程影响，冲突则产生于媒介系统之中以及媒介与其它社会机构之间相互对抗的力量、概念和发展过程中。换句话说，社会有多种渗透方式来对媒介造成深远影响。"②

---

① 同第70页注①，第120页。
② 梅尔文·德弗勒等（1990）：《大众传播学诸论》，第11页，第137页，新华出版社。

一种传播类型必定是一种社会类型的反应。德国著名传播学者K·梅尔滕指出两者的对应关系。

表2.3 传播类型与社会类型①

条件	传播类型	社会类型
语言	人际传播	史前社会
语言、文字	人际与非人际传播	高度文明社会
语言、文字及其他技术手段	人际传播 非人际非组织化传播 非人际组织化传播	全球社会

传播同样是在经济形态的制约下发展的,同样传播又在为经济形态的进化推波助澜。

表2.4 三种经济社会结构与传播的关系②

经济社会形态	主要问题	解决问题	生产	销售	传播
农业社会	原料的流通	修建道路网	手工,行业内分工,本地性	市场面对面自然交换	面对面图片
工业社会	能源的流通	建立能源网	工厂功能分化区域性	市场分公司/办事处钱	面对面报刊电影

---

① 同第70页注①,第150页。
② 同第70页注①,第190页。

后工业社会	信息的流通	信息与传播网络化	集团功能分化 国际性	预订市场寄送/发送部/目录汇款	面对面 报刊 电子媒介 公共关系

总之，通过对人类传播演进过程的考察，可以看到，人类传播在行为方式、手段、技能、媒介、过程等方面经历了重大的进化飞跃。千百万年前的类人猿靠着简单的符号与信号交流、沟通。虽然极不完善但已标志着人类与动物区别的开始。随着人类生理及社会实践的成熟，创造出了语言，使他们能够利用概念进行思维并传播复杂信息，真正超越了一般动物。不久创造了文字和载体，大大跨出了人类文化在时间、空间上的一步。印刷术使人类知识、艺术、科学大量积累并复制，从而进一步导致了社会的开化和进步。电子媒介的出现和普及使人们进入了一个大众共享信息的时代，然而我们正处在又一个时代的门槛，这就是网络时代。

传播及其演变是传播学研究和认识的起点，因此要有历史发展观，看到历史长河中传播及其与社会关系的变动走向，这正是我们的目的所在。

第三章 传播材料论

我们知道,传播本质上是信息的流动,因此,信息就是构成传播的基本材料。信息普遍存在,无时无刻不在流动,然而信息又是无形的。我们人类社会进行的传播活动,须借助各种形态的符号——信息的载体——才得以完成。由此可见,信息及其载体——符号是构成传播的最基本的材料和要素。

第一节 信息

"信息"、"信息技术'、"信息革命"、"信息社会"都已成为当今时代最常用和最热门的词汇。从这种词语上的变化已经可以感受到"信息"这一概念给我们在认识世界等方面带来的冲击。信息无处无时不在,谈论信息也日益普遍,认识世界利用信息方法也越发重要。那么,到底什么是信息?信息的实质及特征是什么?信息与社会形态的关系如何呢?

一、信息及其实质

究竟什么是信息,先看看"信息"的字面解释。《牛津字典》解释:"信息就是谈论的事情、新闻和知识。"《韦氏字典》解释:"信息就是在观察或研究过程中获得的数据、新闻和知识。"日语《广辞苑》解释:"信息就是所观察事物的知识。"

正如以上的解释,在日常生活中,信息通常是指消息、指令、密码、数据、知识等等。在信息论等信息科学没有形成以前,人们较少使用"信息"这个概念。即使使用,一般也当作消息、知识、情报等的同义语,是指人们关于某种事物的认识,没有赋予它科学的定义。

作为一个科学概念,信息最早出现于通信领域。本世纪20年代,哈特莱在探讨信息传输问题时,提出了信息与消息在概念上的差异,指出:信息是包含在消息中的抽象量,消息是具体的,其中载荷着信息。40年代,申农和维纳从通信和控制论的角度提出了信息的概念。从此以后,随着申农等人提出的信息论和维纳创立的控制论影响的扩大,信息概念也广泛渗透到许多科学领域,这些领域都将其作为一个重要的概念,乃至范畴进行研究。由于每门学科的研究领域、研究方法等的差异,也就导致了对信息的解释有不同的侧面和观点。到目前为止,还没有一个较为认可的普遍适用的有关信息的定义。在众多的对信息的解释和界定中,有以下几种影响较大。

(一)信息是人们对事物了解的不确定性的度量,因此,将信息看作是不确定性的减少或消除。

从通信的角度看,信息就是通信的内容,通信的作用就是消除通信者的某种不确定性。这时所谓的"不确定性",是指如果人们对客观事物不了解,对其缺乏必要的认识,往往表现出对这些事物的了解是"不清楚的",是"不确定的",这实际上就是不确定性。而当我们通过努力,利用各种方法、手段,了解了这些事物的有关情况,我们对它们的认识就从不清楚变得较清楚或完全清楚,这种不确定性就减少了或消除了。于是我们可以说获得了关于这些事物的信息。

(二)信息是控制系统进行调节活动时,与外界相互作用、相互交换的内容。

1950年,控制论的创立者维纳认为:"信息这个名称的内容就是我们对外界进行调节并使我们的调节为外界所了解时而与外界交换来的东西。"[1]

任何一个控制系统,如人,在其活动过程中,都要有交换。如人与人之间的交换,目的在于相互了解,协调行为,实现活动的目标。这种交换的东西便是信息。因此可以说,信息是控制系统相互交换、相互作用的内容。

(三) 信息作为事物的联系、变化、差异的表现。

客观世界是复杂多样的,处在相互联系、相互作用,永不停息的运动变化状态之中,而表征这种联系、变化、差异的就是信息。如传播媒介报道的消息、新闻。第一次报道时,它提供了事物的运动、变化和差异,而重播则没有提供任何新的东西,人们就未获得任何信息。因此,信息必须表现与事物的关系、变化、差异,必须提供出事物在运动变化过程中出现的新的特征。

(四) 信息表现了物质和能量在时间、空间上的不均匀的分布。

电视台播放的电视图象,广播电台广播的节目,都是由通信系统所发射的电磁波(伴随一定的能量)表现在时间、空间上的一系列的不均匀的分布。由于这种电磁波和能量在时间、空间上的不均匀分布,我们才能从电视机的屏幕上看到色彩不同、深浅有别的各种图象,才能从电视机或收音机中听到音调高低不同、速度快慢差异的各种声音,从而给我们送来各种各样的信息。

(五) 信息是系统的组织程度,有序程度。

1950年,维纳指出:"消息集合所具有的信息,则是该集合的组织性的量度。"[2]

(六) 信息是由物理载体与语义构成的统一体。

1961年,德国学者克劳斯在《从哲学看控制论》一书中指出:"什么是信息?纯粹从物理学方面看,信息就是按一定方式排列起

---

[1] N. 维纳(1978):《人有人的用处》,第9页,商务印书馆。
[2] 同注[1],第12页。

来的信号序列。但光说这一点还不足以构成一个定义。毋宁说,信息必须有一定的意义,必须是意义的载体。……由此可见,信息是由物理载体与语义构成的统一整体。"①

以上几种对"信息"概念的解释,均有一定的道理。从中可以看出,信息概念已经渗透到许多学科领域。因此,不同学科及其学者纷纷从自己学科的领域去理解和界定"信息"这个概念,因而出现明显的差异。有的强调人作为主体的作用;有的强调信息客体的要素;有的则从主、客体两者的结合上认识信息。

我们需要对"信息"概念有一个更具普遍性的认识,应该从哲学的高度来理解和认识信息。这对我们今天这些生活在信息时代的人尤为重要。

实际上,"信息"作为科学概念一提出,便引起了信息论等学科以外的众多学科的重视和研究,信息已经成为一个具有普遍性的哲学范畴。之所以这样认为,是因为1,信息概念是反映物质世界的本质联系的最基本的概念。2,信息概念已经成为自然、社会、思维各个领域的普遍概念,具有很大的普遍性。3,信息方法作为一种研究方法,已在各门科学,尤其是综合性科学领域得到广泛应用,因而信息概念作为一个哲学范畴具有方法论意义。4,信息作为辩证法范畴具有对偶性,"熵"概念与"信息"概念两者存在着相互联系,相互转化的辩证关系。②

既然信息概念可以成为哲学范畴,我们就应该从哲学高度来认识信息的实质是什么?

信息,既不是物质,也不是能量,也不是意识(参见表3.1)。它是事物运动的存在或表达形式。实际上,我们可以把信息看作

---

① 克劳斯(1981):《从哲学看控制论》,第68—69页,中国社会科学出版社。
② 王雨田(1988):《控制论、信息论、系统科学与哲学》,第342—345页,中国人民大学出版社。

是一切物质的普遍属性。这是因为,第一,任何物质都可以成为信息源。无论是无机界或是有机界,无论是自然界或是人类社会,都可以发出信息。第二,任何物质都可以产生信息。客观存在的一切事物,都是不断运动着的。运动着的物质,必然会产生相互作用、相互影响。物质的运动,相互作用的内容与结果,除了物质、能量之外,其中还包含了信息。第三,任何物质的运动过程都离不开信息的运动过程。运动是一切事物的根本属性。事物在运动过程中,必然伴随着信息的获取、传递、变换与存贮等过程。由此可见,只要有物质存在,就有信息。但这并不是说信息＝物质,或它是物质的。实际上信息是一切物质的普遍属性。

既然如此,信息实际上包括了一切物质运动的表征。自然界与人类社会,或者物质世界与精神世界一切运动的信息共同构成我们普遍意义上的信息。

表 3.1 物质、能量、信息与意识的区别[①]

加以比较的各个领域的存在方式	事物、基本成分等等	过　程	守恒原理	熵	度　量
物　质	电子,有机细胞,生产力等等	扩散过程,发展过程等等	存在于物理领域	结构熵	数目,重量,数量单位等等
能　量	能量子,引力能等等	能量转化过程	物理领域里的守恒原理	热力学第二定律	各种不同的能量度量(例如,电度、卡等等)

---

① 克劳斯(1981):《从哲学看控制论》,第61页,中国社会科学出版社。

信 息	信号，信号序列等等	通讯，信息的存储等等	没有守恒原理（因为 I = I，+噪音，决不是守恒原理！）	信息熵（例如，由于噪音侵入而出现的信息熵）	信息量度量（例如，根据申农）
意 识	观念，概念等等	抽象，逻辑推理等等	缺如	缺如	缺如

二、信息的特征与功能

信息作为一切物质的普遍属性有它固有的许多特征。

（一）客观性和普遍性。

物质运动是客观存在，一切事物在不断的运动变化中表现出不同的特征和差异，这些特征变化也是客观存在。作为物质属性的信息也是客观存在的。

事物的运动普遍存在，信息也具有普遍性。世界上任何运动着的事物无时无刻不在生成信息，只要有事物存在，只要有事物在运动，就存在着信息，信息无处不在，无时不在。信息是无限的。

（二）表达性。

信息是事物运动及存在状态的反映。因而它包含有一定的内容。它一方面表达了物质运动状态，物质运动变化的方向性，表明了物质系统的组织程度、有序化程度以及系统朝着有序或无序的方向发展；另一方面表达了物质系统的差异性。没有差异就没有信息，它必然表达出事物的差异。

通过信息的表达，我们可以区分开客观事物。这正是信息对我们人类的价值所在。

（三）流动性。

任何事物的运动都伴随着信息的流动。这种信息的流动过程，就是信息的获取、传递、变换与存贮、反馈等过程。我们获取信息实际上就是信息流通的结果。信息可以传递与交换，这是与物质与能量的传递、交换相关的。因此，信息的传递过程必将伴有一定的物质及其运动的传递或变换、能量的传递或能量形式的变换。

人之所以能够认识外界世界，就是依靠了信息的可流动性和可传递性。信息扮演了主观世界与客观世界的桥梁作用。客观世界作用于主观世界，主观世界反作用于客观世界，都需依靠信息作中介。

上述特征为信息的基本特征。在这些特征之上，不同性质的信息同时具有一些其他的性质。如有的学者认为，信息的特征包括内容表述性、可传递性、可分享性、可选择性、新颖性、效用性、信息与载体的不可分性、片断性、可存贮和可积累性及衰减性等[①]

实际上，我们上面探讨的是作为物质世界和精神世界普遍共有的信息的基本特征。人类社会中的信息及信息运动过程又有其自身的特点：

（一）人类社会的信息也是物质的属性，它也是物质系统（自然、社会）运动过程的表现。人类社会信息的来源一部分来自于自然环境，这一部分信息无疑具有物质的属性。另一部分来自人类社会本身，其中有的来自社会物质生产过程，来自一定的生产方式，而有的则来自于人类的精神活动与生产，如政治、法律、伦理、宗教等等，但是它们也是社会生产方式的反映。因此，人类

---

① 宋运郊（1995）：《信息活动原理》，第17—24页，山东教育出版社。

社会的信息也具有了物质的属性。

（二）人类社会中，不论信息是来自自然界还是人类社会本身，只要为人们所获取、利用，就必然经过人大脑的加工。客观外界的信息经过人脑的选择、加工、处理，已经不是客观物质世界的信息的原型，而是经过人脑加工、在人脑中形成的、对客观现实信息的反映的信息。客观物质世界的信息是第一性的，人脑中反映的信息是第二性的，是观念形态的，属于意识范畴。

（三）人类社会的信息都要有基本的载体。由于信息的无形性和流动性，人类要想传递信息，就要用载体承载。人们用来承载信息的载体有语言、文字及其他符号。所有这些符号都是由所承载的信息及其物质外壳组成。

（四）人类社会的信息接受、理解、使用等的多样化。这主要是因为人类社会因其社会形态、经济形态、文化体制、科技水平等等的差异，存在有相差甚远的社会。另外，同一社会中，人们的群体、个体差异也巨大。因此，社会及人们接受、理解、使用信息时存在着相当大的差异。这涉及对信息主观性、客观性的认识，涉及到人的主观因素问题。

需要说明的是，尽管人类社会的人们接受、理解、使用信息确实存在着多样化，但是，不能因此改变人类社会信息来源、内容的客观性。[1]

信息在我们人类社会中扮演着日益重要的角色。它发挥着不可替代的、重要的功能。

首先，它具有认识功能。我们对客观物质世界的认识，无不依赖于我们对客观物质运动及存在信息的收集、加工、处理和传播、交流。客观世界充满信息，人类的感觉器官对外界信息进行

---

[1] 王雨田（1988）：《控制论、信息论、系统科学与哲学》，第358—359页，中国人民大学出版社。

接收，通过思维器官将收集到的信息进行选择、归纳、提炼、存贮而形成不同层次的感性认识和理性认识。在这一认识过程中，人是认识的主体，信息是认识的客体。

其次，它具有社会功能。这表现在资源功能、启迪功能、教育功能、方法论功能、娱乐功能以及舆论功能等。[1]

三、信息的分类

为了更深入而且是更清楚地认识信息，我们可以将信息进行分类。将信息归类后，可以更进一步看出不同类别的信息的特征。

到目前为止，对信息类别的细分化还没有一个普遍公认的结果，因为不同的划分者都有不同的分类标准。

我们可以考察一下几种有代表性的分类。

"多重分类"：

按内容分：社会信息与非社会信息

按存在形式分：内储信息和外化信息

按动静状态分：动态信息和静态信息

按外化结果分：记录信息和无记录信息

按符号种类分：语言信息和非语言信息

按信息流通方式分：可传的信息和不作传递的信息

按信息论方法分：未知信息和冗余信息

按价值观念分：有害信息和无害信息[2]

"三分法"：[3]

---

[1] 倪波 霍丹 (1996)：《信息传播原理》，第5—7页，书目文献出版社。
[2] 居延安 (1986)：《信息·沟通·传播》，第9—12页，上海人民出版社。
[3] 同第89页注①，第30页。

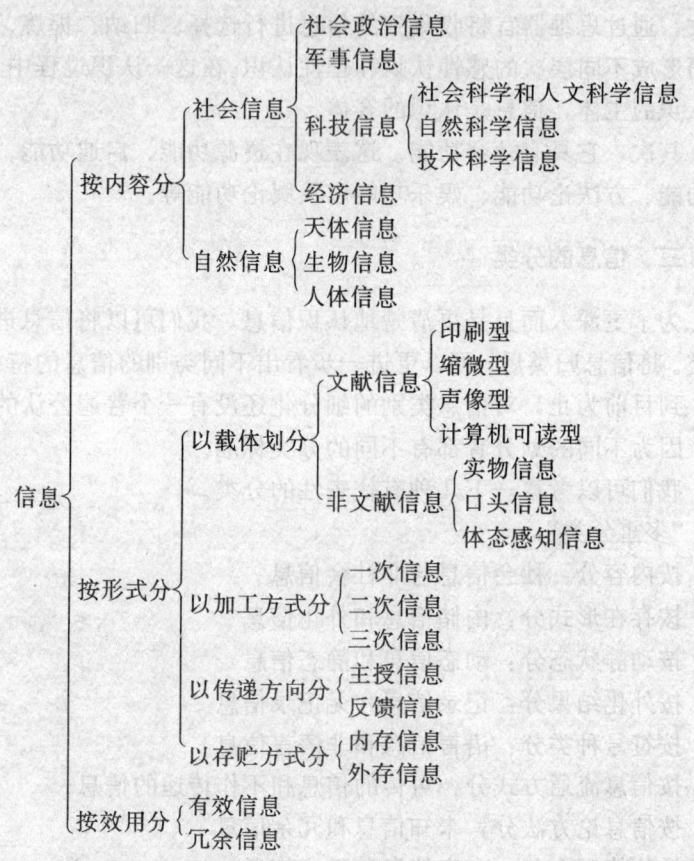

"广义信息分类"[①]

广义信息指由自然界、人类社会和人体本身（包括生物界和无生命界）等所产生和发展的信息。

[①] 黎鸣（1992）：《信息哲学论》，第25页，陕西科学技术出版社。

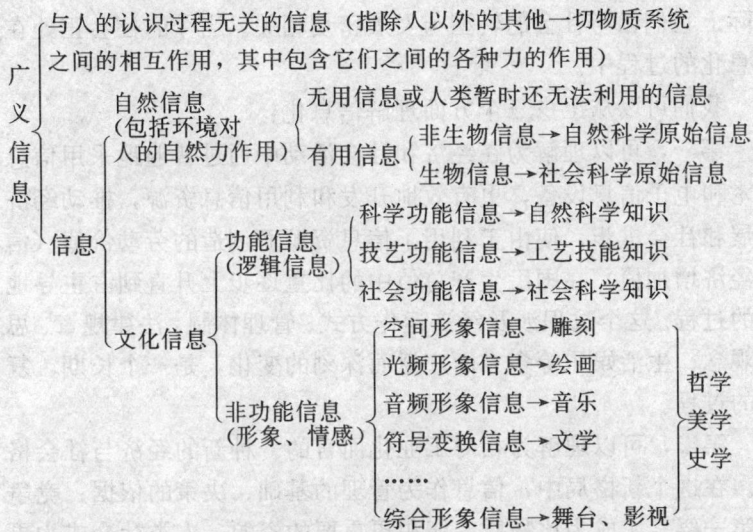

通过以上几种分类,我们可以看出,信息的种类相当丰富。作为传播学,研究的是人类社会的信息活动,因此,传播学中研究的信息就是人类社会的信息,或称社会信息、文化信息。

至此,我们可以从传播学角度给传播学中的"信息"概念做个界定,即信息是人的精神创造物。这种创造物是人大脑收集、加工、处理的结果,它可以是内储形态的人的精神创造物,也可以是外化形态的人的精神创造物。具体而言,既包括人内向自我传播所用材料,也包括外化出来的、用符号形态流通的消息、新闻、文献、资料、数据等。

传播学中还借用了信息论、控制论对信息的解释,因此,更全面地解释信息便是:信息是在一种情况下能够减少或消除不确定的任何事物,它是人的精神创造物。

四、社会信息化

当今,人们大量使用"信息"、"信息革命"或"信息社会",

实际上它们已与社会的转型与发展密切相关。当今的社会正处在信息化的过程中。

我们可以从至少三个方面理解信息化：

第一，可以理解为在经济和社会活动中通过普遍地采用信息技术和电子信息设备，更有效地开发和利用信息资源，推动经济发展和社会进步，使由于利用了信息资源而创造的劳动价值（信息经济增加值）在国民生产总值中的比重逐步上升直到占主导地位的过程。这个过程涉及经济运作方式、管理体制、法律规章、思想观念、生活娱乐等多方面广泛而深刻的变化，是一个长期、复杂的过程。

第二，可以理解为相对工业化而言的一种新的经济与社会格局。在这个新格局中，信息作为管理的基础、决策的依据、竞争的第一要素，成为比物质、能源更重要的资源。人类社会成为更加紧密相联，不可分割的整体。在此基础上，有关的体制、思想、观念、习惯等也将相应地产生许多新的、不同以往的内容和特点。

第三，还可以理解为文化发展的一个新阶段。新的以电子信息媒体为基础的电子信息文化正在产生和形成，它促进了生产方式、商业活动方式、科研、教育、军事、文化艺术活动方式的变化，突破了时空限制，扩大了人们智力活动范围，为人类创造能力的无限发挥提供了条件。[①]

信息化实际上不仅仅是技术范畴的事，而是涉及整个社会方方面面的大事。它将带来经济增长方式、经济结构的变化，还将直接影响社会与文化形态的发展方向。

社会信息化是20世纪50年代、60年代以来西方发达国家高度工业化后，进入了新技术革命时期的重要特征。西方国家在实

[①] 参见邓贵仕、孙鹏（1996）：《大连开发区信息化建设纲要与实施规划简介》，载《中国计算机报》，1996年12月9日。

现高度工业化后，从工业社会转型为信息社会。

所谓信息社会，又称后工业社会，"实际上，指的是信息化社会，也就是整个社会在广阔的领域里和深入的层次上，以运用信息化的理论、方法和技术处理实践问题为主要特征的社会。"①

社会信息化最直接的形成者便是信息技术。现代化信息技术的发展与应用，促使生产方式发生了巨大变化。

信息技术是指用于信息操作的各种方法和技能以及工艺过程或作业程序的相关工具及物质设备。

现代信息技术包括以下内容：

计算机技术

通信技术（以光纤通信为主体，卫星通信、无线电通信为辅助的宽带化、综合化、个人化、智能化的通信网络技术）

传感技术

计算机技术和通信技术主要是指信息处理技术和信息传播技术，传感技术是指信息获取技术。

现代信息技术主要产生和发展于本世纪中叶以后，几十年来已经对经济、社会造成了相当的影响。

首先，带来了产业结构的巨大变化。这主要体现在三个方面：一是在现代信息技术基础上产生了一大批以往产业革命时期所没有的新兴产业，如计算机软件、硬件、电子产品及电子元器件、通信设备与器材、工业自动化等。二是传统产业体系步入衰退，利用信息技术对其改造，成为传统产业获得新生的出路。三是服务业的发展使其越来越在国民经济中占主导地位。

其次，带来了生产要素结构与管理形式的变化。现代社会中，生产要素结构中的知识与技术的作用大大增强，已经成为"第一生产力"，而物质资料的作用以及资本的作用相对减弱。资本家控

---

① 冯国瑞（1994）：《信息科学与认识论》，第303页，北京大学出版社。

制隐形化、劳动者操作知识化、间接化,以至置身于直接生产过程之外,由此导致生产组织与管理形式发生变化,走向网络管理。

第三,加速经济国际化进程。这表现在一方面现代信息技术本身发展的国际化。如信息技术的标准统一化;国际间技术交流与合作增多;信息技术已成为各国激励竞争的领域。另一方面现代信息技术对整个经济国际化的推动。如信息技术改进了国际间信息传递方式,传递速度加快,空间距离缩小,整体性增强;国际间经济活动交往方式发生变化;跨国经营与发展更加便利。

第四,导致社会结构的变化。生产结构的变化必然导致社会结构的变化。体现在城市化的分散趋向;家庭社会职能的强化;职业结构中知识与高技术化职业增多;工作方式与生活方式的变化等。[①]

社会信息化是在现代信息技术的推动下进行的一个过程。而现代信息技术乃至现代新的技术革命的基础理论学科,便是信息论、控制论、系统科学等。

信息论是产生于本世纪40年代末的一门新兴学科。1948年,美国贝尔电话公司的申农发表了著名的论文《通信的数学理论》,1949年又发表了《在噪声中的通信》一文,这两篇著作奠定了现代信息理论的基础,而他成了信息论的奠基人。他将用于物理学中的数学统计方法和概率论移植到通信领域,研究信息处理和信息传递,从而提出了信息的概念,从量的方面描述信息的传输和提取问题,并提出了信息量的数学公式,也还提出了通信系统模型和编码定理等有关理论问题。

信息论认为,信息就是不确定性的减少与消除。而不确定性减少的数量就是信息量,也就是说,通信的目的在于消除收信人(信宿)的不确定性,收信人(信宿)收到信息后,不确定性解除

---

① 参见张正德(1995):《美国信息技术的发展及其经济影响》,第6—27页,武汉大学出版社。

得越多，则获得的信息量就越大，申农提出，对信息的度量采用"熵"这个名称。实际上，早在19世纪奥地利物理学家波尔兹曼就提出了"熵"概念与信息概念。他认为"熵"是一个系统失去"信息"的度量。"熵"最早产生于物理学领域，申农引用了这个概念。熵是系统无序状态的量度，它意味着信息的丢失，一个系统有序程度越高，熵就越小，所含的信息量就越大，反之，无序程度越高，则熵就越大，信息量就越小，信息与熵是互补的，信息就是负熵。

在信息流通的过程中，还存在有冗余信息即信息中不影响信息完整的、不容信源自由选择的那一部分。冗余信息可以抵销传播过程中的干扰——噪音。

信息论在过去的几十年中与其他学科相互渗透、综合，在此基础上，于60年代末到70年代初形成了信息科学，它涉及数学、通信理论、控制论、计算机科学、人工智能等许多领域，与哲学关系很密切，其意义和影响早已遍及自然科学和社会科学等许多方面。

1948年，美国数学家N·维纳发表了专著《控制论（或关于在动物和机器中控制和通讯的科学）》，这是控制论的奠基之作，标志着控制论的诞生。

控制论的基本任务就是要在理论上找到技术系统与生物系统之间在某些功能上的相似性、统一性，以便在技术上研制出模拟智能的技术装置，即自动机或控制论机器。同信息论一样，控制论也属于一门技术科学，而且信息论也是控制论的一个基础理论。

控制论认为，所谓控制就是"为了'改善'某个或某些对象的功能或发展，需要获得并使用信息，以这种信息为基础而选出的、加于该对象上的作用。"[①] 因此，这种作用是有目的的，有目

---

① 列尔涅尔（1980）：《控制论基础》，第85页，科学出版社。

的才有控制。

控制论的核心概念是反馈。反馈是使系统成为目的系统进行控制的基本要素。所谓反馈是指将输出回输到系统中去。这一概念是源于电子放大器信号的输出与再输入。在控制论系统中，才有反馈。因为控制系统可以分为无反馈的开环控制系统和有反馈的闭环控制系统。反馈可分为正反馈和负反馈。前者是指反馈回的信息输入后，系统的输出值与目标值的偏差越来越大，离目标越来越远；后者是指反馈回的信息输入后，系统可以检出偏差，纠正这种偏差，从而实现系统目标。

仅有反馈是不够的，在一些控制系统，特别是比较巨大和复杂的系统中，还需要有前馈。反馈可以检出并纠正偏差，但其滞后性难以避免。因此，有必要在系统发生偏差之前，尽可能根据预测的信息，采取相应的措施，这就是前馈。这种前馈与反馈结合而成的前馈—反馈控制系统能达到较好的控制效果。

控制论提出了许多独特的观点。60年代前后，它逐步成为一门比较完整的科学并被人们普遍接受。

在信息论、控制论形成的同时，一般系统论也逐步形成。本世纪20年代初奥地利生物学家贝塔朗菲提出了一般系统论的基本思想。1937年，他首次明确提出了一般系统论的原理。1945年发表了论文《关于一般系统论》，1968年，贝塔朗菲发表了专著《一般系统论——基础、发展与应用》，该书成为系统论的代表作。

一般系统论的核心观点是系统及其属性。贝塔朗菲认为："系统的定义可以确定为处于一定的相互关系中并与环境发生关系的各组成部分（要素）的总和。"[1]

任何系统都具有以下特征：

---

[1] 贝塔朗菲（1978）：《普通系统论的历史与现状》；载《中外社会科学》，1978年第2期，第315页。

整体性，即整体大于各孤立部分之和。

有机关联性，即任何具有整体性的系统，它内部的诸因素之间的联系是有机的，各部分相互关联、相互作用、共同构成系统的整体。这是系统内部的有机关联。另外，系统与外部环境也是有机关联的，这使得系统成为一个开放系统。

动态性，即任何系统都随时间不断地变化。一方面，系统内部结构随时间变化而变化，另一方面，系统的开放表现为一种运动，即时时刻刻处在物质、能量、信息的交换之中。开放系统是系统处于动态的条件，动态又是开放系统的必然表现。

有序性，即系统的结构、层次以及系统的动态性都表现出渐进分异的方向性。系统是从无序走向有序的，这意味着系统的组织性或组织度的增长。

目的性，即一般系统的发展方向取决于该系统的目的性。也就是说它的发展方向，不仅取决于实际的状态（必然性），而且还取决于对未来的预测（偶然性），这两者的统一便是目的性。

一般系统论与系统工程、运筹学等许多学科不断融合、交叉，到60—70年代，逐步形成了系统科学。这门科学的出现不仅推动了科学技术的进步，而且带动了人类的科学思维方式、认识与方法的新发展。

信息论、控制论及一般系统论对传播学的影响相当大，后来形成的信息科学、系统科学更是在认识论及方法层面上，对传播学的研究有相当重要的意义。

第二节 符号

人类的传播是信息的传播，而信息要想从传播者流动至受众处，必须借助指代信息的中介，即符号，这样才可以进行传播。

第三章 传播材料论

一、符号的界定及性质

符号在我们生活中普遍存在,我们天天使用它与外界进行信息交流。什么是符号呢?古罗马时期的基督教思想家奥古斯丁认为:"符号是这样一种东西,它使我们想到这个东西加诸感觉的印象之外的某种东西。"这个概念将符号与征兆或信号相混淆。

所谓符号并非简单地就是能使人想起这个东西加诸感觉的印象之外的东西,如乌云密布、闷雷滚滚,这是下雨的征兆,而不是符号,它只是一个事物在过程中同质的合理延伸。如同征兆一样,信号也是如此,即表示某物、某事、某条件存在与否的一种信息,它本身受时间、地点或其他条件的限制。

除了奥古斯丁以外,古代的学者如柏拉图、亚里士多德等均论述过符号。随后,英国哲学家洛克在认识符号问题上做出了很大努力。1690年他发表了《人类理解论》,指出符号就是"达到和传递知识的途径","我们如果想互相传达思想,并且把它们记载下来为自己利用,则还必须为观念造一些符号,""因为人心所考察的各种事物既然都不在理解中(除了它自己),因此它必须有别的一些东西,来做为它考察的那些事物的符号和表象才行。"符号学就是"考察人心为了理解事物、传达知识于他人时所用的符号的本性。"[①] 洛克的贡献在于指出了语言、文字作为符号在思维过程中的替代作用,并且将这种替代作用看成是传递知识的基本途径。他的这一观念对后代学者影响很大。

美国社会学家伦德贝格认为"传播可以定义为通过符号的中介而传达意义。"

波兰哲学家A.沙夫认为:"人类传播过程,虽然在它的进程和作用方面是复杂的,却是一个显而易见的事实:人们是在行动

---

① 洛克(1987):《人类理解论》(下册),第721页,商务印书馆。

中，即在合作中（因为所有的行动都是社会的行动），经过符号的中介传播明确的意义而进行传播的。"①

美国哲学家莫里斯认为："人是突出的应用符号的动物。人以外的动物诚然能对作为别的事物的符号的某些事物作出反应，但是，这样的符号却并没有达到人类的言语、写作、艺术、检验方法、医学诊断和信号工具所具有的那种复杂性与精致性。……人类文明是依赖于符号和符号系统的，并且人类的心灵是和符号的作用不能分离的——即使我们不可以把心灵和这样的作用等同起来。"他对符号的定义就是：一个符号代表它以外的某个事物。

所有这些解释都指出了符号的基本特征是它的指代性。符号总是代表某一事物，它承载着一定的内容（概念、意义），是传播活动的基本要素。

通过对上述定义的认识，我们认为，符号就是用来指称或代表其他事物的象征物。

符号可以表示某物、某事等具体存在，也可以表示精神抽象的概念。因此，它是有意义的。它是一种有意义的象征物。它是传播者与受众间的中介物，单独存在于其间，承载着交流双方向对方发出的信息。

从一般意义而言，符号是人类社会独有的，它具有以下基本属性。

第一，符号的指代性。

符号的指代性是指符号是指出事物，而不是事物本身，简言之，符号与它指代的事物之间没有必须联系。符号只是指称和代表某个事物。

符号及其所指称的对象完全是人们在长期的经验中约定俗成地结合在一起的，是"来自公众对用什么符号代表某一意思的一

---

① A. 沙夫（1979）：《语义学引论》，第164页，商务印书馆。

致意见"(施拉姆语)。人们通过将符号指代某种事物而赋予了符号一定的意义。这种意义不是符号所固有的,而是人赋予的。

第二,符号的社会共有性。

符号包括符号形式和符号意义两方面。符号形式是指人们感官可以感知到的部分,如文字的字体、语言、图像等,符号意义是指符号所包含的内容和概念。

一种符号都是在特定的社会中经过历史的积累而创造、发展与丰富的,因此,符号具有社会性,是一定社会成员所共有的。正因为如此,一个社会中的所有成员可以利用共有的符号系统进行信息交流,从而协调行为,建立关系,进行互动。

虽然符号是社会共有的,但是并非所有方面都是社会共有的。具体而言,社会中人们共有的是符号的形式、符号的指说对象和符号的部分意义,而不是全部意义。

社会成员所感知到的符号形式都是共同的,其所指代的目标对象也是人们知晓的,并达成一致的。然而,符号的意义方面,社会成员的认识和理解却有相当差异。

符号意义可分为表示性意义(或称辞典意义)和内涵性意义(或称引申意义)。前者指在符号与指说对象首次联系中产生的意义,适用于所有使用符号的社会成员。人们在这个层面上,可以有一致的看法,其意义是大家共通的。这是社会中信息传播活动的基础,否则人们无法进行基本的交流。后者指在符号与指说对象二次联系中产生的意义,它可适用于一个或几个人,也可能适用于社会中的部分成员,这是社会成员的个体经验的产物。这种意义不能做到所有人共通。不过,在一定范围内,它为一部分人所共有。

由此可见,一方面,一个符号引起个人的反应是不同的,它是个人根据长期积累的全部经验作出的,所以对每个人来说都是独特的,从这个意义上说,意义是个人性的,绝不可能全部表达出来或同其他人的完全一样；另一方面，社会又必须要有一定的共同的表示性意义作基础，这样，社会成员才能在一起沟通。同时要有一定程度上的共同的内涵性意义，这样社会才能和谐融洽地生活。

第三，符号的发展性。

人类传播所使用的符号是发展的。一方面，人们每天都在创造着新的符号，以适应日益丰富的生产及生活实践。这些新的符号一旦进入社会传播领域，就会成为新的中介或象征物而被广泛使用。另一方面，人们旧有的符号也在不断地被改造和淘汰。有的保持原有符号形式，但赋予了新生的意义；有的包含了原有的意义，却更换了新的符号形式。

人们创造新符号多之又多，但是主要是在语言符号层面，人们依靠不断创新的语言，对层出不穷的新事物进行描绘，目的主要还是为了相互区别，即命名行为，同时也不断发展新的社会现象，从而发展人类的认识与文化。

作为人类交流中介的符号日益引起人们的重视。古希腊哲学家早已开始研究现实与精神之间的语言联系。如前所述，洛克也特别强调语言这种符号是伟大的工具，是社会的共同纽带。

本世纪有许多学者进行了这方面的研究。其中对传播学研究影响至深的有社会学领域的符号互动论和哲学领域的符号和语言哲学。

符号互动论是社会学中的一种理论流派，创立人是美国社会学家 C. H. 库利和哲学家 G. H. 米德。他们研究语言等符号（或称象征）在社会的发展和维持中以及在形成个人精神活动方面所起的关键作用。它强调个人的精神活动与社会传播过程之间的关系。后来经过许多学者的补充与发展，符号互动论的观点进一步完善。它的核心观点有：

1, 社会是一个意义系统。对个人来说，介入与语言符号相关联的共认意义是人际活动,从中产生出引导行为使之遵循可预期格式的稳定而又共同理解的各种期待。

2,从行为学的观点看,社会现实和物质现实都是标明的意义构成,由于人们单独和集体地介入符号互动,他们对现实的解释既社会常规化,也个人内在化。

3,符号是结合人们的纽带,人们对其他人的看法以及他们对自己的信念,是从符号互动中产生出的个人意义构成。因此,人们对彼此和自身的主观信念是社会生活中最有意义的事实。

4,在一特定行动情况中,个人行为是受人们与那种情况相联系的看法和意义支配的。行为不是对外部来源的刺激的自动反应,而是对自己、他人及所处情况的社会要求所得到的主观构想的产物。①

作为一门独立的学科,符号学是在本世纪出现的。符号学研究符号的特征与本质、符号与意义关系以及符号与人类活动的关系等问题。它是由各地区传统符号思想和近代以来自然科学与社会科学的进展共同促成的。在东西方,关于各种文化记号研究的符号学思想已有2000多年的历史。用文字的和非文字的记号系统进行信息传递,是人类文明的基本现象,因此,符号思想在人类历史上无处不在。应该说,西方思想史上有关于符号的更多的系统和理论的研究。柏拉图、亚里士多德以及斯多噶派思想,还有中世纪哲学,直到近代哲学开始,特别是英国经验论哲学中有着丰富的有关符号实质及功用的认识,且越来越系统化。

现代符号学理论源自于瑞士语言学家索绪尔、美国哲学家皮尔士、德国哲学家卡西尔以及现代逻辑学家、德国的弗雷格、卡尔纳普等人的理论与研究。

1894年索绪尔最早提出符号学概念,他期望建立一种符号

---

① 参见梅尔文·德弗勒等(1990):《大众传播学诸论》第40—42页,新华出版社。

学,以便使语言在其中得到科学的描述。他提出:语言是一种表达观念的符号系统,并且是所有符号系统中最重要的。他对符号、能指、所指进行了界定,这些认识影响了后来的现代符号学家。

皮尔士给符号概念以确切的定义,他指出人的一切思想和经验都是符号活动,因此,符号理论就是关于意识与经验的理论。他对符号的种类进行了划分和描述。他指出,人类所有的经验都组织在三个水平上,称第一性、第二性、第三性。它们分别大致相应于感觉性、活动经验和符号。符号是依次发生的三重关系:1,使联系过程开始的东西;2,其对象;3,符号所产生的效果(解释)。从广义上说,解释便是符号的意义;从狭义上说,解释也常常是一个符号,它又有它的解释,如此往复,以至无穷。任何一个符号都可以将本身译为另一个符号,从而使自身得到更充分的展开。他还划分了符号的三大类别和66个种属,奠定了现代符号学的理论基础。

卡西尔写有三卷巨著《符号形式哲学》,在这部巨著中,他试图建立一个与传统的形而上学不同的符号哲学体系。他认为,人是符号动物。人类只有通过符号活动才创造出使自身区别于动物的文化实体,符号行为包括语言交际、神话思维和科学认识。人之所以异于动物,是在于人具有符号化能力,即能用语言等符号概念化。他认为,语言绝不等同于符号,只是符号系统的一个子系统。

弗雷格区分了意义和指称的区别,对现代符号意义重大;卡尔纳普提出理想的语言,即元语言,这成了符号学的模式。美国哲学家莫里斯就借用这一模式进行研究。莫里斯是美国符号学界最突出的代表人物。[①]

[①] 参见俞建章 叶舒宪(1988):《符号:语言与艺术》,第20—23页,上海人民出版社。

本世纪 60 年代以后，符号学在索绪尔语言学理论、俄国形式主义以及法国结构主义的冲击下发展很快，许多国家进行符号学的研究。现代符号学明显地表现出综合和跨学科特征。它大致分为以下几大类：

社会科学中的符号学运用

哲学中的符号学运用

语言学——符号学研究

逻辑符号学研究

传播学和行为科学中的符号学研究

美学及文艺理论中的符号学研究

一般符号学理论

以上的符号学研究大部分有着明显的科学性和技术性，它已成为西方社会科学中最新的方法论研究。[①]

语言哲学作为一个独立的研究领域建立于本世纪初，已有近百年的历史。语言哲学是现代西方哲学中的一个主要研究领域，是现代西方各个哲学流派普遍关注的一个重要研究对象。它着重从哲学角度研究哲学中的语言问题或者语言学中的哲学问题，语言哲学主要研究语言的基本性质和一般特征，研究语言的意义、指称以及真理性等问题。西方哲学家在不同程度上并以不同的方式关注语言哲学。其中提出的理论众多，但是基本分两大流派：

英美语言哲学，代表人物有罗素、维特根斯坦等人，他们将语言哲学看作哲学的首要的、甚至唯一的研究对象，哲学的首要任务是通过语言分析澄清科学语言、哲学语言以及日常语言的意义，哲学是一种显示或者确定命题的意义，排除语言混乱的活动。英美哲学家，特别是分析哲学家侧重从方法论角度探讨语言哲学，关心如何正确地科学地使用语言，将语言哲学看作哲学中的一个

---

① 李幼蒸（1996）：《结构与意义》，第 133、123 页，中国社会科学出版社。

分支或研究领域。

欧洲大陆语言哲学,代表人物有海德格尔、伽达默尔等人。他们将语言问题看成是哲学问题本身,认为语言不仅仅是一种用以表达情感,交流思想的手段,而是存在的住所。他们强调逻各斯、语言和存在之间的密切联系,逻各斯是语言的基础,语言是一种植根于作为真理的存在之中的逻各斯。欧洲大陆哲学家中的存在主义者、哲学释义学者以及某些现象学家主要从本体论角度探讨语言哲学,将语言问题看成哲学问题本身,将语言问题与存在问题等结合起来考察,注意语言在人类生活中的普遍性意义。结构主义者和后结构主义者在结构语言学的影响下,关心语言的结构(如能指与所指,表层结构与深层结构等)、语言的类型(如语言、言语和文字的关系等)之类的问题。

英美哲学家大多使用逻辑分析和概念分析方法进行语言哲学研究,而欧洲大陆哲学家大多使用共时性研究和历时性研究方法从事研究。[①]

可以说,符号互动论是从较宏观的角度考察符号与人的关系,符号学和语言哲学更多地关注作为中介的符号和语言本身。这三个研究成果成为现代传播学研究的基础理论范式。

二、符号类型

符号现象是社会的普遍现象。为了更清楚而深入地认识符号,我们需要对符号进行分类,分别研究不同类型符号的差异。

索绪尔是近代最早对符号进行分类的学者。他将符号分为语言符号和非语言符号——文字、聋哑人的字母、象征仪式、礼节形式、军用信号、习惯等等。他认为语言是人类符号系统中最重

---

① 涂纪亮(1996):《现代西方语言哲学比较研究》,第1、614—615页,中国社会科学出版社。

要的。

美国哲学家皮尔士的分类则要详细,从三个层面对符号进行分类,共有三大类别,66个种属。如果按照符号本身分类,可分成性质符号、实事符号、通用符号等;按符号同其对象的关系来分类,可分为图像符号、指引符号、象征符号等;按在解释活动中符号的状态来划分,可分为词类符号、命题符号、论辩符号等。

美国符号学家J.迪利对符号进行了更大空间的划分:[①]

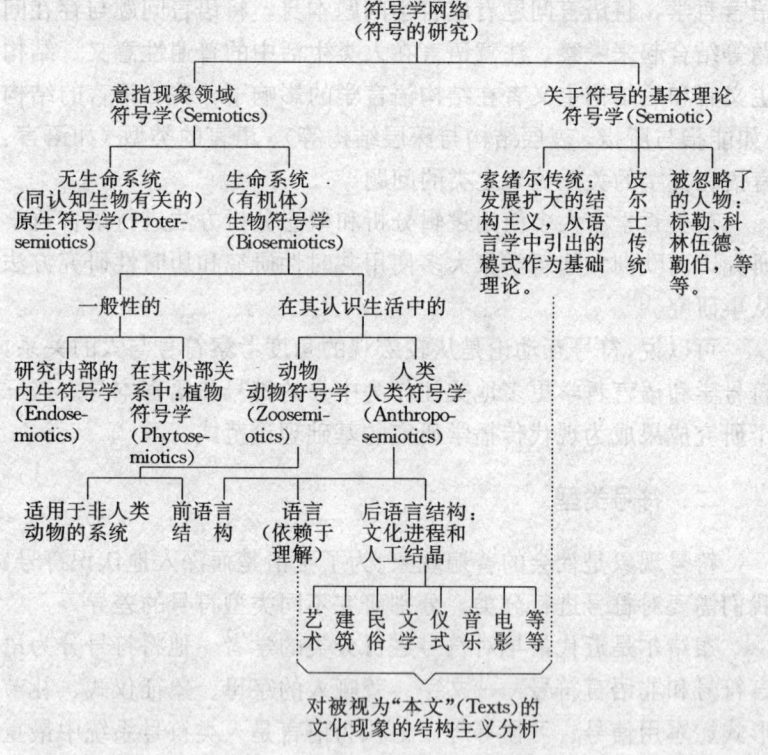

---

① 转引自俞建章、叶舒宪(1988):《符号:语言与艺术》,第26页,上海人民出版社。

他将意指现象即符号现象分成无生命系统和生命系统的符号。人类社会中人工创制的符号属于生命系统生物符号的一部分。他认为人类社会的符号可分为：前语言结构、语言和后语言结构三种。

传播学研究的正是人类社会的符号，即人类创制的人工符号。与迪利的划分相比，波兰哲学家沙夫对"人工符号"划分更为精细。沙夫的划分如下：

```
      ┌ 带有衍生的表达方式        ┌ 信号（signal）
人工   │ 的专门符号（proper       │
符号  ┤  with a derivative   代用符号 ┤ 象征（symbols）
      │  expression）             │ 严格意义下的代用符号
      └ 语词符号（verbal signs）
```

从沙夫的分类可以看出，人类的人工符号分为语词符号和非语词符号。非语词符号又可分为两类，其中代用符号还可分为象征符号和严格意义下的代用符号。

象征符号包括动作符号、音乐中的音调等，严格意义下的代用符号包括：书写符号、照片、图画、雕刻等。

尽管对符号的分类有许多不同的方法和观点，但是基本相同之处仍很明显，即将符号划分为最基本的两大类：语言符号和非语言符号。传播学研究符号也是从这两个层面进行的。

（一）语言符号。

人类社会中最重要的符号系统便是语言，它是人们进行交流、沟通的最主要的工具。语言是伴随人类社会的产生而形成的，是人们在长期的社会交往中约定俗成的，以语音和字形为物质外壳，以词汇为建筑材料，以语法为结构规律的符号系统。

世界上的语言千差万别，但是都有其若干共同之处，这就是语言普遍的特点。

1. 词语创造的随意性。如前所述，语言符号如同其他符号，都具有指代性。对语言来说，词语与其所包含的意义、指说对象之间并没有必然的联系。人们在自己的实践中随意创造出词语，目的是将客观现实概念化，然后在长期的使用中，人们将词语与其指说对象及意义约定俗成。一旦词语经过约定俗成，大家共同理解，这些词语的意义就相对稳定。

这种词语的随意性包括有重要的认识，即意义不是词语固有的，而是使用这些词语的人赋予他们的；只有当人们将词语与特定的指说对象（实物或抽象概念）联系起来的时候，词语才有了意义。

这也正是语言学中语义理论的观点之一。英国学者C.K.奥格登和L.A.瑞恰兹专门研究语言、意义、理解三者的关系。提出了"语义三角图"

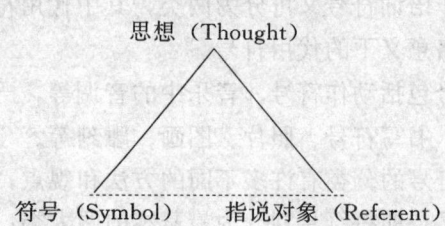

这里包括三种意义：

符号意义，即辞典意义；

指说对象的意义；

信息接受者的主观理解的意义，即实际意义

信息接受者与符号、与指说对象都有着直接的关系，但符号与指说对象之间没有直接的关系（用虚线），这是一种随意的、约定俗成的关系。

2. 语言的开放性。语言是在人类社会的实践活动中不断丰富发展的。语言的开放性至少包含有这样一些内容：每种语言的词汇是不断丰富和发展的；任何语言的句子都是没有极限的，人们可以根据现有的词语和造句规则，造出无限数量的新事物，新意义。

美国语言学家乔姆斯基提出的转换生成语法理论可以在一定程度上证明这种特性。他认为：生成语法是一个规则系统，这个系统能够重复生成无限众多的语句。语言的句子的生成分两步进行，第一步是深层结构，即存在于说话人思想中的一种抽象的实体，或者说是一种句子模式，一个规则系统；第二步是表层结构，即实际上说的话。表层结构是由深层结构生成的。需要特别注意的是，深层结构是一个基本意义单位，它不能直接变为表层结构。一个深层结构可以有多个表层结构与之对应。深层结构的规则将意义转换成表层的语言符号。

只要在深层结构的规则系统之上，就可以重复生成无数众多的句子。乔姆斯基的理论不仅限于这一观点的贡献，他将语言结构分成深层结构与表层结构，带动了语言学和心理语言学的革命，加深了传播学对语言及意义的理解。

3. 语言的概括性。语言是概念和范畴的集合，词语只能表示概念和范畴。客观事物的运动与存在是一个连续不断的、时空占有的过程，而语言却不能描述其全部，只能概括其过程。

实际上，语言是一种概念思维的手段。我们获得对客观世界的认识，就是利用概念进行的。早在古希腊时代，柏拉图认为人类知识的发展基础是一般概念。可以说，概念是知识的基础和人类传播理论的起点。它们代表了我们与现实相联系的方式，为我们提供了对物质环境和社会环境中的事物、状况和各种关系的主观内心经验。

所谓概念就是名称及其意义。我们的传播活动就是用语言对外界概念化。在这一概念化过程中,所用名称及其意义不可能穷尽对客观现实的描述,只能概括。这正是语言之乏力之处。这一点实际上早已被普通语义学家们所发现。

普通语义学是由原籍波兰的美国哲学家 A.柯日布斯基创立的。它专门研究语言、意义和思想的关系。这门学科对西方哲学、传播学、语言学和语义学的研究影响深远。普通语义学的基本认识就是:意义是人对客观事物抽象的结果。其基本理论是:世界是一个不可分割的整体,我们只有将世界看成处在不断变化过程中的整体,才能合乎客观实际地认识世界。简言之,就是人们认识世界的过程,是一个用语言来进行抽象的过程,意义就是这种抽象的结果,而由于语言的几种特性,便造成了认识的困难。

普通语义学认为:

语言是静态的,而实际却是动态的

语言是有限的,而实际却是无限的

语言是抽象的,而实际却是具体的

语言的抽象性是它很重要的一个属性,我们利用语言的抽象性归类、概括,从而认识现实。利用语言进行的抽象过程,包括以下五个层次:

整个事件本身,包括不可能完全被认识的内部结构;

事件中看得到或观察得到的部分;

事件中实际被感知的部分;

用语言来描述的事件;

人们对事件所作的判断。

语言在这个抽象过程中作用重大。但是普通语义学也指出:语言帮助我们认识客观世界,同时又限制了我们的认识能力。例如,若不认识到语言是静态的、有限的、抽象的,我们便会在许多方面出现语言的误用,从而导致我们对客观世界抽象过程——认识的误差。常见的语言的误用有四种:

(1) 死线抽象

利用语言进行抽象是分层次的，有序的，是逐步从低抽象层次走向高抽象层次的，这便是语言的"抽象阶梯"。语言抽象层次越高，离实际事物就越远。

所谓死线抽象是指语言抽象固定在一个抽象阶梯上，只在某一个固定的抽象水平上使用语言。可以是抽象程度较高的线，也可以是抽象程度较低的线。死线抽象不可能详细、全面地了解现实，难以有效沟通。

普通语义学认为，有效的传播应该沿着抽象阶梯有上有下，既有高抽象层次的概括，又有低抽象层次的细节。

(2) 误认同一（忽视差异）

即忽视同一范畴或类型中不同部分的差异性。也就是说，混为一谈地用语言传播意义。生活中这种情形大量存在，如语言过于笼统，以偏概全，千篇一律等等。

普通语义学认为，可以利用数字标明每个部分，如学生1、学生2等，以便不将他们混为一谈，但是实际传播中不便如此，重要的是在思想上认识到，各要素既有整体的共性，又有各自的个性。

(3) 非此即彼

这是一种极端化的思想方法。它排斥了中间层次的存在，排斥了实际上存在的一系列可能性，如"夜"与"昼""好"与"坏"等。

非此即彼的语言应用给人造成严重的认识误区。因此，普通语义学提醒人们，要作多方面的认识，要思考现实中存在的一系列的可能性，而不只是"此"或"彼"。

(4) 主观倾向

人们在用语言表述看法时，会不自觉地流露出倾向性，即表述自己对事物的看法、态度等，这种自我主观倾向在很大程度上是不自觉的、无意识的，实则是自我表现。

　　这种主观倾向会带来一定的不良的后果，有时甚至是严重的后果。因此，普通语义学提出，人们使用语言时，可以加上"对我来说"，可以说出来，也可以不说出来，只要想到就可以了。

　　普通语义学研究了语言与现实的关系以及语言从哪些方面影响着我们的思想，它对于传播学研究有许多方面的启示。

　　4. 语言的社会性。人类社会语言的共同之处中最重要的便是它的社会性。语言是在社会中形成的，它是人们认识客观世界进行社会互动的中介。因此它是社会成员关系维系的基本纽带。正是依靠语言，社会成员才得以进行信息交流，建立关系，组成社会。

　　语言在不同的社会，或同一社会的不同发展阶段会表现出其因社会而变化的特征。这也是语言社会性的一个方面。

　　从上述语言特征的分析可以看出，语言、意义、思想三者之间的关系是如此的不可分割。语言是思维的手段，是思想的直接现实，语言将人的思维活动的结果，认识活动的结果，用词、语句记录下来，固定下来。总之，思想与语言是不可分的，传播与语言也是不可分的。因此，对于传播学来说，"理解语言原理是这一学科的核心。"[①]

　　由于构成人类语言实体的是物质化的语音和字形，因此语言这一符号系统又可分为两个子系统：有声语言、无声语言。由此，语言符号传播也分为两种类型：

（1）有声语言传播

　　即人们通过口头语言进行传播，又可分为两种：

　　①对话：这是有声语言传播的低级形式，它具有对称性、情境性的特点。

[①] 梅尔文·德弗勒等（1990）：《大众传播学诸论》，第260页，新华出版社。

②独白：有声语言传播的高级形式，具有非对称性和非情境性的特点。

（2）无声语言传播

即人们通过书面语言进行传播，也可分为两种：

①书面对话：如通信，这是书面无声语言传播的隐蔽形式。具有形式规范，内容较系统等特点。

②书面独白：如文章，这是书面无声语言传播的公开形式。除具有以上特点外，还有大众性特点，因为这是面向大众的传播。

（二）非语言符号。

非语言符号是指不以人工创制的自然语言（如汉语、英语）为语言符号，而以其他视觉、听觉等符号为信息载体的符号系统。

虽然语言是人类最重要的符号系统，但是语言符号不能代替其他符号，它需要非语言符号作其补充。

非语言符号在日常传播活动中扮演着重要的作用。美国学者L.伯德惠斯特尔估计，在两个人传播的场合中，有65%的社会含义是通过非语言符号传递的。专门研究非语言符号的艾伯特·梅热比也提出一个公式，来说明非语言符号的作用。

沟通双方相互理解＝语调（38%）＋表情（55%）＋语言（7%）

公式中的"语调"与"表情"均为非语言符号。当然，他也说明：语言可以传递任何信息，而非语言符号传播意义的范围就有限。传播主题越抽象，不用语言就越难表达。

与语言相比，非语言符号也具有与之共通的属性。比如，都可以传播信息；都是在一定情境中发挥作用等等，但是非语言又具有自己的特性，主要如下：

组合性：非语言符号在传播过程中是多种符号共同使用的。

连续性：人类传播中非语言符号不间断地传递信息。

不可控性：人类沟通中发出的非语言符号相当部分是不经过

严格控制的。

正因为非语言符号具有以上特征,它在人类传播活动中可以发挥多种功能。首先,它可以独立传达信息。其次,它可以辅助语言符号的传播,一方面它可以加强和扩大语言传播的效果;另一方面它也可以削弱或抵消语言传播的效果。

人类传播活动中使用的非语言符号非常多,有体语、色彩、标志等等。为了能深入研究非语言,要对它进行分类。非语言符号可以分为两大类:视觉性非语言符号,听觉性非语言符号。

1,视觉性非语言符号:包括两部分:动态的视觉非语言符号和静态的视觉非语言符号。

(1)动态的视觉非语言符号,其中包括体语(包括舞蹈)、运动画面、人际距离等等。

体语是以人的身体动作表示意义的符号系统。体语一般包括手势、运动体态、面部表情、触摸、眼神等等。体语在实际的传播活动中可以发挥替代、辅助、表露、调节、适应等功能。

运动画面主要是指电影、电视等大众传播媒介中使用的一种符号系统。在这个二维空间中,运动画面利用其光、色彩、构图以及画面的组接、转换等元素传递信息。

人际距离是由美国人类学家 E. 霍尔提出的。他认为人际距离与人互动的结果——人际关系有联系。一般而言关系越密切,距离就越近;距离越远,表明关系越松驰。他研究了不同文化背景下的人际距离,提出"空间也会说话"。[①] 他继而提出人际距离可划分为:亲密区、熟人区、社交区、演讲区等四个区域。

(2)静态的视觉非语言,其中包括静止体态、象征符号、实义符号乃至衣着、摆设、环境、雕塑、绘画、图片等等。

人际互动过程中,静止体态不仅能沟通双方的思想和感情,而

---

① 爱德华·霍尔(1995):《无声的语言》,第145页,中国对外翻译出版公司。

且它的不同样式还反映出他社会地位的差别和审美的区别（戈夫曼语）。

象征符号代表某个抽象的意义，它往往是特定文化的结晶。如标志、徽记等等。

实义符号表达某个确定的意义，简洁、形象、直观、易记。如狼烟、烽火、路标及信号旗等。

2，听觉性非语言符号：包括两部分，即类语言和其他声音符号。

（1）类语言，指人类发出的没有固定意义的声音，它是一种类似语言的符号。它包括辅助语言和功能性发声。

辅助语言是指辅助人类口头语言的声音要素系统。声音要素系统包括音调、音量、音速和音质。当声音要素系统中的诸要素在口头语言的传播过程中发生变化，就会导致口头语言意义的变化。通俗地说，说话时的抑扬顿错会使同一句话产生不同的意思。

功能性发声是指人发出哭、笑、哼、叹息、呻吟、口头语等等。它们不具有固定意义，往往在不同的情境中表达不同的意义。

简言之，类语言是口语的附加或补充部分。虽然如此，我们还应重视对它的研究与应用。

（2）其他声音符号，如鼓声、口哨、汽笛、乐声等等。

从上述分类中可以看出，我们将各类艺术划归为不同的非语言符号。在此，我们可以单独将它们提出，以说明它的意义与价值所在。

各种艺术都使用各自的艺术语言符号。根据美国哲学家苏·朗格的观点：符号分为推理符号和表象符号。人所使用的自然语言属前者，而各门类艺术则属于后者。表象符号是各艺术门类共同使用的。

艺术这种表象符号是有别于语言这种推理符号的。表象符号又称情感符号，用以表达人类的情感，而推理符号又称理智符号，用以表达人类的推理思维。

朗格进一步将表象符号（或称情感符号）区分为艺术符号（arts symbols）和艺术中的符号（symbols in art）。前者指艺术品作为表现情感的整体意象；后者指艺术作品构成的诸要素。①

实际上，艺术所用的符号都是人类社会在长期的文化积累中创制的，因其专业性、极度象征性等特点，不可能为大众所普遍认识与使用，因此可以说，艺术是非语言信息沟通的高级层次。

三、符号系统与传播

人类传播活动是在利用符号的基础上进行的。如前所述，我们使用的符号可以有语言和非语言符号两大类几十种具体符号。它们共同构成了人类传播所必须依赖的符号系统。

（一）人类传播的多符号性。

我们进行的传播实际上都是在多个符号层面上进行的。这就是所谓的 Metacommunication，意思是"关于传播的传播。"

人们进行传播时，几乎都会通过多种符号渠道传递和接受意义。

人们在用种种符号组合起来进行传播时，实际上已经在一定程度上又传递了这组符号之外的信息。换言之，符号组合传递的意义在流通，而符号组合起来后，符号本身也运载了意义。即内容有意义，形式也有了意义。

人类传播的多符号性意味着我们在传播活动中要善于使用不同符号，有效地与他人沟通与交流。

（二）符号系统内部互补性。

传播符号的多样性要求我们合理、有效地使用符号。

实际上，传播符号系统中的语言符号和非语言符号无所谓孰

---

① 苏珊·朗格（1983）：《艺术问题》，第120—135页，中国社会科学出版社。

优孰劣，它们之间互相补充、互相渗透，这可以从两者的差别中看出：

语言符号	非语言符号
分离	连续
单通道	多通道
可控性强	可控性弱
抽象、逻辑	形象、直觉
作用人脑左半球	作用人脑右半球

这两个符号子系统的区别划分是相对的，但是从中可以发现每种之所能与所不能。

我们在日常社会互动、大众传播等活动中常常忽略某一符号要素的充分使用。这也是造成传播阻滞、意义扭曲的重要原因之一。

四、讯息

人类传播的材料是信息，它的流通必须经过物质外壳的处理即符号化才得以进行。符号是人类传播的要素。

传播学中的讯息是指传达一个具体内容的一组信息符号。其原意为消息、音讯、文电、文告等等。在传播过程中传播者发出讯息，接受者对这个讯息进行处理，并作出反应。

信息、符号与讯息是有区别的，其形态范围各不相同。

总之，人类传播的基本材料是信息，它是不确定性的减少与消除，传播学中认为它是人的精神创造物。信息论、控制论和系统科学带动了信息技术的进步，导致了社会信息化。

符号是承载信息的象征物。它是人类社会的创造物。它的语言符号和非语言符号子系统是人类传播的基本要素。

第四章 传播类型论

传播作为一种社会现象，几乎在人类社会形成的同时便已经产生。作为社会个体的人每天都处于不断的信息交换的过程中。而人与人之间的任何信息交换都属于传播的范畴。据调查，人们日常生活中80%以上的行为与传播有关。传播是人类基本的社会行为之一。

美国著名传播学者、传播学的集大成者威尔伯·施拉姆认为，传播联系的方式因人而异，每个人大致有如下的传播联系：[①]

1，大量的内部交流——同自己谈话、思索、回忆、决定、臆想

2，同亲近的人交流——家属、朋友、邻居

3，在工作单位内部的交流

4，为自己的生活方式和社会环境所需的"维持性"交流——同商业和服务行业人员；同大夫、牙科医师、律师；同理发师、加油站工人、出租汽车司机；同政府职员，例如收税人员、汽车管理部门、警察和消防部队（幸而很难得）

5，同业务上和社会上只有一面之交的人交流

6，同主要是通过书籍和大众媒介了解到的人物交流（在大部分情况下是向他们了解情况）

7，最后还有从大众媒介中的没有出处的消息、参考书籍以及人们日常接触到的文化的各种暗示中获得的大量知识

[①] 威尔伯·施拉姆等（1984）：《传播学概论》，第105页，新华出版社。

传播学者们将人类传播分为多种类型,采用了不同的方法,我们采用较为通行的四分法,即:内向传播、人际传播、组织传播和大众传播四类。

第一节 人的内向传播

一、内向传播

作为个体的人是人类社会的有机组成部分,处于不断的人际互动之中,但这种互动不是毫不停顿的。很多时候,人需要有一个"空间",一个独立的精神空间,也就是有些人所讲的要有一方自己的天空。人"需要思考、需要自言自语、需要自我发泄、需要自我陶醉、需要有自己独特的、神圣的'小天地',需要在这个小天地里耕耘、劳作和创造",人通过这些自我的交流来实现一种心灵的升华。"I 和 me 在个人的'小天地'里可谓形影不离,融为一体"[1],人的这种交流是出于生理和心理两方面需求的一种社会性需要。人的这种内向的交流是人类最基本的传播活动,也是人类一切传播活动的前提和基础。

所谓内向传播,或称自我传播、自身传播,是发生在一个人体内的一种信息交流活动,是在主我(I)和客我(me)之间进行的信息交流。这一传播过程中,传播信息的主体和接受信息的客体是同一个人。"信息传送方,即我们的感觉——外界信息通过各种感知渠道进入大脑,这些信息以生物波的方式经过大脑的处理以后又反馈回来。"[2]

一切发生于人体内部的信息交流,如:感觉、理解、思维、意

---

[1] 居延安(1986):《信息·沟通·传播》,第32页,上海人民出版社。
[2] 吕斌(1994):《人际信息交流原理与技能》,第36页,南京大学出版社。

识、情绪等都是人的内向交流，在这种交流过程中，I 和 me 进行自由沟通以达到自我的内部平衡调节，通过这种思维活动进行正常的信息编码，以保证人类其它传播活动的正常进行。平常我们说某个人"眉头一皱，计上心来"就是对人体内向传播过程的一种表述。人的内向传播一般表现为自言自语、自问自答、自我反省、自我陶醉、自我发泄、自我安慰和自我消遣等多种形式。

人需要有一个属于自己的"神圣小天地"，这个"小天地"很大一部分其实是人脑信息库。人脑中大量的内储信息是 I 和 me 进行交流必不可少的材料，人脑信息库内储信息的多少在很大程度上决定着人的内向交流的活跃程度。我们看到一个人思维活跃、思想丰富、富于想象，其实就是这个人内向交流活跃的结果。

既然人是社会的一个分子，就必然不可能独立于他人和社会而单独存在。人对自然和社会都需要有一个渐进的认识过程，这一过程中要有不断的思考和摸索。当个人与群体、与社会发生冲突时也需要进行思考和反省。人在社会化的过程中了解他人和自己，并不断发展和完善自我。因此，人离不开内向传播这种形式。

二、内向传播的形式

到目前为止，对内向传播的大量研究工作是由心理学家来完成的。心理学家有关人的知觉、意识、感觉、情感、想象、记忆、思维等的大量研究成果对于我们研究人的内向传播大有裨益。我们借鉴心理学家的观点，将人的内向传播分为正常形式和异常形式两种。

（一）内向传播的正常形式。

心理学中，个人的认知过程包括感觉、知觉、记忆、思维和

言语、想象等内容。人的内向传播同样也有这样几种形式：①

1，感觉和知觉（或合称感知）。

感觉是在大脑皮质中对当时正影响着人脑的周围世界的对象和现象的个别特性的反映。知觉是对人的分析器发生作用的对象和现象在大脑皮质中的反映。知觉是对周围世界整体的反映，离开了知觉的感觉不存在，没有感觉的知觉只能是无源之水、无本之木。

2，记忆。

人对过去经验的反映叫做记忆。人对过去经验的反映表现在他曾经感知过的、做过的、发生过感情的或思考过东西的识记、保持和以后的再现中。依照信息加工的观点，记忆就是对信息进行输入、编码、贮存和提取的过程。

3，思维。

思维是大脑对周围世界的高级反映形式，是人对周围世界的间接的和概括的认识（反映）过程。思维是人对客观世界的内在属性和事物规律的认识，这一结果形成了许多现有的科学规律、法则、定律、定义和规则等。

4，想象。

想象是人在过去从来没有感知过的对象和现象的映象的创造。想象是人体第一信号系统和第二信号系统合作的结果，它是对人头脑中旧有表象进行加工改造后形成的新形象，而不是一种脱离实际的主观臆造。

5，情绪和感情。

有些人认为，情绪和感情作为一种心理过程，也属于内向交流的正常形式。是人自己对他所认识的东西或所做的事情，对其

---

① 以下心理学概念参见〔苏〕Б.А.克鲁捷茨基（1985）：《心理学》，第121～219页，人民教育出版社。

他人和自己本身的态度和体验。个人对客观世界的认识不可避免地带有主观情绪和感情,在回忆、想象和思维活动中的表现更为明显。

(二) 内向传播的异常形式

人的意识在大多数情况下有着充分的连续性和规律性,在一定范围内变化,但有些时候,人可能处于一些异常的交流状态:

1,入睡状态和做梦。

人每天都要睡觉,大多数人都在睡前有那么几分钟处于"半梦半醒"之间,都可能会做若干个梦,只是大多数被我们遗忘了而已。有些人表示入睡状态和睡眠中的梦境启发了自己的创造力并带来了灵感,但未得到科学证明,我们只知道大多数人的梦同现实一样丰富,既有现实反映又有怪诞的组合。弗洛伊德等认为梦中的事件可能构成一种特殊的语言或思维风格,与我们在正常状态下所通用的不同。

2,催眠。

催眠是一种富有戏剧性和迷惑力的异常意识状态。催眠者向被试者施加特别暗示后,被试者感到自己的意识状态发生了变化,从而产生感觉过敏、感觉消退和催眠后效应等。

3,酒精中毒与毒品服务。

酒精可以改变人的心理,引起人强有力的幻想。酒精中毒有低、中、高等不同程度,当高度酒精中毒后人的这种幻想易导致攻击性行为和暴力行动的产生。

吸食大麻等毒品,人会表现轻松、精神安定、产生不同寻常的联想、对自己的心灵进行自发的洞察等,剧烈中毒则会产生幻觉。

4,高峰体验和沉思状态。

马斯洛认为,只有当一个人的生物、社会及心理的需要合理地得到满足时,可能产生高峰体验的需要才能出现,高峰体验中,经验者感到他对知觉对象正付出全部注意力并可能入迷。

沉思是引起各种异常意识状态（其中一些导致了高峰体验心醉神迷的特征）的一套技巧。分为集中的沉思和敞开的沉思两种。①

三、内向传播的核心——自我管理

人类社会产生以来，在"物竞天择、适者生存"的自然法则下，同自然和自身不断斗争向前发展。同样，作为个体的人也应当对自己进行正确的认知和管理，不断完善和发展自己。

所谓自我管理，顾名思义，就是人类对自身的管理。"其范围应该包括目标管理、心理管理、时间管理、信息管理"四部分。②

目标管理，可以看作一个人对自己所进行的自我设计，涉及生活目标、职业理想、人际关系等方面，并取得相应的技巧来实现这些目标，完成自我实现。

心理管理，是依据心理学的基本原理和方法对自身实行一种内在管理，培养自信心，不断地在生活中对自己进行心理调节，保持一种乐观的情绪和积极向上的心态。

时间管理，据统计，人一生中一半的时间在睡眠中度过，再扣除吃饭、娱乐等时间，真正能用于工作、学习的时间非常有限，对时间合理安排，减少消耗，在有限的时间内做尽可难多的事，自然是自我管理的重要领域之一。

信息管理，我们已经知道，人每天都处于不断的信息交换之中，在人与外界、与他人的接触中大量信息扑面而来，信息管理

---

① 参见克雷奇（1980）等：《心理学纲要》，文化教育出版社，转引自《人际信息交流原理与技能》，第46～51页。
② 同上，第62页。

区别对待了有用信息和冗余信息,有助于促使个人形成一个完善的、便于利用的信息系统。

自我管理的过程,从一定意义上来讲,就是一个人认识自我、完善自我的过程。需要注意几个方面:

1,正确认识自我。

一个心理健全的人应该有自信,要对自己有正确的评价。人或多或少存在着自卑心理,由于自己有生理缺陷或其它不足便轻视自己,认为不如别人。人应当通过别人的参照等方式对自己的能力、素质进行客观评价,积极主动地面对客观世界,并调动自身一切潜能来迎接生活的挑战,建立自信心,克服恐惧感。

2,正确对待自我。

对个人来讲,一般都存在"理想我"和"现实我"两个方面。我们可以通过实行自我控制来将"现实我"转化为"理想我"。也就是个人通过内部语言的调节来主动定向地改变自己的心理品质、特征及行为。树立一个积极的目标、具有坚强的意志和健康的情感,会促使一个人将自我设计转化为实际的脚踏实地的过程,自知者明,自胜者强,唯其如此,人的奋斗目标才会不断得以实现。

3,经常完善自我。

采取适当方法完善自我作用很大,一个人可以通过日记来实现 I 和 me 的交流,可以通过分析、反思、鉴定来评价自己,还可以通过与别人的交流来完成(作为一种人际传播形式)。

第二节 人际传播

一、符号互动与人际传播

传播的过程,实际上就是一个信息交流和分享的过程。而信息的流通借助于符号的流动来完成。"传播行为涉及的是分享信息符号",传播关系里"有一些传播行为和一套信息符号,符号是这种传播的要素。这种关系的一个参加者发出符号。另一个参加者在某种程度上使用了这些符号。"① 我们可以认为,传播过程实质上是符号互动的过程。作为人类传播要素的符号的互动与人际传播有着直接的关系。

社会学里著名的"符号互动论"对于传播学研究有着相当重要的影响,是至今传播学中最重要的理论之一。这一理论由乔治·赫伯特·米德和查尔斯·霍顿·库利最初阐发,后经米德的学生赫伯特·布鲁默总结提出。他们认为"'符号互动'一词当然是指人们之间发生的相互作用的独特特征。这种特征寓于这一事实之中,即人们不仅对彼此的行动作出反应,还理解或'确定'彼此的行动。他们不是对别人的行动直接作出反应,而是根据他们赋予这些行动的意义作出反应。因此,人的互动是以使用符号,通过理解或确定彼此行动的意义来作为媒介的。这种媒介等于在人类行动的刺激与反应之间插入了一个解释过程。"②

依"符号互动论"观点来看,人类生存的世界不仅仅是一个自然的物质世界,而且是一个人造的符号世界。这个世界的创造和维系依赖于人类通过符号进行传播的能力。这派学者还认为,根本"不存在没有符号系统的传播"。③

米德在研究中指出,符号互动中刺激所引出的反应具有不确定性,这种反应要视参加符号互动的人对符号意义的共同理解而定。这意味着人类的传播行为具有主观性、选择性、不确定性和

---

① 威尔伯·施拉姆等 (1984):《传播学概论》,第 48 页,新华出版社。
② 〔美〕伊恩·罗伯逊 (1990):《社会学》(上),第 138~147 页,商务印书馆。
③ 齐瑞 (1985):《关于人类传播》,英文版,第 3~9 页,转引自周晓明《人类交流与传播》。

第四章 传播类型论

不可预知性。从格伯纳的传播总模式到纽科姆的"ABX 模式",或多或少都可以看到"符号互动论"的影响。①

现在,我们可以认为,人际传播的特征就在于符号互动。施拉姆说过"两个人(或两个以上的人)由于一些他们共同感兴趣的信息符号聚集在一起"就是人际传播,并提出了一个人际传播的模式。②

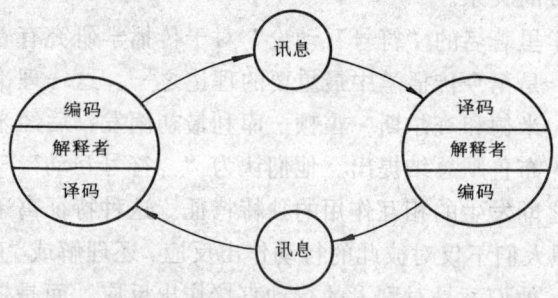

由此看来,人际传播的过程就是对信息交替往复地进行编码和译码的过程。

(一)人际传播。

所谓人际传播有广义和狭义两种解释。广义的人际传播是指大众传播以外的其它人类传播类型,狭义的则有着多种角度的定义,试举例如下:

美国人际传播学者麦克罗斯基、里奇蒙和斯图尔特在《一对一,人际传播的基础》一书中确立了人际传播是人与人的意义交流的观点,并将其定义为"一个人适用语言或非语言讯息在另一

---

① 芮必峰:《人类社会与人际传播》,载于《新闻与传播研究》,1995 年第 2 期,第 61 页。
② 转引自沙莲香:《传播学》,第 240 页,中国人民大学出版社。

个人心中引发意义的过程"。①

特伦霍姆、米勒和威尔莫特等人则强调了人际传播的直接性（immediacy）。罗斯格兰特、桑普莱斯也指出"把人际沟通定义为参与者拥有一对一关系的沟通"，人际沟通"包括整个人类的沟通"，其本质特征是"参与者在一对一基础上的直接沟通"。②

英国谢菲尔德·哈勒姆大学文化研究学院学术部主任哈特利则认为："（1）人际传播是一个个体向另一个个体的传播。（2）传播是面对面的。（3）传播的方式与内容反映个体的个性特征，而且，反映他们的社会角色及其关系。"③

美国人际传播学者约翰·斯图尔特在其畅销著作《桥，不是墙》中提出，"人际传播是两个或更多的人愿意，并能够作为人相遇，发挥他们那些独一无二的、不可测量的特性、选择、反思和言语的能力，同时，意识到其他的在者，并与人发生共鸣时所出现的那种交往样式、交往类型或交往质量"。④

我们认为，人际传播是在两者或两者以上之间进行的面对面的或凭借简单媒介如电话、书信等非大众传播媒介的信息交流活动。可分为面对面的直接交流和依赖一定媒介的非面对面的交流。人际传播是组织传播和大众传播的基础。

（二）人际传播的特点。

人际传播具有如下特点：

1，人际传播是直接传播。

无论是面对面的传播，还是非面对面的；无论是语言传播还

---

① James C. Mecroskey, Virginia D. Richmond, Robert A. Stewart (1986): One on One, The Foundations of Interpersonal Communication, by Prentice Hall, Inc, P2.
② 泰勒等（1992）:《人际传播新论》，第16页，南京大学出版社。
③ 同注②，第4页。
④ John Steward (1995): Bridges Not Walls: A Book About Interpersonal Communication, by Mc Graw—Hill, Inc, P.4.

是非语言传播,人际传播都不依赖大众传播媒介来做中介物。人际传播中除语言外大量使用了表情、姿势、语气、声调等非语言符号,可以直接了解传者的情绪或个性等特征。

2,人际传播的随意性较大。

传播过程中,传者和受者的位置在交流过程中可随时互换,传播的内容和方式也可根据现实情境随时做调整和改变。

3,人际传播的保密性强。

由于人际传播是一种直接交流,除非传受双方中一方或双方公开交流内容,对外界而言信息都不具有公开性。当有秘密指令、重要文件需要传达时,由于人际传播的对象和传播范围可以控制,这种传播方式比其它方式有优势。

4,人际传播反馈迅速。

面对面或其它直接交流的情境下,传受双方都容易积极主动地进行信息交流。如果有了中间媒体之后,反馈的速度和数量都会受到程度不等的制约。

5,人际传播的速度可以控制,随传受双方的需要而进行变更。

由于人际传播的这些优点,使它在很多时候、很多地方成为了其他传播的有益补充。事物都具有两面性,人际传播的覆盖面窄、易走形、多数留于记忆等特点则成为其不足之处。

二、人际传播的基础——自我表露

(一)自我表露。

人际传播活动从自我意识与自我表露开始。人与人之间的相互了解是建立健康的人际关系和人际传播活动的基础,这在很大程度上取决于人们各自的自我表露。

自我表露是人际传播交流中的一项重要技能,是一种自觉不自觉进行的自愿和真实的行为,当一个个体将自己的情况、状态、能力等信息传送给他人时便形成了自我表露。这一行为是人际传播的基础，以语言和非语言两种方式来进行浅层的自我表露。

（二）自我表露的评价尺度。

关于自我表露的评价有多种尺度，一般从以下五方面来评价：

1，表露的量。这个量没有最佳答案，因人而异。一般而言，人们相互间表露的信息量成正比。

2，表露的积极或消极性质。这里的度要掌握好，不要过。此外，这与彼此间亲密程度有关。和陌生人接触一般是先积极、再中性、最后为消极的。

3，表露的深度。因人、因时、因事、因地而异，无固定章法可循。

4，表露的时间选择。如果画成图，是一个"凹"形。初次见面的陌生人容易表露自己，很亲密的人也愿意表露自己，二者之间却最少。只是向亲密的人表露的顺序为消极、积极和中性。

5，表露的对象。大致有四种：（1）与你关系十分密切的人；（2）与你关系不深，但仍在发展或因某种机遇使之成为表露对象；（3）与你刚开始互相熟悉的人；（4）与你素不相识者。研究表明，除不再见面的陌生人外，人们的表露对象多为挚爱亲朋。

（三）哈约里之窗。

谈到自我表露，不可忽视的一点就是"哈约里之窗"。因其由约瑟夫·勒夫特和哈林顿·英翰姆提出而得名：

	自己了解的信息	自己不了解的信息
别人了解的信息	透明窗格 （开放区域）	不透明窗格 （盲目区域）
别人不了解的信息	隐蔽窗格 （秘密区域）	未知窗格 （未知区域）

由于人们相互交往过程中自我表露程度的不同，"哈约里之窗"中各区域的大小也不同，且受时间、地点、交往对象等制约。一般而言，扩大对他人的自我开放区域可以提高人际互动的效率，自我表露是扩大这一区域最为有效的办法。故此，扩大人际间的信息交流互动可以扩大开放区域、缩小未知区域。可以说，自我表露的过程实际上就是未知区域向开放区域过渡的过程。这一过程不但沟通了信息，也促进了个人对自身和他人的了解，从而促进了社会的协调进步。

（四）自我认识与自我表露

美国社会学者乔治·赫伯特·米德指出，人的"自我"产生于信息的交流之中，是人们在与他人的互动过程中逐渐获得的，其中并无先天成分。米德认为，人的思维过程很大程度上是主体的我（I）和客体的我（me）之间的互动过程。同样，"自我"的基础是个人对其自身的自我定义或身份的潜在指定，这种潜在指定是通过他人对自身的行为所作出的反应而表现或暗示出来的。

自我表露有助于人的自我认识，是人们进行自我认知的基本途径。达赖尔·贝姆指出，"个人部分地通过观察自己公开的行为以及自己行为发生的环境来了解自己的态度、情感和其它内在性格的"。[①] 也就是说，自我表露加深了人的自我认识。

此外，自我表露还促使了我们对他人的了解，促进良好人际关系的建立。

（五）自我表露中"度"的把握。

自我表露可以导致更为有效的交流，但不意味着自我表露必须把自己对别人全面开放，而要在一定的度以内，同时要遵循一些规律性的东西：

1. 自我表露一般应由浅入深。

2. 自我表露的对象一般应为亲近的、值得信赖的人，不应不分对象地进行深层表露。

3. 要找那些对自己有回报的人或者完全素昧平生的人做表露，后者应该更接近于是一种发泄。

三、人际传播的动机

人是具有社会性的，人在世界上不可能脱离人际间的信息流通而存在；人需要进行不断的信息交流，以实现人际间的一种沟通信息和情感交流，从而促成良好人际关系的形成。

研究人际传播，必须要研究导致这一传播活动的关键因素——动机，也就是那些直接推动个人或团体参加人际交流以达到某些目的的内在驱动力。

马斯洛有个著名的需要理论，目前已受到几乎全世界的认可。

---

① 杜加克斯·赖茨曼（1988）：《八十年代社会心理学》，三联书店，第73页。

马斯洛指出,人有生理需要、安全需要、社交需要、尊重需要和自我实现等多种层次的需要。人在自我实现的过程中需要与人沟通、建立良好的人际关系,需要有较强的感受力、独创力等,倡导尊重他人、关心他人。脱离社会和大众的自我实现只能是一种空中楼阁式的实现。一些社会学家的调查也表明:强烈的人际交往的需要已经成为了现代人的特征之一。有的学者认为有时,"人际传播只是一种纯粹的待人方式",人际交往是目的。作为个体的人渴望在与他人沟通、心灵相碰撞的过程中认识、更新和完善自己。

(一)认识自我的需要。

中国有句古话"人贵有自知之明",就是说一个人要对自己有了解,人要认识所有属于自己的身心状况,这就是社会心理学中所说的"自我意识"。包括了"自己对自己的认识、体验与控制,也就是作为主观的我对客观的我的觉察。这种觉察可以区分为三方面的内容,即物质的自我、社会的自我和精神的自我"。[①] 具体内涵为:

自我	自我认识	自我情绪	自我控制
物质的自我	生活状况、财产、家庭成员等的认识	自豪感/自卑感	追求生理、外表、物欲的满足,维护家庭利益等
社会的自我	社会关系、人际关系、地位、名望等	自豪感/自卑感	追求名誉、地位,与他人的竞争、协作,取得他人好感
精神的自我	气质、性格、智力、兴趣等	自豪感/自卑感	追求信仰,行为符合社会规范,要求自身发展等

按照米德的观点,人的自我认识产生于信息交流之中,人们从小就通过符号了解别人对自己的评价。我们在自我表露中已经

[①] 时蓉华(1989):《现代社会心理学》,第101~102页,华东师范大学出版社。

论述了人际传播的自我认识，就不再重复。

(二) 与他人建立和谐关系。

人生活在各种人群的组合中间，不可避免地有一种与他人交往、沟通、建立并维持和谐人际关系的欲望。其中，信息交流是前提条件。

库利认为，人们通过与他人交往，从他人的反映中获得自我概念，同时，这一概念延伸到作为其组成部分的各种群体中，形成"镜中我"，并在这个彼此映照的过程中与他人产生一些共同的东西。人的生存无法离开自己与他人的不同程度的信息交流。

西奥多·纽科姆于1953年提出了均衡式的传播模式：

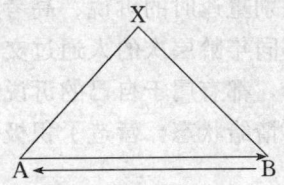

当A向B讲述X时

1，A与B好，对X看法相同，均衡

2，A与B不好，对X看法不同，均衡

3，A与B不好，对X看法相同，不均衡

4，A与B好，对X看法不同，不均衡

当A、B处于不均衡状态，X为A、B所关注，并对于一方有意义时，强烈倾向于X的一方会促使另一方改变态度，双方趋于一致。

由此而言，人际传播的过程是双方关系逐步协调的过程，伴随而来的是和谐稳定的人际关系的建立。

此外，人有参与人际传播活动的合群的需要，通过与他人的共处来减轻自己的焦虑不安和恐惧，同时想借与别人交流的过程来与自己作比较，认识自己。

（三）控制周围环境。

既然不可能独立存在，就必将要与周围环境发生互动，要在不断的信息交流中寻找与环境相应的最佳策略。人有一种取得他人认同的欲望，希望能通过与他人的交流来使自己的言行获得承认，按照一种合乎社会规范的方式来行事，以消除自己与他人的不一致。另外，人还有支配他人或被他人支配的欲望。因此，人们才主动与他人产生沟通。

（四）情感沟通需求。

人是有感情的，在人际交往中有着爱与关怀的需要，人际传播可以满足人的这种需要。不同状态下人们的交流内容不同，表达的感情也不同，如久别重逢时的诉说、高考成功时的喜悦、恋爱受挫时的发泄等；不同年龄层次的人通过交流表达的感情也不同，老人、孩子、父母，都有属于自己的诉说情感。人们通过各种情感的交流，调节了情绪状态，营造了积极向上的心理氛围。

第三节　组织传播

一、组织传播

（一）组织。

1956年，威廉·怀特在《组织的人》一书中，将社会上大部分人称为"组织的人"。

1964年，厄佐尼在《现代组织》中写道："我们的社会是一个组织的社会。我们出生在组织中，受教育于组织中，而且，我们中的大多数耗去大量的生命为组织工作。即使是在许多闲暇的时间里，我们也在组织中娱乐，在组织中祈祷。我们中的大多数将死在组织中，并在葬礼到来的时候，还须得到最大的组织——政府——所赐予的官方许可。"①

组织在我们的个人生活和社会生活中作用重大,组织传播也同样。有关组织传播的研究开始于本世纪三四十年代,组织传播这个名词出现于六十年代。60年代末期,国际传播学协会设立了"组织传播"小组,结合传播及相关学科学者对有关组织传播的问题进行系统研究。

组织有正式组织和非正式组织两种,一般我们指的是正式组织,是"为了达到特定目标而建立明确程序和发生协调行动的群体。"② 也就是说,组织是一群人为某些共同目的而形成的,有某些政策、规范、程序等以控制协调内部成员的行为,并由分工合作来完成工作,具有目的性,是正式化的层级,是一个经常互动的开放的系统。

(二)组织传播。

关于组织传播的界定,西方学者已进行了长时间的研究。

著名的组织理论学家韦克说过,组成组织的过程实际上就是传播的过程。组织成员通过适当而有效的信息交流来维系组织的稳定和发展。

研究组织行为的先驱巴纳德认为,传播是组织的轴心,在讨论组织理论时,免不了要涉及到传播概念。

卡茨和肯恩强调"……传播——信息交流及意义的传达——是社会系统及组织的基本要素"

罗杰斯及安格瓦拉·罗杰斯干脆表示:没有传播就没有组织。③

---

① 厄佐尼(1964):《现代组织》,英文版,第1页,转引自周晓明《人际交流与传播》。
② 宋林飞(1987):《现代社会学》,第286页,上海人民出版社。
③ 郑瑞城(1983):《组织传播》,三民书局,第4页。

早期的组织传播研究分为功能主义学派和社会文化学派，前者注重研究传播与组织之间的联系和影响，后者把组织看作是社会文化的结合。功能主义学派对后来的组织传播研究产生了重大影响。

在功能主义学派基础上产生了科学管理学派、人际关系学派和系统论学派。

美国组织传播研究人员戈德哈伯认为：组织传播是由各种相互依赖关系结成的网络，为应付环境的不确定性而创造和交流信息的过程。[①] 简言之，就是组织内部成员间、组织间及组织与环境的信息互动。其要素为：（1）信息：信息社会中，组织的生存和发展都依赖于信息，有效的组织传播首先要有信息。（2）相互依赖：组织中的部分不可能脱离系统和环境而独立存在，需要有互动。（3）网络：组织传播要有一定规则，根据在组织中担任角色的不同采用不同的信息传递方法。（4）过程：组织传播是不停止的信息互动。（5）环境：组织要受环境制约，与环境互动。

（三）组织传播的层面与网络。

1. 组织传播的层面。

法瑞斯、蒙基和拉塞尔等人对组织传播的分析从系统层面、功能层面和结构层面三方面展开，我们借鉴他们的理论。

系统层面分为四个逐次包含的层级：个人系统（内向交流多发生于此）、二人交流、小群体系统和组织系统。即：

---

① G.M.戈德哈伯：《组织传播》第三版，转引自《信息、沟通、传播》，第135页。

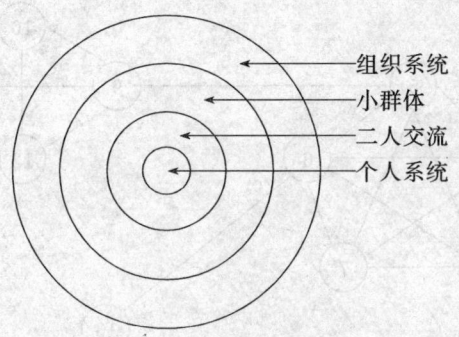

功能层面强调生产功能（组织行为的发生方向，协作和控制活动的发生以输出成果等）、创新功能（导引系统变化和产生新观点）、维持功能（保持系统整体性和凝聚力）。

结构层面是不同层级有不同的传输消息的形式、方式、规则或状态，其复杂性随层级的提高而提高。

法瑞斯等人还提出"交流负载"的概念，指传输给个人的具有一定的数量和复杂性的输入信息对个人而言可能为贫乏负载（消息低于处理能力）和过余负载（消息超过个人处理能力）。对组织系统的其它层次同样适用。

2. 组织传播的网络。

1977年，法瑞斯在《传播与组织化》一书中根据各组织成员间的"联系——交流"状态提出了一个传播网络：[1]

---

[1] 周晓明（1990）：《人类交流与传播》，第304页，上海文艺出版社。

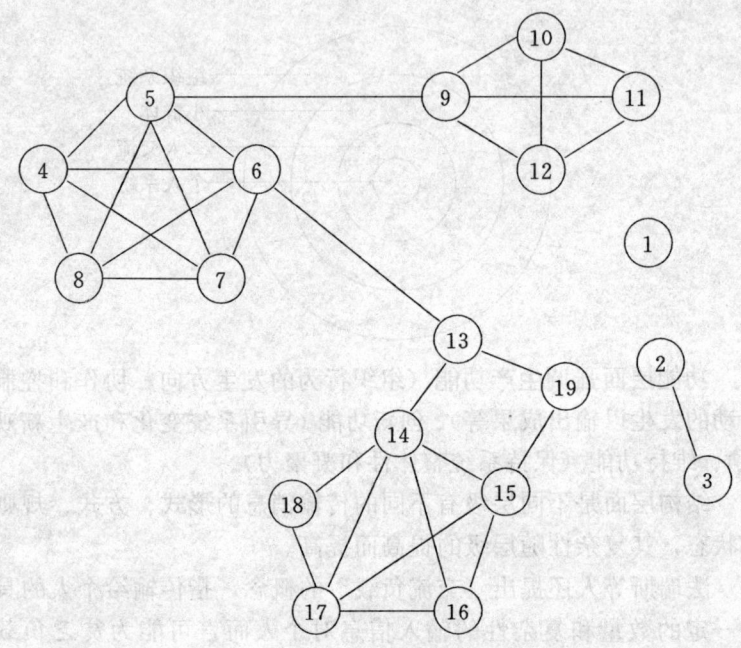

该网络表明：(1)组织中的人际传播具有群体性，组织内部群体间互动频繁；(2)组织内各群体间有"联结者"。联结者有"搭桥者"（既为小组成员，又同其它小组联系）如⑤，⑥；"联络者"（不属于任何小组，却与两个以上小组发生联系）如⑬；"余者"（介入联络者与小组间）如⑲。"孤独者"分为不入任何组织者如①和孤立二人组如②③。

据推测，组织中"联络者"、"搭桥者"和"孤独者"的多寡，可能会影响到组织成员间的关系及组织的效率，但尚未得到证实。

二、组织传播的形式、方向及功能

（一）组织传播的形式。

组织是一个复杂开放的系统，组织传播通过各种错综复杂的渠道进行信息的流动。一般有正规的组织传播和非正规的组织传播两种方式。

1，正规的组织传播

所谓正规的组织传播，就是发生在组织内部的具有组织性的传播。是一种与组织的正规角色、地位网络相联系的，严格按照组织正规的权力、职能结构、等级系统和交流渠道等进行的信息交流活动。它对于组织的生存发展有着重要作用，是传播学者们研究的重点。其中又分为组织内部传播和组织外部传播。前者主要是组织内部各子系统间的信息交流，遵循权力、等级等原则；后者是组织同外界环境间的信息交流，是多层次、多角度的交流活动。

2，非正规的组织传播

发生于组织内部的非组织性的传播，是一种没有与组织的正规结构等级和交流网络相对应的信息交流。有任务指向性和情感指向性两种交流。在实际工作中，比正规组织传播效率高，且多以联络感情的满足性交流为主要目的。可以说，"组织传播是组织关系的粘合剂"、"组织功能的润滑油。"[①]

非正规组织传播的一个主要功能是传送小道消息。美国传播学者用"葡萄藤"（Grapevine）来作为小道消息，包括谣言传播的代名词。他们发现"葡萄藤"传播具有速度快、精度高、信息量大、反馈广等特点。这种传播常采用小群体交叉传播，多向性，交叉性强，速度快，覆盖面以几何级数增长，消息很容易"不胫而走"。小道消息负熵值较高，人们出于多种心态，留心于保存原样，准确度和信息量都很高。戈德哈伯曾指出，"葡萄藤"传播渠道的消息，准确度高达80%以上。目前这种传播方式已在社会生活中占有了重要地位，无论是国内国际的政治生活还是个人私生活，都

---

① 居延安（1986）：《信息·沟通·传播》，第135页，上海人民出版社。

有小道消息在起作用。

与小道消息类似的一种非组织传播是谣言。小道消息一般具有真实性，而谣言基本上是捏造事实、无中生有。

阿尔波特和波斯特曼对于谣言的"经典性"研究发现，谣言也具有传播范围广和速度快的特点，且会因消息本身的"重要性"和"歧义性"程度的增加而增大。

一些学者认为，减少组织内部谣言产生和扩散的重要方法之一，就是尽可能详细地向组织内部成员提供其最关心问题的相关信息，通过扩大信息流通量的办法来防止歧义产生，反击无中生有的言论，消除组织成员对相关问题的神秘感，防止谣言进一步扩散而给社会和组织本身造成危害。

(二) 组织传播的方向。

组织传播的方向，一般指的是正规组织传播的方向，可以分为纵向传播与横向传播两种。纵向传播又分为自上而下的传播和自下而上的传播两种。

1，自上而下的传播。

这是在大多数组织中占有主导地位的传播方向。指信息由高一级向低一低流动。所谓组织的规范、传统及领导人的权威等都依此维持和发展，对确保一个组织的统一、完整和正常发挥组织的管理职能具有重要意义。这种传播通常以上级领导部门向下级部门布置工作、传达指令、召开会议等形式进行。但由于依赖于逐层向下传播，互动较少，传播的信息量小、冗余信息多、精确度降低等问题随之产生。

2，自下而上的传播。

即信息由系统低级向高级流动。是上级领导部门获取反馈的重要途径，是由下级部门向上级部门汇报工作、反馈问题、提出建议等，是一个组织内部不可缺少的传播活动之一。它有利于提高组织的工作效率，完善组织管理和加强决策的民主化、科学化。

如果是逐层自下而上传播，则在传播过程中也可能发生信息的散失，从而降低精确度。

任何组织部门，要加强管理、提高工作效率，都离不开这两种信息交流，就是我们平时所说的，既要保证上情下达，又要保证下情上传。只有两个方向的信息传送都畅通无阻了，才会保证组织内部合理有效的信息交流，促进组织管理向健康方向迈进。

3、横向传播，也叫水平传播。

这是在组织内部具有相近或相似权力和地位者之间的一种水平横向的信息交流，是沿着组织内部层级的水平方向进行的。由于参加者在权力、地位等方面大致平等，双方均无思想负担和精神压力，一般来说都可以开诚布公、坦诚相见，但也容易导致意见冲突。横向交流与纵向交流在组织传播的过程中互为补充。"它往往是使各种纵向消息'抵达'终极目标的手段，担负着具体处理——即'消化'来自纵向渠道的信息的任务。更重要的是，它往往具有产生出新的消息的重要功能，要使这些新信息进入组织内部的大循环，还须经过纵向交流的渠道"。①

在组织传播过程中，与纵向传播密切相关的还有两种现象：

（1）连续传播

无论是自上而下，还是自下而上，传播都不是直接一次性完成的，而要逐层向上或向下流动。对于很多组织而言，都存在这种"品"字型的等级结构，都需要按行政或其它序列逐级完成。在这一过程中，特别是在以口头方式进行的传播中，由于各人理解力、记忆力、转述力及个人好恶的不同，信息很容易"走形"，因信息的"丢失"或"添加"而"失真"。中间环节越多，失真情况越严重。解决办法为①尽可能减少信息的中间流通环节；②尽可能采用言简意赅的非口头传播手段。

---

① 周晓明（1990）：《人类交流与传播》，第309页，上海文艺出版社。

(2) 守门现象

处于组织内部信息流通每一中间环节的个人，都既是信息的传送者，又是信息的"把关人"，会有意识地在信息流通过程中对信息进行筛选和加工。这种情况从好的方面来讲可以使信息精粹、冗余信息少等，从坏的方面来讲也可以使一些有效信息因中间环节的种种考虑而被迫丢失，造成信息流通环节的不畅道。

在横向传播中，这两种现象也存在，应当引起足够重视，并积极采取措施防止这两种现象的负面效应产生。

(三) 组织传播的功能。

组织传播的功能大致有两种：手段性的和满足性的。前者以交流为手段，达到某种事务性的目的。后者则以社会——情感需求的满足为主要目的。前者在绝大多数组织中占首要地位，其存在由组织性质和目的所决定。

其功能有：

1. 确保组织内部协调活动的发生，即建立起组织内部成员的联系协作，以实现组织目标。

2. 确保组织与外部环境建立起联系来完成正常的输入输出的交换活动，与外部环境适应。

3. 通过组织内部情感交流，加强相互间的了解，增加内部成员凝聚力和向心力。

4. 通过组织内部多层次、多角度的信息交流满足其成员的社会心理需求，激励其士气高昂。

三、管理行为与组织传播

(一) 管理行为与组织传播的理论。

在早期功能主义学派基础上，管理学派、人际关系学派和系统论学派产生，这三个学派对传播在组织中角色的看法不尽相同。

1，科学管理学派（泰罗制）。

由泰罗创立。该理论把组织的物质资源和人力资源有效地加以结合,以求达到组织的目标。它力求工人能力与工作需要的配合,采用科学选择和激励性的措施,最大限度地求得了个人的发展和酬偿。但它认为员工是"经济人",采用"胡萝卜加大棒"的政策,无视人的主体性,没有看到人际互动对于提高生产效率和增加组织活力的重要性。不利于组织内部沟通和建立良好的人际关系。

2,人际关系学派。

人际关系理论的出现,是对于不重视人的科学管理学派的挑战。

1929年,哈佛大学心理病理学教授E.梅奥通过著名的"霍桑实验"得出结论:工人是"社会人"。C.阿吉里斯正式提出了人际关系理论,强调"组织的人"的人格个性和心理需要。认为个体通过人与人之间的互动,发展自我和人格,个体也经过自我的过滤器观察世界,并对外界刺激作出反应。

该学派中最著名的是D.麦克雷戈的"X—Y"理论。"X理论"认为:(1)一般人生来厌恶工作;(2)组织为达到既定目标,必须对大多数人采取强制的管理方法;(3)一般人喜欢受人指挥,希望避免责任,少有雄心,只求平安。这一理论其实为古典学派的理论。"Y理论"认为:(1)劳动对于人来说恰如娱乐和休息一样自然;(2)在为既定目标奋斗的过程中,人有自我引导和自我控制的能力;(3)对目标执著追求而取得的成功本身是一种报酬;(4)在正常情况下,一般的人不仅接受而且谋求责任;(5)为解决组织的问题而激发想象力、聪明才智和创造性的现象是一种普通的现象;(6)在现代的工业条件下,一般人的智力还未充分地发挥出来。[①]其核心为充分发挥组织传播的功能,在尊重人的自我价值的前提条件下,充分调动人的工作积极性,以实现组织目标。

3,社会系统论。

将组织的整体性和过程性质相结合的理论。R·法瑞斯、P·蒙奇和H·拉塞尔为代表的结构功能主义理论是在社会系统理论上发展起来的,从系统层次、功能层次和结构层次三个层次来分析。

维克在其组织交流理论中将组织内成员的相互联系、互动交流及这种活动环境中不确定性的澄清看作是组织化活动的本质特征。把组织化过程与组织交流过程联结起来,反映了现代组织理论研究的新趋势。该理论也属于社会系统理论。

(二)改进管理、促进组织传播。

成功的管理者善于调动组织内部成员的积极性来实现组织目标。如何有效利用传播手段、促进组织传播的发展,从而实现组织目标是一门艺术。

1. 创立开放的传播环境。

组织是一个开放的系统,组织传播也需要在开放的传播环境下才能健康发展。美国传播学者的研究表明,开放和闭合的传播环境有着很大不同。在实际工作中,高明的管理人员应在信息传递过程中多做客观的分析描述,少做想当然的主观臆断;以解决组织中出现的问题为主,克服控制别人的倾向;信息交流中真诚坦率,平等待人,尊重他人,处理问题灵活多变。只有在开放、宽松的环境下,组织内部的各种信息传输通道才会畅道。

2. 共同参与组织管理。

日本著名企业家索尼公司的盛田昭夫先生曾经说过,"在日本,一般认为,管理者最重要的任务,就在于培养与职工之间的

---

① 戴元光等(1988):《传播学原理与应用》,第52页,兰州大学出版社。

健康关系,在公司中产生出了一种大家族式的整体观念"。现代企业文化理论中,很重要的一点就是树立人本观念,把人放在管理的核心地位。通过组织内部员工的共同管理,提高员工的责任感。通过给予组织成员参加日常事务决策和在重大问题上发言的权利来形成良好的组织内部信息传播环境和良好的人际关系,激发员工的积极性、主动性和创造性,增强组织内部的凝聚力和向心力。

3. 管理者自身素质提高。

管理者是一个组织中的核心人物,管理者自身素质的提高有利于在组织内部建立良好的传播条件,也可以利用现有条件来改善传播效果。组织传播是否有效,对企业、公司、学校等组织的发展不无关系,应当引起足够重视。

第四节 大众传播

一、大众传播的界定及特征

(一)大众传播。

造纸和印刷对于世界传播史的作用是其它任何发明创造所无法与之比拟的。由此开始,信息采用复制技术,扩大了个人分享信息的能力,人类也随之进入了大众传播的新时代。

历史进入20世纪,传播媒介发生了翻天覆地的变化,广播电视的相继出现,使传播业完成了由印刷媒介向电子媒介的飞跃,而人造地球卫星的发射成功,使信息传送无远弗届,而地球也终于成为了一个小小的村落。通过大众媒介这些"了不起的信息增殖者"输送信息,大众传播改变着人类社会的工作、生活、态度、观念、习俗等方方面面。不同的大众传播媒体向人类传送着形形色色的信息,形成了一个覆盖社会的大众传播网络。

"大众传播"概念首次出现于1945年11月在伦敦发表的联合

第四章 传播类型论

国教科文组织(UNESCO)宪章中。西方学者对大众传播的界定进行了许多研究。

杰诺维茨1968年提出:大众传播由一些机构和技术所构成,专业化群体凭借这些机构和技术,通过技术手段(如报刊、广播、电影等等)向为数众多、各不相同而又分布广泛的受众传播符号的内容。①

这是一个常被西方学者引用的定义。它揭示的内容有:

1,大众传播中的"发送者"始终是一个有组织的群体的一部分,也常常是一个除传播以外还有其它多种功能的机构的成员。

2,"接收者"始终是某些人,但经常被发送组织看作是一个具有某种普遍特性的群体或集体。

3,传递渠道不再是由社会关系、表达工具和感觉器官所组成,而是包括大规模的、以先进技术为基础的分发设备和分发系统。这些系统仍然含有社会因素,因为它们依赖于法规、习俗和期望。

4,大众传播中的讯息并不是一个独特和短暂的现象,而是一种可以大量生产并不断复制,常常是十分复杂的符号结构物。

我们比较倾向于采用的是德弗勒所提出的定义:大众传播是一个过程,在这个过程中,职业传播者利用机械媒介广泛、迅速、连续不断地发出讯息,目的是使人数众多、成分复杂的受众分享传播者要表达的含义,并试图以各种方式影响他们。②

德弗勒和丹尼斯认为,大众传播包含了五个明显的阶段:

1,职业传播者为了各种目的编制各种不同内容的东西,最终都是为了把它们呈现给公众中的各部分人。

---

① 丹尼斯·麦奎尔、斯文·温德尔(1987):《大众传播模式论》,第7页,上海译文出版社。
② 梅尔文·德弗勒、埃弗雷特·丹尼斯(1989):《大众传播通论》,第12页,华夏出版社。

2，这些讯息通过机械媒介（如印刷、电影和广播）比较迅速、源源不断地传播出去。

3，信息的接受者是人数众多、成分复杂的受众，他们有选择地接受媒介的讯息。

4，每个接受者都根据各自体会的含义来解释所选择的讯息，而这种含义基本上与传播者所要表达的含义是一致的。

5，这种体会的结果是接受者以某种形式受到影响，即传播产生某种作用。①

这也是拉斯韦尔所提出的大众传播的过程，后人称传播研究的五分法：

即控制分析、内容分析、媒介分析、受众分析和效果分析。

德弗勒还认为，大众传播的"实质在于使受众领会的含义和传播者的本意基本一致，也就是说，传播者与接受者共同感受其含义"。

（二）大众传播的特点。

有资料表明：大众传播事业是当今世界上最为发达并处于继续迅速发展中的事业之一。大众传播已成为人类传播乃至于人类生活中不可或缺的一个部分。大众传播与其它形式的传播相比具有如下特点：

1，大众传播的传播者是职业传播者，是一个传播组织（如报社、电台、电视台、杂志社等）整体或个人。这些人大多受过专门的职业教育，以传播为职业。他们收集、管理和传送各种类型的信息，借助于专门的机械媒体来向社会公众传播新闻、娱乐、教育性的信息，这些被组织化了的个体分担着传播媒体中不同的角色。

在电台、电视台，职业创作人员还依靠美术家、作曲家、演

---

① 同前页注②，第6页。

第四章　传播类型论

员等帮助其制作节目，并由专门的技术人员负责传输工作。

2，讯息的传送是广泛、快速、连续、公开的。几百年前，复制一件文稿还是一件需要很长时间的事。现在，经过激光照排高速印刷，成千上万册书都可以很快地赶印发行，数量少的文本复制采用复印机只要几秒钟就可以完成。电子媒体更使得在讯息发出的同时乃至事件发生的同时，受众就可以接收到大量超越时空的信息。

麦克卢汉提出过"地球村"（Global Village）的概念，他认为电视促成了地球村的诞生，我们认为卫星促进了地球村的形成和完善。

现代大众传播除了广泛迅速之外，还连续不断地向外发出讯息。报纸天天出版、杂志按期出版、广播电视节目按照节目表播出，24小时全天候的广播电视节目和全球节目全都已经出现。这些讯息传送对于社会上的每一个人来讲，都是公开的。

3，大众传播媒介为机械媒介。依靠这些"用来远距离传送或长期保存信息的装置"，传播者大量复制信息，并进行迅速及时、连续不断的传送。这些以精密技术为基础的机械、电子媒介被分为印刷媒介如书、报、杂志；电子媒介如广播、电影、电视。这些媒介各有优势，互为补充。

媒介特点影响到了利用媒介传送信息的方式。印刷媒介不适用于文盲或不懂该种语言者，而电子媒介的内容转瞬即逝，且受地理环境影响，可能覆盖不到（有卫星传送后情况改观）。

4，受众广泛、成分复杂。大众传播受众多：大众传媒覆盖范围广，信息影响面广，受众人数多，其规模数量不可控制；杂：成分复杂，年龄层次不同、文化程度不同、兴趣爱好不同、风俗习惯不同、人种也可能不同；散：受众分散在地理条件差异的不同地区，在社会上扮演着不同角色，难以控制；匿：传者在明处，受者在暗处，不利于传播者及时全面地了解受众的态度和需要。

此外，受众既是一个具有普遍共性的整体，又是一个个具有个性的独立个体，他们会有选择地接受媒体所提供的信息。

5. 反馈间接、零散、迟缓、具有积聚性。大众传播和人际传播一样是双向交流，因此，大众传播也有反馈。但这种反馈是间接的：由于信息通过媒介传送，传者与受者并不直接见面，就不可能及时直接收到反馈信息，要通过专门的组织来完成，如专门的收听收视率调查机构等。迟缓的：由于媒介不能直接进行反馈的收集，就有可能存在某种盲目性。收视收听率低的节目不容易被及时撤换，不畅销的书籍和不卖座的电影也不易被发现，盲目生产就会积压浪费。零散的：媒介只收到几封信、接到几个电话是不具有代表性的，不能说明受众的整体反应，而应采取科学周密的抽样调查方法来进行分析推测。积聚性：以上特点决定了大众传媒只能在相当长的一段时间内尽可能多地收集各种渠道的反应，从这些积聚起来的反馈中找出修正的决策，作为下一阶段方向的依据。当然，媒介也可有非积聚性的反馈，但后者只能影响其短期决策行为。

大众传播媒介为取得更好的传播效果，克服因反馈不易造成麻烦而提出了一个新的概念——前馈①，指在经济和社会发展中使用大众媒介时，可先通过调查研究等方式对传播对象的情况及需要进行了解，以改进传播节目的制作，增强传播效果。

此外，大众传播还具有一些其它特点，此处不一一陈述。

二、大众传播的功能

1938年10月30日晚，即西方的万圣节（鬼节）前夜，美国哥伦比亚广播公司（CBS）播出了广播剧《火星人进攻地球》，节目有声有色，尽管这只是一个由已经发表的科幻小说《星际大

---

① 参见施拉姆（1984）：《传播学概论》，第14章。

战》而改编的剧本，且广播过程中播音员多次申明这只是一个广播剧，不是事实，成千上万的听众还是信以为真。纷纷打电话给广播电台、警察局、政府部门，询问火星人是否正在进攻地球、是否已经在东海岸登陆。有些人甚至匆匆收拾行装，向西海岸驾车逃亡。

这是一种丝毫未经夸张和艺术加工的事实，传播的威力之大，令人们吃惊。

传播给人类社会带来了重大影响。广播、电视等电子媒体使传播活动发生了根本性的变化。纵观古今中外的历史，我们可以看到，从人际传播到大众传播，传播者都在试图把预期的社会功能予以充分发挥，传播在社会生活中举足轻重的地位日益显著。

默顿认为，任何有利于一个社会系统的适应与调整的结果，皆谓之为功能，相反，任何阻碍社会系统的适应与调整的结果，皆谓之为反功能。[1] 还有的学者把社会系统中的参与者所企求或寄望的社会功能，称为显著功能(manifest function)，把社会系统中的参与者不了解或未企求，但仍存在于社会者，称为隐性功能(latent function)。

目前，在传播学界得到基本认同的观点是大众传播具有四项基本功能，即：传播信息、引导舆论、教育大众和提供娱乐，其中传播信息是大众传播最基本、最重要的功能。这四种功能都属于大众传播的显性功能，其隐性功能还有待于进一步的研究。

（一）大众传播的基本功能。

1948年，美国耶鲁大学法学教授哈罗德·拉斯韦尔在《传播在社会中的结构与功能》一文中提出了对传播功能的经典论述。拉斯韦尔认为，大众传播最明显的功能有：1，对环境进行监视；2，使社会各部分为适应环境而建立相互关系；3，使社会遗产代代相

---

[1] 李茂政（1986）：《大众传播新论》，第329页，三民书局。

传。① 后来，随着电视等媒介的产生与迅速发展，查尔斯·莱特于1957年发表的《大众传播：功能的探讨》中补充了一个新的功能——娱乐。

莱特认为，大众传播的功能共有四个：监视环境、舆论引导、传承文化、娱乐。德国学者 S. Weischenberg（1995）将这四项功能归类总结如下表：

表 4.1 对大众传播功能的分析：信息与娱乐

有关观点/体系	社会	个人	亚群体	文化
信 息				
功 能（显 在 与 潜 在）	预警：自然灾害、攻击战争	工具性的：警示	对权利行使来说是工具性的有用的信息	推动文化接触
	工具性的：对经济或其他领域来说不可或缺的新闻	通过舆论领域提高个人威望	可以知道起破坏作用和不合标准的行为	推进文化发展
	强化社会规范（道德化）	地位赋予	影响舆论：通过赋予地位操纵、控制，并使政权合法化	
负功能（显 在 与 潜 在）	通过报道有关"更好"社会的新闻威胁稳定导致混乱			
娱 乐				

---

① 原载《思想传播》，转引自《传播学》（简介），中国社会科学院新闻研究所编（1983），人民日报出版社。

第四章 传播类型论

功能（显在与潜在）	休养大众	休养	通过对另外生活领域施加影响扩大权力	
	分散受众注意力，阻碍了社会活动	增加被动性降低审美力使逃避成为可能		减弱了关系意识，"大众文化"

引自 S. Weischenberg（1995）：Journalisk：Medienkommunikation：Theorie und Praxis，Band 2，Westdeuscher Verlag，P104

1948年，美国哥伦比亚大学应用社会学研究所保罗·拉扎斯费尔德博士和罗伯特·默顿博士在《大众传播、大众鉴赏力和有组织的社会行动》中提出，大众媒介具有可以作为长期研究对象的多种多样的社会功能。需要注意的是：1，授予地位的功能；2，促进社会准则的实行；3，麻醉精神的消极功能。

美国传播学的集大成者威尔伯·施拉姆对前人的研究进行归纳、分析和总结后，认为大众传播具有四项社会功能：1，大众传播是社会雷达，具有寻求、传递和接收信息的功能，用于监视社会环境；2，大众传播具有操纵、决定和管理功能，对受众进行诱导、劝服、解释信息，并引导其作出决定；3，大众传播具有指导功能，也就是教育功能；4，大众传播具有娱乐功能。施拉姆认为这项内容所占比例非常巨大。

与美国学者从社会学角度出发研究大众传播功能不同的是，前苏联的学者也从意识形态方面进行了探索，但近年来也开始有学者将传播新闻信息作为首要功能，而不再把"宣传、鼓动、组织"的作用单独提出来。

结合这些观点，大众传播的基本职能为：

1. 传播信息。

向受众连续不断地传播大量的信息是大众传播的第一功能。

大众传播所处理的信息是人的精神产物的外化形式，包括正在发展变化中的客观事实及文学、艺术、科学、广告等其它信息形态。大众传播媒介收集、储存、整理和传递这些信息、数据、资料、图片等以供个人或组织、社会了解周围环境，认识自己所处的地位，以确定自己的应变策略。

以新闻为例，新闻是新近发生的事实的报道。

首先，新闻是客观公正的真实事件的报道，新闻作品是不可以虚构臆造的。离开了客观真实世界这块土壤，新闻就不存在了。

但是，也并非一切客观真实的事物都可以作为新闻来传递给受众。只有那些处于不断变化中的事实才有可能成为新闻。

不断变化中的事实本身也构不成新闻，只有传播者将其报道出来、公之于众才能成为新闻。所以说，事实是第一性的，新闻是第二性的。新闻要用事实说话，要力求准确和客观公正，但实际生活中没有完全纯客观的报道。

并不是生活中一切真实能动变化中的事物就全都构成了新闻。媒介工作者作为"社会雷达"和"守望者"，"目的在于协助人们认识复杂的环境事物，使其能充分获得调适"。在这一过程中，传播者依据一些原则来为公众选择信息进行报道。也就是说，传播工作者遵循新闻价值的原则选取新闻事实。当然，这也并非唯一标准，政治局势、遵循受众需要等也是不可缺少的考虑因素。

大众传播媒介持续不断、公开、大量地向受众提供着各种事件发展变化的信息，对周围环境进行监视。它能够及时地发出有关自然灾害、军事威胁、政治动乱等方面的警报，以引起人们的注意，加以防范，也可以组织有关的经济信息、市场动态、交通情况、文化活动等涉及周围环境的信息流通，以满足社会各团体组织和个人的日常信息需要。

2. 引导舆论。

舆论是社会公众共同的强烈持久的意见、态度与信念的总汇，

第四章 传播类型论

它的发生发展以共同关注的问题存在为前提。从一定程度上来讲,舆论所代表的就是民意。"人言可畏"是很多人都知道的,但与舆论相比,人言并不可畏。舆论是一种无形的巨大力量,代表着一种强烈的倾向、愿望和要求。舆论可以自发形成,也可经外力引导而起。

新闻媒介就是一种能引导受众的有力工具。1958年,《美国社会学杂志》上的一篇论文指出"在某种意义看来,报纸是形成所在地议题的最主要的提议者,它在决定大多数人将要谈论什么,大多数人对事实会有什么看法以及大多数人处理面对的问题会有什么想法起着重要的作用"[1]。许多中外学者的调查研究表明:大众传媒对某些问题的着重强调和这些议题在受众中被重视的程度成正比。当今世界上,大众传媒的报道成为了全球议论中心的最重要的提议者。大众传媒的报道决定了大多数人要议论的内容,而且决定了大多数受众对这些问题的看法及采取何种相应措施来应对。媒介通过信息的传递、解释等动员受众起来形成全社会范围内基本一致的意见、态度和看法,用以调节社会内部的矛盾冲突,使其逐步趋于缓和乃至消除。

大众传媒的重要社会责任之一是将社会舆论引导到有利于社会和人民的轨道上。要通过事实精心妥善地来处理,做客观公正的报道。

很多时候,舆论的引导还要依赖于讲道理,摆事实、讲道理是不可或缺的一对组合。媒体对社会问题、政策等发表意见,可以唤醒社会大众的注意,来达到劝服的目的。

信息社会里,人们每天都要接触大量的信息,有许多信息还需要得到解释和分析,因此,解释性的报道在新闻传播中同样不

---

[1] 赛弗林、坦卡特(1985):《传播学的起源、研究与应用》,第262页,福建人民出版社。

可缺少,以夹叙夹议的方式表明作者的立场,既不失客观,又态度鲜明,且容易为受众接受。

传播学研究表明:有效的舆论引导应该是一种双向交流的形式。传者需要了解受众的需求和信息接受能力的差异,随时检验传播效果,在及时反馈信息的基础上不断调整才会有效。简单粗暴的灌输只是传者一厢情愿的行为,无法起到良好的效果。

黑格尔曾经说过,在"公共舆论中真理和无穷错误直接混杂在一起",大众传播媒介一定要承担起区分真理与谬误的责任。

3. 教育大众。

随着人们获取和利用信息能力的逐步增长,人们认识世界和改造世界的能力也不断加强,人们通过自己的亲身实践和不断学习新知识、新技术而提高了改造世界的能力。

人们获得新知识、新技能的途径有两种:一种是经过正规的学校教育,通过教师课堂上的传授来获得;另一种则是通过与各种媒介的接触而获得的。大众传播媒介通过传播文化知识、科学技术等内容,不但保存和发展了文化遗产,也促进了社会成员社会化的逐渐完善。

大众传播产生之前,从早期的原始洞穴人到近代社会,历代的教育多以言传身教为主的帮带式传授。进入现代社会以后,大部分工作才被学校和各种媒介所替代。

在教育已由学校教育逐步转化为终身教育的今天,人一生中绝大部分教育已不是在学校,而是在社会上接受了。这个过程之中,大众媒介的作用是潜移默化的。人们每天阅读大量的报纸、刊物、书籍,用大量的时间听广播、看电视,并逐步启用多媒体和互联网络来接受教育。受教育早已突破了面对面的课堂形式。可以肯定地讲,现代人的知识结构中,相当多的部分来自各种传播媒体,而不是来自老师和父母。离开了人们间的信息交流,人不可能获取新的知识,而大众传播媒介是这种信息交流的主要形式。

4. 提供娱乐。

人需要工作、学习，也需要休闲、娱乐。现代社会中人们的生活节奏普遍加快，在紧张繁忙的工作之余，更加渴望在休息的时候能有一些健康、正当的娱乐活动。同时，由于社会生产力水平的提高，人们不需要用那样多的工作时间来完成任务，40小时工作制已被相当多数的国家所采用。

现代社会里，更多的人选择了以大众媒介为娱乐的主要工具和手段。闲暇的时候人们听音乐、看报纸、读杂志、看电影、看电视节目。通过这些文化娱乐活动，一方面放松自己，一方面提高自身的艺术鉴赏力。

尽管拉扎斯费尔德认为大众媒介对大众的鉴赏力有影响，但在普及文化方面，它的作用还是非常巨大的。几乎任何高档的艺术品都可以被介绍到各地。对大多数公众的审美来讲，大众媒介起到了启蒙作用。诚然，大众媒介所形成的大众文化与高雅文化间有差距，但大众文化对众多的普通人而言还是意义巨大的。

电视已经成为目前世界上与人们日常生活关系最为密切的娱乐工具之一，而电视连续剧已经被证明是最受电视观众欢迎的艺术形式。

电影由于受到电视，尤其是有线电视的竞争，产量已大不如前，于是在美国就出现了多为年轻人拍片、多拍暴力片、色情片、多拍灾难片、恐怖片、科幻片等趋向。这在很大程度上给社会带来了不良影响，但并不意味着电影就完全走向了庸俗。

报纸杂志化倾向带来的是报纸有了更多版面用于副刊、专刊，为人们提供娱乐服务内容的机会多了，报纸的可读性相对来说也强了。

除此之外，大众传播还有为受众提供服务、促进社会化、加强社会联系等作用。但基本功能为以上四项。这些功能不是独立存在的,而是彼此联系的一个内在整体。

(二) 大众传播的负面功能。

凡事都是一分为二的,有其积极的一面,也有其消极的一面,上面是大众传播能够按照传播者意图实现的正面功能,也有其不可低估的消极影响——负面功能。

1922年,后来成为美国著名政论家的李普曼写了一本书——《舆论》(public opinion)——后来被誉为是舆论学的开山之作。在前言里,他引用了柏拉图在《理想国》中的一个比喻,罗素概括其为:

那个比喻是说,那些缺乏哲学的人可以比作是关在洞穴里的囚徒,他们只能朝一个方向看,因为他们是被锁着的;他们的背后燃烧着一堆火,他们的面前是一座墙。在他们与墙之间什么东西都没有;他们所看见的只有他们自己和他们背后东西的影子,这些都是由火光投射到墙上来的。他们不可避免地把这些影子看成是实在的,而对于造成这些影子的东西却毫无观念。

李普曼认为,我们身外世界日趋纷繁芜杂,已经超过了人所能直接感受的范围,对大多数人而言,是生活在一个"不可能、不可见、不可思议"的"脑海图景"之中的,而这个并不等同于"身外世界"的虚拟环境是由大众媒介为我们创造出来的,是一种间接的感知。用柏拉图的话来讲就是"他们只看见了自己的影子或别人的影子,那些都是火照到对面墙上的"[1]。

现代社会中,人们已逐渐习惯并依赖于媒介带给我们的世界,媒介在大众和现实世界中间加入了这样一个虚拟的媒介环境,大众越来越依赖于媒介的选择来了解世界。

但由于媒介所带来的事实只能是部分再现生活场景,大量的事实因为媒体原因被弃之不用,且这些选择了的事物是经过了传

---

[1] 李普曼 (1989):《舆论学》,华夏出版社。

者的种种考虑取舍的,并不能完全代表一种社会趋向。如果被一些人利用则会造成极端不良的后果。

"二战"期间,德国纳粹利用媒介展开舆论攻势,在欧洲造成一种心理上的狂热,使法西斯势力迅速抬头、生长和蔓延,对二战的开始起了不可低估的作用。

1948年,拉扎斯费尔德和默顿合著的《大众传播的社会作用》书中的《大众传播、大众鉴赏力和有组织的社会行动》一文中,指出了大众传播的一大消极功能——麻醉精神。他们认为,"为数众多的传播品只能使人们对社会问题的关心停留在表面,而这种表面性常常掩盖了群众的冷漠态度","他们用于参加有组织的行动的时间越来越少""他与现实政治生活只有间接的联系""他逐渐地误以为对当代的种种问题作些了解也就是为这些问题采取某种行动"。

的确,大众传播媒介,使人可以将五官的感受放至一个更为深广的空间,人们不断地通过媒介增进对社会的认识和了解。但同时,人们由于花了很多时间在媒介接触上,而且,满足于这种间接了解的方式,把积极地参与事件变为了消极旁观。另外,由于信息的大量涌入而造成的信息过量,使人们对信息产生一种冷漠的态度。

人们过多依赖于媒介带来的间接交流之后,人际间的社会交往、互动逐渐减少,与社会、群体逐渐疏远陌生。

近年来,美国提出了一个新名词——"电视人",日本进而提出了"容器人",就是指那些将闲暇时间完全用于大众媒介,将自己的思想、感情、喜怒哀乐等完全与媒介内容相连结的人,思想、观念乃至行为方式都源于电视,极端自我内化、心理封闭,无法应付现实世界的种种变化,而完全成为一种收集媒介信息的"容器"。大众传播媒介成为了"最高尚、最有效的一种社会麻醉品","中毒的人甚至都不了解自己的病端"。

拉扎斯费尔德和默顿还认为，绝大多数广播节目、电影、杂志和相当一部分书籍和报纸以消遣为目的，对大众的鉴赏力造成了影响。听众、观众和读者的平均审美水平和鉴赏力下降了。大众传播所提供的文化娱乐节目，水准不及正规教育和高级文化生活，而只是一种作为工业社会产物的大众文化。流行歌曲、公式化的电视剧都是这种文化的产物，与精英文化的作品有很大差距。相对高层次精英文化而言是一种堕落。

我们前面提到，美国电影为迎合观众而拍摄了许多暴力片、色情片、恐怖片、灾难片和科幻片，这些影片诱发了许多偏离或违背社会规范的行为。不仅电影，电视也存在这个问题。美国反电视暴力协会主席、精神病医师托马斯·雷迪斯基在对16个国家进行了750次调查后说，"我认为，日常生活中出现的暴力，大众传播媒介应负25—50%的责任"。69%的英国公民也认为电视上的暴力已构成社会问题，德国母亲们呼吁取消电视暴力镜头。

在我国，还没有形成此类问题，但由于大量海外音像制品由正当或不正当渠道进入我国，一些武打、枪战、色情的镜头也开始污染我们的屏幕和受众，产生了一些消极影响。应当引起各方关注并谋求解决。

此外，随着科学技术的发展，传播媒介也在不断发展。世界范围内卫星直播电视的兴起扩大了各国电视节目的覆盖范围、提高了节目的图像质量，使节目传输更为方便快捷。同时，带来了跨文化传播中的国家主权问题。

由于目前有人力、物力、财力开办这些跨国传播媒介的多是一些发达的资本主义国家，伴随其节目而来的是该国的政策倾向、价值观念、生活方式、风俗习惯等，与这些节目接受国的情形并不相符。这些节目"给第三世界的老百姓，尤其是第三世界的未成年人，带来了许多时髦的风尚，并由于过不上这种生活而使他们产生了失落感"，"结果甚至使人们对诸如国家主权之类的基本概念也产生了怀疑"。① 这种单方面开放的信息流动造成了对第三世界国家的一种政治的、文化的、经济的和社会的冲击，带来了诸多不利影响。

大量的影视文化品的出口，为发达国家带来了巨额经济收入，1992年，美国的文化出口（主要为影视业）已成为仅次于飞机制造业的第二大出口行业，贸易顺差达40亿美元。1993年，全球最卖座的100部影片中，美国有88部，且前26部为清一色的美国片。这种文化的渗透带给其它国家的则是威胁和观念形态等方面的动荡不安，对社会制度构成了潜在威胁。

以上是大众传播负功能的几个主要方面。

需要强调的是，大众传播社会功能的发挥与其所处的社会系统联系密切。不同的政治制度、社会经济制度和文化背景对大众传播的社会功能会产生直接影响。

最后，我们来区分一下大众传播的社会功能与通常所说的大众传播的社会效果问题的区别。

1，传播的功能（function）是从宏观角度来考察；效果（effect）是从微观角度来研究具体信息对受众的心理、态度、行为所产生的影响。

2，传播的功能是以传播媒介及其内容作为研究对象的，即研究的客体是大众传播本身；而传播的效果所研究的客体是传播后引起受众在认识、行动等方面产生的变化。

二者有联系，但研究的角度、对象不同。对大众传播功能的研究和认识有助于我们了解传播所取得的具体效果。

总之，传播这种社会现象是人类基本的社会行为之一。其中，主我（I）与客我（me）之间的信息交流是人类最基本的传播活动。

---

① 《广播电视参考》，1994年第1期。

人际交流实际上就是符号的互动。无论是面对面的,还是借助一定媒介的人际传播,都对我们认识自我与他人、控制环境有着重要作用。具有社会性的人总是隶属于不同的组织,正规和非正规的组织传播的研究对现代企业及其管理有着重要作用。

　　大众传播的发展使人们日益生活在一个由媒介为我们构筑的信息社会里,大众媒介的发展使受众快速、准确地了解不同地区发生的事件成为可能,也日益使地球成了一个村落。大众传播具有传播信息、引导舆论、教育大众和提供娱乐的基本功能,但也具有一些负面功能。国家政治、经济制度、文化背景等都会对大众传播功能的发挥造成影响。

第五章 传播过程论[①]

传播是信息流动的过程。它是一个动态的过程。对这种流动过程的考察，经过了许多尝试。

第一节 传播过程

一、传播过程及其特征

传播现象是非常复杂的现象，传播过程也是非常复杂的过程。人们每天的社会生活，实际上都是产生、发展、接收信息并对各种信息作出反应的活动。这种活动是如何运行的？它与其他因素的关系如何都已成为人们关注的焦点之一。

美国传播学家 D·伯洛（1960 年）首先提出将传播作为一个过程来研究。他的观点促使许多学者进行深入探索。

所谓过程，是指事物运动的程序与状态。过程观认为客观事物都可以表述为一个运动的过程。任何事物都是过程。

我们用过程观来审视传播活动，可以摆脱早期传播学研究中将传播视为静止、封闭、孤立、微观的缺陷。随着人们对传播学研究的深入与拓展，对传播的认识也越来越走向动态、开放、联系和宏观。

[①] 本章所用的模式图除另外注明的外，均取自丹·麦奎尔、斯·温德尔（1987）：《大众传播模式论》，上海译文出版社。

1960年美国传播学家D·伯洛从理论上系统地提出了传播过程观点,他认为:

1)传播是一种动态的过程,无始无终,没有界限;

2)传播过程是一种复杂的结构体,我们研究的基本单元就是结构的各要素及其相互的多元关系;

3)传播过程的本质是运动,即过程中各要素及其关系的相互影响和变化。[1]

总之,传播是由多要素及其相互关系组成的动态的有结构的信息流动过程。

对传播过程的认识,还可以从结构的角度进行。所谓结构,即整体各要素及其关系的组合。结构观起源于哲学上的结构主义和社会学上的结构功能主义。结构观认为客观事物拥有一个相对稳定的基本结构,各要素在这种静态的结构中相互作用,发挥着某种功能。

二、传播模式

传播过程是一个多要素互动的动态过程。因此,对其进行认识与研究就存在着相当的难度。为了方便起见,我们可以用模式来表述传播的结构和运动过程。

什么是模式?所谓模式是指对客观事物的内外部机制的直观而简洁的描述,它是理论的简化形式,可以向人们提供客观事物的整体信息。

美国比较政治学家比尔和哈德格雷夫指出:"模式是再现现实的一种理论性的、简化的形式。其结构与现实的或预料的现实的结构相同。但模式本身并非一种解释,只是在表述理论方面有十

---

[1] 参见沙莲香(1990):《传播学:以人为主体的图象世界之迷》,第28页,中国人民大学出版社。

分重要的、直接的辅助作用,因为它的特点在于能够体现出各种关系。由于从模式到理论这个跳跃通常都非常迅速,所以往往有人把模式看成为理论。模式往往比任何其他现象更易被人看成是一种理论"。①

另一位美国学者多伊奇(1952年)指出:模式是一种结构,由符号与使用规则组成,这种结构应符合于实际存在的某种结构或过程的有关要素。他认为模式在社会科学中运用有以下一些功能:

1,构造功能:可以揭示各系统之间的次序及其相互关系,从而获得对事物的整体认识;

2,解释功能:解释人们尚未明白的问题,获取对未知关系的认识;

3,启发功能:启发人们探知新的未知的事实与方法,引导人们关注某一要素的核心环节;

4,预测功能:可为估算各种不同结局可能发生的概率提供基本依据。研究者因而可以建立其假说,对事物的过程及结果进行预测。

模式可以有多种多样,按所用符号分为三类:文字模式,即用文字进行描述的模式;图表模式,即用图形、表格等符号进行结构的模式;数学模式,即用数学符号、方程式等建筑的模式。按模式作用分为二类:结构性模式,即仅仅描述某事物的结构;功能性模式,即从能量、力量及其方向等角度描述各系统、各要素之间的关系和相互影响。

传播模式基本都是利用文字和图表构筑的功能性模式。

模式主要是思想和研究的辅助工具,它特别适合于传播研究。传播学研究利用模式的引人之处在于能够"画"出一些"线条"来

---

① 转引自 W. 赛弗林,J.W 坦卡特(1985):《传播学的起源、研究与应用》,第14页,福建人民出版社。

表示我们已知确实存在但无法看到的联系,并能用其它手段来显示关系的结构、局部解剖图、强度和方向。

值得注意的是"没有一个模式能概括一切,如果它能做到这一点的话,那它就反而违背模式的宗旨——简单地再现现实了"。

建构的模式是否有价值,有一定的评价和判断的标准:

1,模式的概括性如何?包括了多少内容?是否有效?

2,模式的收获或者启发性如何?是否有助于发现新的关系、事实或方法?

3,据它得出的推断在有关研究领域内是否有意义?对该领域的发展有无关键意义?

4,据此作出的测量准确程度如何?

5,模式有何创见?它还有多少不确定之处?它提供了多少新的见解?

6,模式的简明程度,即表述上是否经济、简略?

7,模式的现实性如何?即我们可以在多大程度上以它来表明某种实际情况。

传播学研究中使用模式方法建构的传播模式,实际上就是科学地、抽象地在理论上把握传播的基本结构与过程,描述其中的要素、环节及相关变量的关系。

几十年来,不少传播学家都曾尝试提出各自的传播模式,提出的模式有几百个之多。英国著名社会学家、传播学家丹尼斯·麦奎尔教授及其助手斯文·温德尔将前人的研究成果构筑成直观的模式。他们将这些模式分成五种类型28个模式:

1,基本模式:拉斯韦尔公式;申农——韦弗模式;奥斯古德—施拉姆模式与丹斯模式;格伯纳的传播总模式等八种模式。

2,个人影响、扩散和大众传播对个体的影响模式:刺激与反应模式及其修正;两级传播模式;创新扩散模式等五种模式。

3,大众传播对文化与社会的影响模式;间接与直接模式;议题设置；大众传播依赖模式、沉默螺旋模式等五种模式。

4，受众中心模式：使用与满足模式；使用与效果模式；信息寻求模式等三种模式。

5，大众媒介的体系、制作、选择与流动模式：比较媒介体系模式；媒介组织模式；守门人模式等七种模式。

实际上，他们的传播模式可以归为两大类，即表征传播过程及结构的模式（如基本模式）和表征传播要素关系的模式（如影响、效果、受众、媒介模式）。

本章要探讨的是普遍意义上的传播活动过程，因而我们的目的是宏观、整体地把握传播过程结构，因此在我们下面的分析中将涉及这部分模式。

对传播过程的认识经历了从单向、孤立、封闭的认识走向双向、多元联系、开放的认识过程。归纳而言，对传播过程的研究经历了线性过程到控制论过程，再到系统过程的进步。因此，我们可以将到目前为止的有关传播过程的研究分成三类：线性传播过程、控制论传播过程、系统传播过程。前两者是对传播过程内部的微观认识，后者是对传播过程外部关系的宏观认识。

第二节 线性传播过程

我们将那些视传播过程为单向流动的观点称为线性传播。这种观点主要集中在早期传播学研究中。

一、线性传播过程模式

早期传播学著作中提出了许多线性传播观点。其中有代表性的有拉斯韦尔模式和申农—韦弗模式。

（一）拉斯韦尔模式。

1948年，哈罗德·拉斯韦尔在其《传播在社会中的结构与功

能》一文中提出,传播过程就是:

谁

说了什么

通过什么渠道

对谁

取得了什么效果

这一文字模式的提出,引起人们的关注,此模式被视为经典模式,人称之为"拉斯韦尔公式。"

将其转化成图表模式,就如下图:

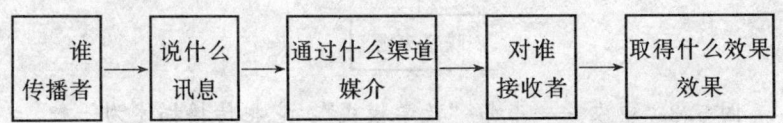

图 5.1 拉斯韦尔公式及其相应的传播过程诸基本要素
(据拉斯韦尔 1948 年文章绘制)

从拉斯韦尔的这一模式中可以看出:传播过程是一个目的性行为过程,具有企图影响受众的目的。因此说他的传播过程是一种说服过程。

拉斯韦尔的模式奠定了传播学研究的范围和基本内容。对过程中的每个环节都可以进行独立的研究。

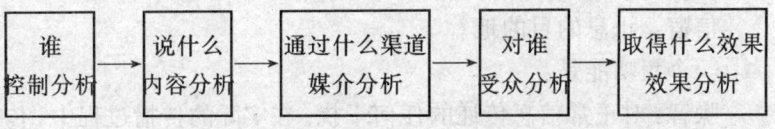

图 5.2 拉斯韦尔公式及其相应的传播研究领域

拉斯韦尔模式功绩卓著,但是问题也非常明显:一方面它过高估计了传播的效果;另一方面它忽视了反馈要素。这是早期研究的共同特征。

(二)申农—韦弗模式。

1949年,信息论的创始人申农及同事沃·韦弗在研究信息流通过程时,提出了通信的数学原理。他们研究的是技术科学中通信的信息传送问题,本来是一个与社会系统无关的纯技术性模式。后来的传播学借用此模式,同样可以说明人类传播过程。

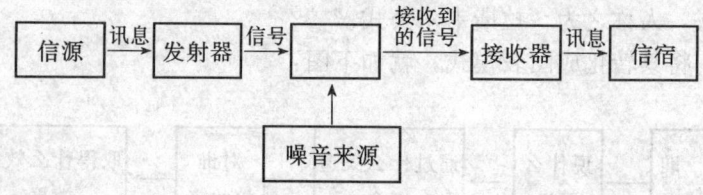

图5.3 申农——韦弗"数学模式":它把传播描述为一种直线、单向的过程(据申农和韦弗1949年著作绘制)。

他们的这种信息论范畴中的信息传播过程包括五个要完成的正功能和一个负功能。

五个正功能是:

信源:发出讯息。

发射器:将讯息转换成信号。

信道:负责传递信号。发出的信号与接收到的信号不同。

接收器:将信号还原成讯息。

信宿:讯息的目的地。

一个负功能是:

噪音:对正常信息传递的任何干扰。在实际的传播过程中,传者和受众之间的传受信息往往有差别,这常常就是由于噪音干扰造成的。噪音可以是系统外的噪音,人为的噪音,也可以是系统内的噪音,自然的噪音等。

传播的顺利进行，有赖于噪音的排除，而能够消除噪音的就是讯息中所包含的冗余信息。它不会影响讯息容量的增减，但却有抗干扰的作用。

不过，值得注意的是在一定的时间、空间条件下，如果冗余信息过多，这样尽管抗干扰能力增加了，却使得讯息的平均信息量减少。因此传播过程要特别关注噪音、冗余信息和平均信息量三者的关系。

申农－韦弗模式使传播学者认识提高一步，使人们能够更精确地研究传播过程中的具体环节。

他们的模式也有自身的缺陷。他们未能在模式中更多地顾及人的因素、社会因素，忽视了讯息的内容、传播的效果等等。可以理解的是他们进行的这项研究本身就是技术科学的问题。

二、线性传播过程模式的缺陷

以拉斯韦尔模式、申农－韦弗模式为代表的一批线性传播过程模式，给传播学的研究启发很大。然而，不可避免地也具有明显的缺陷，主要的不足表现在：

1，将传播过程视为起于一点、止于另一点的直线、单向的过程。没有信息的回路与反馈。

2，将传播过程视为非环境互动的静态过程。即传播过程只是内部发生的活动，不考虑人的主观能动性，同时不与传播所生存的环境进行任何交换，忽视社会的客观制约性。

第三节 控制论传播过程

一、控制论观关照下的传播过程

1948年，诺·维纳发表了《控制论》一书，创立了控制论，用更新的观点研究动物和机器中控制与通讯的科学。

控制论的基本思想便是运用反馈信息来调节和控制系统行为,达到预期的目的。这种方法突破了传统的线性模式研究传播过程的局限,因而将后来带有反馈的双向交流过程的传播过程称为控制论传播过程模式,即带有反馈回路的闭环控制系统。

所谓反馈,原意是指控制系统中将输出回输到原系统中。传播学认为,反馈就是受传者在接受信息后作出的各种反应。

在传播研究中应用反馈概念,有着重要的意义。它使人们认识到传播过程不仅是线性的单向流通,而且是双向流动的信息传播回路。不仅传播者发出信息,而且受传者也发出讯息,即时刻发出对接受到的信息的反应。正如梅尔文·德弗勒在申农—韦弗模式基础上发展而成的带有反馈的模式:

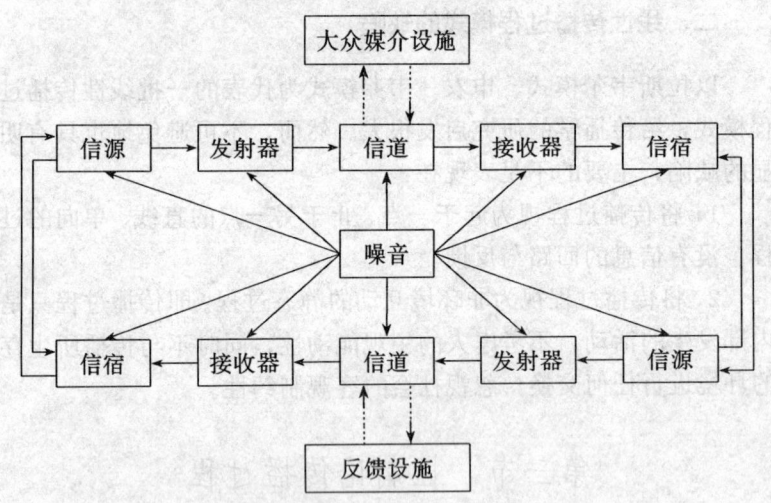

图 5.4 德弗勒对申农—韦弗模式的发展:
它考虑到反馈(据德弗勒 1970 年著作绘制)

在这个修正模式中最重要的贡献便是反馈机制的增加。

实际上，反馈在传播过程中可以发挥巨大的作用，从传播者角度看，反馈可以检验传播效果；传播者可以据此调整和规划目前和未来的传播行为。因此，作为传播者必须增强信息反馈的自觉性。从受众角度看，反馈是受众意见、需要、态度等信息的流通方式；受众可以据此更积极、更主动地介入传播过程中，主动搜集、使用信息。因此，作为受众也必须增强信息反馈的主动性。

尽管反馈对传播过程有如此重要的作用，但是仅仅靠反馈是不够的，特别是对大众传播这样的比较巨大的复杂的系统。由此控制论也提出了前馈概念。

反馈因其迟滞于传播行为之后，因而影响到了传播系统的控制功能。因此，有必要增加前馈这种回路，特别是在大众传播过程中。所谓前馈，根据控制论解释就是尽可能在系统发生偏差之前，根据预测的信息，争取相应的措施。将前馈回路与反馈回路耦合起来，就构成了前馈－反馈控制系统，这种系统能达到较好的控制效果。对大众传播过程也是如此。[1]

威尔伯·施拉姆最早在传播学中使用"前馈"概念，他认为前馈就是在进行大众传播之前，事先对受众进行调查研究，以了解其构成、需要、行为等，以改进传播、增强针对性、提高传播效果。他指出反馈是重要的，而"前馈更要具有独创性。"[2]

二、控制论传播过程模式

（一）奥斯古德－施拉姆模式。

这个传播过程模式是由 C·E·奥斯古德首创，由 W·施拉姆提出的（1954 年）。这是一个高度循环的模式，在这个传播过程

---

[1] 王雨田（1988）：《控制论、信息论、系统科学与哲学》，第 52－53 页，中国人民出版社。
[2] 威尔伯·施拉姆等（1984）：《传播学概论》，第 291 页，新华出版社。

第五章 传播过程论

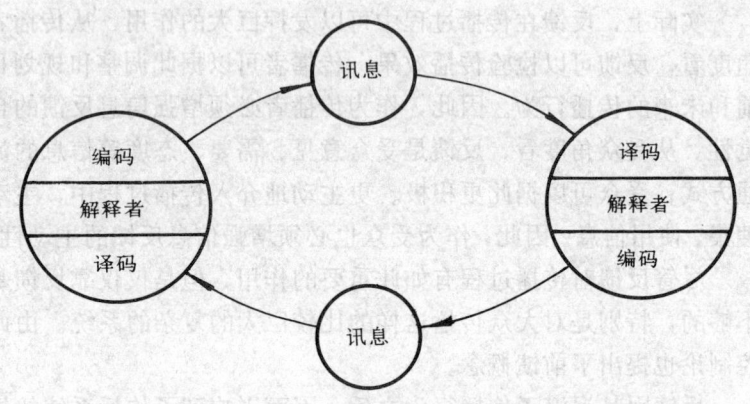

图 5.5 奥斯古德—施拉姆模式：传播双方（例如在对话中）
执行着相同的职能（据施拉姆 1954 年文章绘制）

中，传播者既是制成符号者、解释者，也是还原符号者；受传者也如此。传、受双方互为传播过程的主、客体，行使着相同的功能，即编码、译码和释码。所谓编码就是将意义或信息转化成符号的过程，这是传播过程中极其重要的环节。作为传播者，其编码水平的高低直接制约着传播效果的好与坏。因此，提高编码水平是传播者永恒的话题。编码并非完全个人的活动，一方面它要受编码者个人世界观、价值观、知识范围、经验等制约，另一方面也受编码者所在的社会、文化环境的制约。编码不仅仅是一个技巧问题，还有其更为深层的领域。

所谓译码就是将符号还原为信息或意义的过程，与编码过程相对应。

编码、译码环节是传播过程中重要的元素。对传而求通有重要意义。

奥斯古德—施拉姆模式比线性模式进一步，它特别适用于人际传播。该模式的缺陷在于，它认为传播是完全对应的、平等的，这与实际传播过程中传、受双方往往不对应、不平等相出入。施拉姆于1954年又提出了适用于大众传播的模式,在这一模式明确提出了"反馈"。

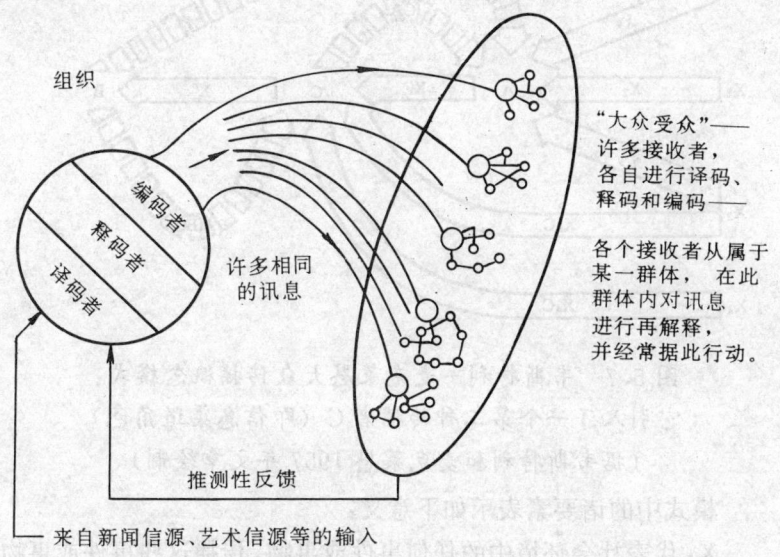

图5.6 施拉姆大众传播模式:显示了大众传播的生产和接收以及对媒介的推测性反馈(据施拉姆1954年文章绘制)

此模式的中心是媒介组织,它也集编码者、译码者和释码者于一身。它们可以从受众处获得推测性反馈。受众往往是由个体组成的,这些个体分属于各个基本群体和次级群体。

施拉姆的大众传播模式,标志着从一般传播过程模式走向大众传播过程模式,标志着将大众传播看成为社会的有机组成部分的趋向。

(二)韦斯特利—麦克莱恩模式。

1957年,美国传播学者韦斯特利和麦克莱恩整理当时已有的研究成果，提出了一个适合于大众传播研究的有系统的模式。

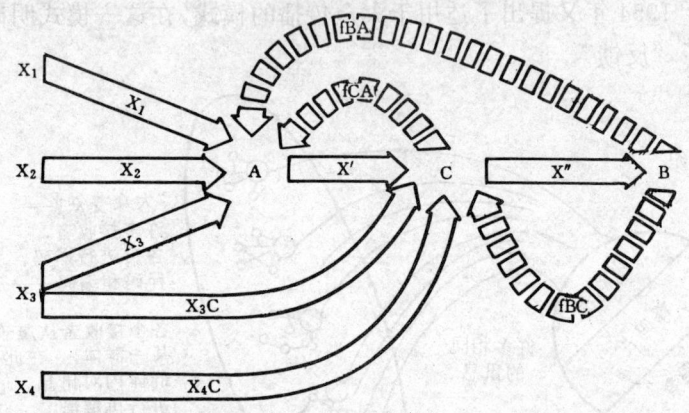

图 5.7 韦斯特利—麦克莱恩大众传播概念模式：
它引入了一个第二种传播者 C（即信息渠道角色）
（据韦斯特利和麦克莱恩 1957 年文章绘制）

模式中的诸要素表示如下意义：

X：代表社会环境中的任何事件或事物，传播这些事件或事物的信息要借助大众媒介。

A：有意图的传播者，如政治家、广告客户、新闻来源等，是"鼓吹者"角色。

C：媒介组织或其中的个人。它们从 A 或 X 处选择信息，传播给 B（受众）。

B：受众或"行为"角色，可以是个人，也可以是群体，还可以是一个社会系统。

X'：传播者为进入信息渠道而作出的选择；X"是指媒介组织向受众传递的加工过的信息。

X_{3C}：指大众传播组织直接从 X 中作出的观察，获取的信息。

fBA：指受众（B）向原始信源（A）的反馈。

fBC：指受众通过直接接触或受众的研究向传播组织的反馈。

fCA：指传播者（C）流向鼓吹者（A）的反馈。

这个模式对认识大众传播过程意义重大，一是它指出大众传播过程是经过选择的，而且这种选择是经过若干阶段进行的，说明了大众传播过程中把关人及其多重把关性。二是它指出了反馈（或缺乏反馈）的重要性。

然而，此模式也有其明显的不足，即：(1)、它认为三个参与者之间是平衡的、互利的，整个系统完全自我调节，事实上，传播过程中三个参与者之间是很少平衡的。(2)、它夸大了大众传播过程的一体化程度，而现实中，每一方都会追求各自的不同的目标。(3)、它过分强调了传播者对社会的独立性。

（三）控制论传播过程模式存在的问题。

控制论模式因引入了"反馈"概念和机制，传播过程成为双向交流的回路，自我调节能力增强。然而控制论模式也有其自身的缺陷。

首先，它认为传播过程是双向回路之后，就成了循环、平衡的自我调节系统。而现实中的传播过程，尤其是大众传播过程较少有平衡、对等。"传播经过一个完全的循环，不折不扣地回到了它原来的出发点。这种循环类比显然是错误的。"[①]

其次，它认为传播过程是一个独立本体运动过程，即传播过程是独立于社会的自我运行的系统过程。没有发现传播过程的社会背景。

[①] 丹尼斯·麦奎尔、斯文·温德尔（1987）：《大众传播模式论》，第24页，上海译文出版社。

第四节 系统传播过程

一、传播过程的宏观系统认知

线性传播过程揭示了传播过程的最表象的、静态的元素,控制论传播过程指出了传播过程的双向流动特征。但是它们都是在传播过程系统内部探索、研究,揭示的都是其中的微观环节及要素。

在系统观形成的背景下,不少传播学家开始在关注传播过程内部微观环节的同时,开始并更多地研究传播过程的宏观环境、系统环境,即抛弃那种"传播过程是在社会真空中发生的,环境的影响不值一顾"的观点,更多地认识到传播过程乃是整个社会运行过程的一个组成部分。

J·赖利和M·W·赖利夫妇于1959年从社会学角度提出,大众传播是各种社会系统中的一个系统。他们最早提出了在社会系统框架之中的传播系统模式。

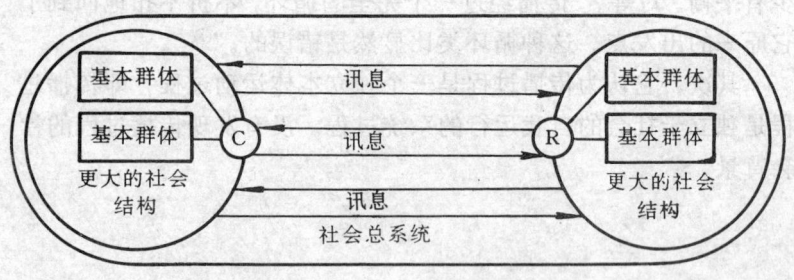

C=传播者　　R=接收者

图 5.8　赖利夫妇模式:在社会系统框架之中的传播系统
（据赖利夫妇1959年著作绘制）

他们将传播过程视为一个系统,并将传播系统放在一个包罗万象的社会系统中去研究。大众传播过程与社会系统之间是互动的关系,两者之间相互影响。他们的这一模式开启了大众传播研究的新面貌。

二、系统传播过程模式

除上述赖利夫妇的传播系统模式之外,还有不少学者提出了自己的系统过程模式。

(一)马莱茨克模式。

这个模式是德国学者马莱茨克于1963年提出的,它是一个大众传播过程模式。他从社会心理学角度研究大众传播,将大众传播过程细分为众多因素构成的复杂的社会过程。

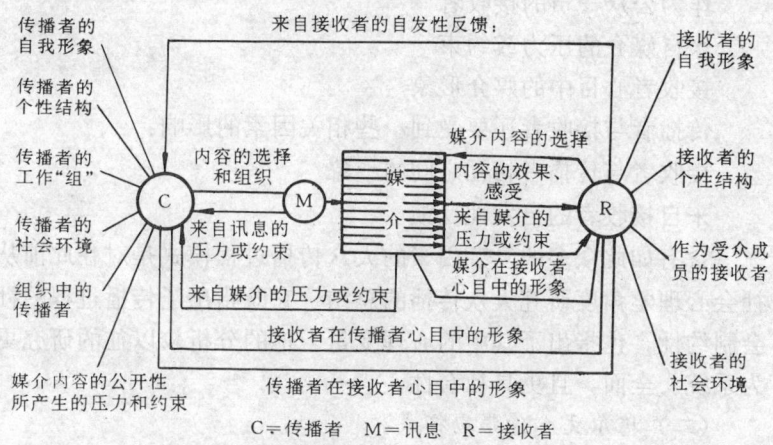

图5.9 完整的马莱茨克模式(据马莱茨克1963年著作绘制)

马莱茨克在他的这个大众传播过程模式中,提出了许多影响因素,这些因素影响到大众传播过程中的传播者和接收者。

影响传播者的因素有:

传播者的自我形象
传播者的个性结构
传播者的工作"组",即"群体"
传播者的社会环境
媒介组织中的传播者
由媒介内容的公开性所产生的压力和约束
来自媒介的压力和约束
来自讯息的压力和约束
影响接收者的因素有:
接收者的自我形象
接收者的个性结构
接收者的社会环境
作为公众一员的接收者
来自媒介的压力或约束
接收者心目中的媒介形象
传播者与接收者还要受到一些相关因素的影响:
接收者与传播者相互之间的形象
来自接收者的自发性反馈

含有如此众多的复杂因素的大众传播过程模式是对在此前从社会心理学角度研究大众传播的总结。它既指出了传播过程的社会制约性,也指出了其中的心理变量。他的分析较以往的研究更为系统、全面,且更具社会性。

(二)梅尔文·德弗勒模式。

美国社会学家、传播学家梅尔文·德弗勒从广大的社会环境出发,研究社会中的传播过程,先后提出过两个系统传播过程模式。

首先是美国大众媒介体系模式:

德福勒于1966年首先提出了美国大众媒介体系模式。下面的图表模式是对1966年模式的系统化和简化。

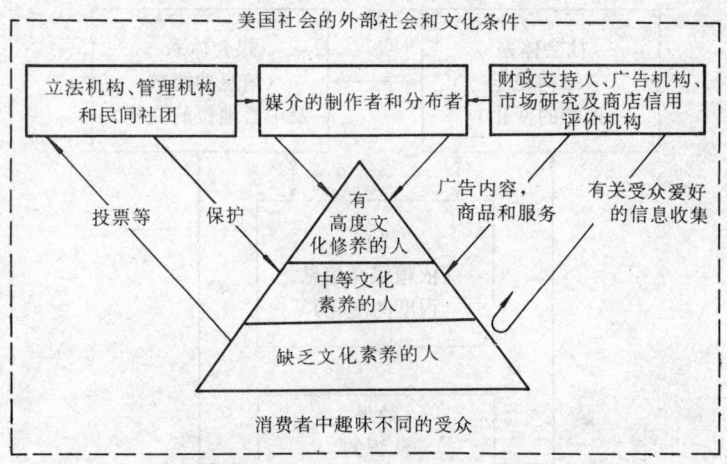

图 5.10 德弗勒的美国大众媒介体系模式
（据德弗勒1970年著作绘制）

这个模式表述了在自由市场经济条件下，社会中政治、经济力量的变化与传播过程的关系。

这个模式由以下要素组成：

受众：分为不同层次；

政府及管理机构、民间社团：政治、法律力量；

金融、商业机构：经济力量；

媒介制作和分发组织：均为私人公司

支撑这个体系运行的是媒介的"低级趣味"内容，它是满足这个体系运转的首要财政条件的主要途径，这是自由市场原则支配下的大众传播体系。

德弗勒及其合作者在分析美国大众传播体系的基础上，进一步提出了更具普遍意义的"大众传播效果依赖模式"（或称"媒介系统依赖模式")。

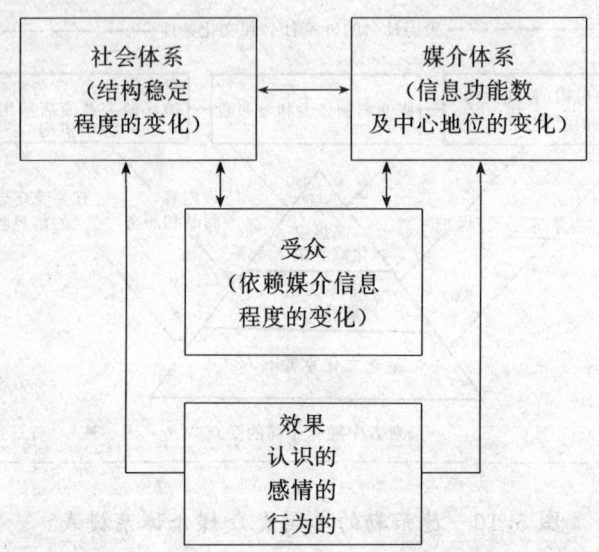

图 5.11 鲍尔—罗克希与德弗勒的依赖模式：
显示了社会、大众媒介、受众、效果之间的互相依赖关系
（据鲍尔—罗克希与德弗勒 1976 年文章绘制）

这个模式是一种社会系统模式，它将大众媒介看成是积极参与处于社会行动的社会、群体和个体层次上的维持、变化与冲突过程的信息系统。

这个模式中受众、媒介体系和社会体系是决定大众媒介效果出现的条件。这三个要素之间是相互联系的。社会体系根据它的稳定程度而变化，这就刺激和影响了信息的发送与接收；受众随社会体系和社会条件的变化而变化；大众媒介因条件、社会不同，在数量、多样性、可靠性及权威性等方面都有所不同，其功能也会有所不同。

德弗勒认为媒介与社会、个人等依赖关系会发生变化，如下

图:

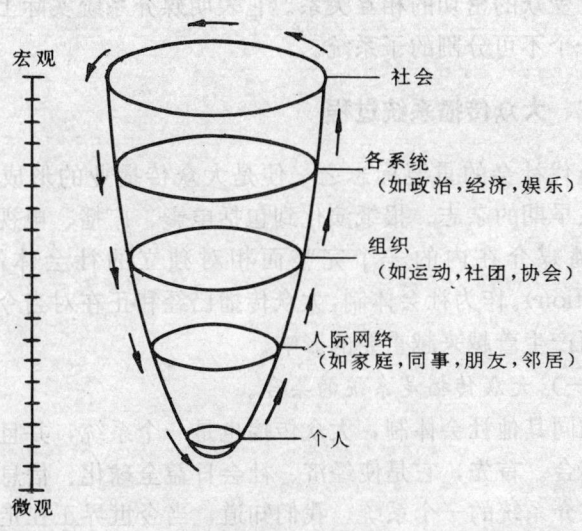

图 5.12　媒介系统依赖关系变化的波纹效果

"媒介依赖关系的变化会产生波纹效果。它始于旋斗上端的媒介在社会中的位置,螺旋下降贯穿于媒介系统与各社会系统、组织和人际网络的依赖关系,直到与个人的依赖关系。媒介系统的社会作用的变化,在社会行动的所有层次都会有所波及。这种的作用的变化具有增大各社会系统、组织、人际网络和个人的媒介依赖性的效果"。[1] 各系统的变化可以自上而下,也可以自下而上。

"媒介系统通过与个人、人际网络、组织和社会系统结成的复杂依赖关系",已成为"当今社会的延续所必不可少的一个信息系统。媒介所起的具体社会作用在各个社会有所不同,因为媒介系统在不同社会具有不同的生存依赖关系"。[2]

---

[1] 梅尔文·德弗勒等(1990):《大众传播学诸论》,第362页,新华出版社。
[2] 梅尔文·德弗勒等(1990):《大众传播学诸论》,第363页,新华出版社。

德弗勒等人提出的"媒介系统依赖模式"突出了传播媒介与社会、受众的密切的相互关系。它表明媒介系统实际上是社会系统的一个不可分割的子系统。

三、大众传播系统过程

当代社会的重要标志之一便是大众传播业的形成和蓬勃发展。从早期的杂志、报纸演化到包括电影、广播、电视,乃至新型传播媒介在内的一个完整而相对独立的社会体制(social institution)。作为社会体制,大众传播已经和正在对当今社会的各个方面产生着越来越重要的影响。

(一) 大众传播是系统的集合。

如同其他社会体制,大众传播也是一个系统,并且是一个系统的集合。首先,它是使经济、社会日益全球化、信息化的电子信息媒介系统的一个系统。我们知道,当今世界正在走向全球化和信息化,这个过程可以理解为在世界各国的经济和社会活动中通过普遍采用信息技术和电子信息装备,更有效地开发和利用信息资源,推动全球经济发展和社会进步,使由于利用了信息资源而创造的劳动价值(信息经济增加值)在国民产生总值中的比重逐步上升直到占主导地位,从而使世界各国经济和社会发展的相关度大幅度提高的过程。信息化将对整个社会系统的经济、政治、文化等各个子系统产生重大而深远的影响。在信息化的过程中,大众传播媒介体系担负了极为重要的作用。特别是在数字技术、卫星技术和网络技术日益进入现实应用的今天,大众传播已经和正在创造新的文化形态——电子信息文化。从某种角度看,信息化就是文化体系重构的一个新过程。在这个新的文化体系中,电子信息文化将成为主体之一,它将促进生产方式、商业活动方式、研究、教育、军事以及文化艺术活动方式的变化,突破时空限制,扩大了人们智力活动的范围,为人类创造能力的无限发挥提供了条件。为了更好地认识和研究大众传播系统,我们有必要将它放到这一大系统中去考察。

其次,大众传播是社会系统的一个子系统。在社会这个大系统中,大众传播是一个重要的子系统。它受到社会其他子系统的影响和制约,如政治、经济、文化等,因此,在不同的国家和社会中,大众传播呈现出极大的差异。同时,它又在相当程度上影响和制约着其他社会系统。在当今的信息时代,它们之间的互动关系成了我们关注的焦点之一。因此,我们认识和研究大众传播不能脱离它所在的这个社会系统。

第三,大众传播自身又是一个由多个系统组成的系统。大众传播是人类有组织、有目的的活动。大众传播系统包括传播者、讯息、传播媒介、受众、传播效果和反馈等基本子系统。大众传播系统各子系统的关系,基本描述如下图:

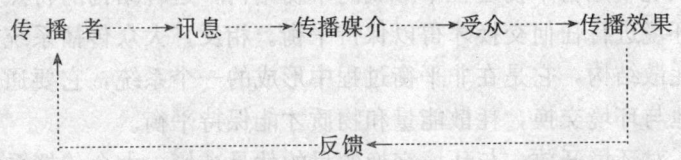

因此,我们可以看出,大众传播是一个既受所属电子信息媒介系统和所在社会系统的影响和制约,又具有自身运动和发展规律的系统。按系统科学的观点,它是他组织和自组织的统一。作为他组织,大众传播系统的确是在社会和物质这些外部环境的特定作用下形成的;然而,作为自组织,大众传播又是在自己产生、发展的动力下进化的,具有自发和自觉的特征,同时具有不以外部特定作用为转移的客观规律。大众传播系统在获得自己空间的、时间的或功能的结构过程中,相当多的时候没有外界特定的干预,而是自身内部的系统动力。

长期以来,我国对大众传播的认识和研究只注重或过分注重大众传播的他组织原理，将其视为可以为外部特定作用任意塑造和干预的社会体制，实践中也是如此。因此，导致大众传播系统活动效率下降，结构及功能失调，整体效益大打折扣。

为了更全面而科学地认识大众传播系统，合理建构新型的大众传播系统结构，充分发挥它在经济、社会信息化和所在社会系统中的功能，非常有必要了解大众传播的自组织原理。

（二）大众传播系统的自组织原理。

大众传播系统同其他社会子系统一样，都是他组织和自组织的统一。既然大众传播也是自组织系统，因此，也就带有自组织系统共有的一些原理和特征。我们试着参照自组织的基本原理来分析大众传播的自组织原理。

1，大众传播系统的开放原理。

作为自组织系统的前提之一就是系统要对环境开放。大众传播系统不是在平衡过程中形成的平衡结构，这种结构的特点是不与环境进行任何交换才得以保持平衡。相反，大众传播系统是一个耗散结构，它是在非平衡过程中形成的一个系统，它要通过不断地与环境交换，耗散能量和物质才能保持平衡。

对环境开放、与环境交换的目的就是减熵。大众传播系统需要在与其环境的不断交换中减少无序性、增加有序性。"文革"期间的大众传播系统是典型的封闭的平衡结构。系统内部的熵值越来越大，变得无序，并且与环境相矛盾。今天的大众传播系统与社会外部环境进行着大量的交流与互动，因此其进步和发展的有序化程度大大提高。

2，大众传播系统的非线性原理。

大众传播系统具有所有社会系统共有的特征——非线性。大众传播系统具有无穷多的可能形态。当前，我国的大众传播系统正处在趋极的运动中，我们都在努力探索变化的定态。那可能是我国大众传播系统的一种成熟而有序的模式；我国大众传播系统正处在加速增长的过程中，尚未到达饱和点，是一种非单调性的运动过程，即非只增不减的过程；它的发展同样呈现出不规则的振荡运动；我国的大众传播系统在与环境的互动中，表现出来多值特征，即外部作用对大众传播系统产生了多重效用的影响，另一方面，大众传播系统对环境也会有多重输出；我国的大众传播系统在其自身的发展过程中，同样会出现非光滑的变化、突变及发展的滞后性。正因为我国大众传播系统是非线性系统，因此我们非常必要从整体的、环境的、动态的角度来认识它。

3，大众传播系统的不稳定性原理。

大众传播系统也有弃旧图新的自然要求。如同我国社会其他各项子系统都处在转型期，我国大众传播系统也处在从无序态走向有序态的过程中。这种系统演化过程中的不稳定性对演化来说，起着决定作用。我们可以看到我国大众传播系统的变化过程，如图：

旧的大众传播结构──→失稳──→新的大众传播结构
　　　　　　　　　　　↑
　　　　　　　　控制参量的变化
　　　　　　　　A，政治的民主化
　　　　　　　　B，经济的市场化
　　　　　　　　C，社会的信息化
　　　　　　　　D，文化的大众化
　　　　　　　　　　⋮

新、旧结构的交替中必然要出现失稳，即旧结构失去稳定，这样才可能出现新结构。在这个不稳定中控制参量的变化，尤为重要，控制参量的变化就是系统与环境关系的变化。新的大众传播模式就产生在旧模式的失稳中。

4，大众传播的非平衡性原理。

非平衡是有序之源，远离平衡是大众传播这种耗散结构之源泉。这里的离开平衡态不是说混乱一团，而是说大众传播系统要从环境中吸收能量、物质和信息。我国大众传播系统必须要与其生存的外部环境进行大量的互动，吸收观念形态的大众传播理念和意识要素，吸收物质的大众传播科学与技术要素，吸收大量的大众传播活动赖以进行的信息要素等。这样就演化成一个开放的、在世界舞台上有力量的结构。因为，耗散能力越强的系统，进化得越快。

5，大众传播的序参数原理。

大众传播是有序的、有规律结构的系统，其中的"序"是指临界涨落导致对称破缺（哈肯语）。我们看到的大众传播系统的无序性，归根到底是因为大众传播系统中存在着使系统表现出不同状态的多种因素，如政治、经济和社会文化因素等。这些因素相互竞争，没有哪一种能取得压倒的优势。但是随着内外客观条件到达某个关节点，则往往只剩下两种（或多种）因素势均力敌，难分上下，这时再加上某些偶然性（临界涨落）的作用，就可以使某种因素趋向主导，压倒所有竞争因素，掌握全局（对称破缺），而使相应的状态脱颖而出。这时，其他因素都会皈依主导因素，不皈依者将自行消亡。当然，也有可能两种或多种状态相互合作，出现一种新的主导的状态。

此处所说的主导因素便是序参数。大众传播运动和发展的序参数必然是来自系统内部的，即大众传播系统的生存和发展基因，它是一种利益形态。大众传播"具有自身的动力学"，"报纸或杂志要有人买，才能生存，或者换句话说，它们是有读者支持的。但是由于这种支持是有限的，必然会出现竞争，从而导致筛选过程……它就必须以最能保证其自身的继续生存的方式筛选材料"。[①]

---

① 赫尔曼·哈肯（1995）：《协同学：大自然构成的奥秘》，第157页，上海译文出版社。

大众传播系统的序参数具有两面性,一方面它支配子系统,具有标志大众传播有序结构出现的重要作用,另一方面又需要子系统来维持。因此,当今,我们着重研究大众传播系统的序参数具有重要的根本意义。

6、大众传播的役使原理。

我国的大众传播是一个复杂的系统,其中的因素相当多。每个因素都有自己的运动方式和作用领域。当少数因素能够支配绝大多数因素的时候,即序参数能够迫使其他因素和状态纳入它的轨道的时候,大众传播系统才能形成支配——役使的关系,从而才可能是有序的。现在的无序是多个因素正在争夺序参数的地位的结果,各个因素在不同的时、空中组成了不同的役使关系,因此,在不同的时、空情境中呈现出此消彼长的无序态。

哈肯在分析到大众传播系统时,指出大众传播系统的有序是在"筛选压力下的序参数"[①] 的役使下,才得以保障的。这对我们认识我国的大众传播系统不无启发。

7、大众传播的循环原理。

大众传播系统有其耦合的方式。早期的大众传播系统多为非循环的系统。即:

传播者——→讯息——→传播媒介——→受众——→传播效果

随着信息传播业的发展,社会系统对大众传播系统提出了更高的要求,大众传播系统内部在与环境的交换中,走向有序,逐步形成了循环系统。即大众传播系统内部各元素相互作用,互相促进,共同发展。

然而,在我国的大众传播系统中,这种循环原理还没有真正地达到循环的循环,即超循环。往往是在外部和内部因素的特定

---

① 同前页注①,第156页。

作用下，在特定的时、空情境中能够有一次或多次循次，还未能够形成开放的、在序参数支配下的、自组织的循环。

8，大众传播的涨落原理。

一个社会的大众传播系统不可能永远处在有序态，特别是象我国的大众传播系统正处在转型期。虽如上面所说，我国的大众传播系统正趋向定态，但是它还会出现偏离定态或平均值的涨落。这种涨落实际上是一种正常状况，是一种积极因素。出现涨落说明现有系统结构中出现了需要耗散掉的因素。涨落触发了大众传播系统旧有结构的失稳，需要通过涨落渐趋新的定态，寻找新的结构。实际上，对大众传播系统来说，涨落是一种选择机制，通过涨落选择更适应系统发展方向的结构。

我们需要看到，大众传播系统中的涨落有巨、大、小之分。小涨落没有以上所说的渐趋新定态的作用，相反倒是有破坏作用。"耗散结构是稳定下来的巨涨落"（普里高津语）。对大众传播系统而言，只有远离平衡态的巨涨落才可能形成新结构。

大众传播作为一种自组织结构，其系统内部有着自发、自觉的元素关系。长期以来，我们只是看到了大众传播系统作为他组织的各种原理，忽略了这一社会体制的自组织原理。这是多年来，我们使用经典科学的还原论的方法论、认识论和本体论对大众传播系统认识和研究的结果。这样我们分解了本来作为系统整体的大众传播，机械地分析重建这个系统，并且在我们的脑子中固守一个认识，即大众传播存在着一个基本层次，在这个层次上存在着不可分的基本单元，这些基本单元受制于简单的基本规律。实际上，社会系统的整体性是无法用还原论加以解释的。

因此，在我们对大众传播系统进行新一轮研究的时候，需要借用系统科学的方法论、认识论来对待我们的研究对象。将还原论和整体论辩证统一起来，认识到大众传播系统的他组织和自组织原理。切实研究开放的、非线性的、超循环的大众传播系统，据此制定系统决策，建构新形态的大众传播系统结构，以适应社会系统的发展要求。

总之，传播过程乃是传播运动的程序与状态。为了将传播过程研究简化、直观化，传播学者们引用了"模式"这种手段进行研究。到目前为止，已提出了几百个传播模式，其中有关传播过程的模式也有几十个之多。所有这些传播过程模式可以分成三类：线性传播过程模式、控制论传播过程模式和系统传播过程。

随着人们研究方法及手段的成熟与进步，人们对传播过程的认识与研究将进一步深化。

第六章 传播者论

传播者是传播活动的起点,也是传播活动的中心之一。大众传播中传播者可以是个人,即编辑、记者、导演、主持人、制作人等等,他们是组织化了的职业传播者,他们制作、传播讯息。传播者也可以是媒介组织,如报社、电台、电视台、出版社、电影公司等。

传播者的基本职能就是制作、传播讯息,他们控制着传播内容,而他们又是社会大系统中的一个子系统,又受到所在社会的基本制度对他们的控制,他们本身也是社会控制手段之一。因此,传播者研究又称控制分析。

第一节 传播者的制度环境

大众传播与社会是不可分割的相关体。社会生产力水平等一系列经济、政治、文化因素直接影响和制约着大众传播。它不可能不带有它所在社会的特征。同时,它又是服务于该社会的一个子系统。

"那种认为媒介是独立的力量,能够随意影响和形造社会的老看法,过于简单并已过时"。[①] "所有的制度都必然在某种程度上对它们的媒介加以管制和控制","基本的原则是任何社会对它的传播机构所施加的控制都是从这个社会中产生出来并代表它的信

---

① 梅尔文·德弗勒等(1990):《大众传播学诸论》,第137页,新华出版社。

仰与价值观的"。①因而世界上不同的国家都有着不同的传播控制方式。

一、社会制度决定传播制度

如上所述，所有社会制度都要对它们的媒介进行控制，往往控制在一定的社会团体手中，通常是统治阶级手中。因此，社会制度决定了传播制度。

人类历史上大众传播出现以来，社会制度经历了三个阶段的发展：集权主义、资本主义和社会主义。与之相对应的，便是三种形态的传播制度，即三种性质的控制理论。

（一）集权主义传播制度。

大众媒介就诞生在集权主义社会中。15世纪的印刷术在欧洲出现，一直到16、17世纪出现早期的报纸，这期间主要是集权主义社会，即封建专制统治时期。

集权主义传播制度植根于当时的专制社会。那时的社会根本制度承认封建君主和特权阶级对报刊等传播媒介拥有绝对的统治权。大众传播媒介，如报刊等是封建统治阶级发号施令、维护专制统治的工具，绝对不允许报刊批判政府。封建统治者有权办理或撤销出版报刊的许可证，有权监督报刊的一切活动，审查报刊的内容。这种理论和观点的形成受古希腊哲学家柏拉图、意大利政治学家马基雅弗利、英国哲学家霍布斯和德国哲学家黑格尔等人的影响。他们主张国家对社会的意见和谈话应当加以严格控制，否认自由与民主。

实际实行集权主义传播制度的国家主要是封建君主专制的国家和军人独裁统治的国家。

一般而言，这种传播制度是在资本主义社会建立前的社会主

---

① 威尔伯·施拉姆（1984）：《传播学概论》，第183页、189页，新华出版社。

体制度，也可以说是早期的传播制度。然而在现代历史上，也有过集权主义传播制度，如第二次世界大战中的纳粹德国、日本和意大利等法西斯国家。

法西斯主义宣传是集权主义传播制度中的重要实践和具体表现。法西斯宣传的突出实践者希特勒及其助手戈培尔成立专门的机构，对媒介实行全面的检查制，查封反对派报刊，统一管理媒介，并在多年实践中形成了多种媒介的法西斯宣传体系。

法西斯主义宣传的理论基础和宣传的根本指导方向是至高无上的领袖和国家意志、民族优越和对外扩张。

法西制主义传播制度限制言论出版和新闻自由，实际上是一个渠道、一种声音，通过思想上、组织上、法律上和特务统治的极端措施，强化其对所有报纸、广播、通讯社、电影、杂志等大众传播媒介的控制。[①]

法西斯主义宣传是在集权主义社会制度和传播制度中进行的，是制度的产物。它给人类带来了灾难。我们关注它、更应该关注和研究其生存于其中的社会根本制度及派生的传播制度。

（二）资本主义传播制度。

资本主义社会制度的建立与完善经历了近 400 年的发展历史。早期的资本主义崇尚自由竞争，因而早期资本主义传播制度就是自由主义传播制度占主导。19 世纪末、20 世纪初资本主义进入垄断竞争时期，资本主义传播制度日益呈现出强调社会责任的趋向，因此，我们称这个阶段为资本主义社会责任传播制度时期。

1，自由主义传播制度。

这一制度的社会基础是资本主义的自由竞争机制。而其理论基础则是 17、18 世纪启蒙运动时期的哲学及一系列社会政治思想。其中核心便是以权利、自由为主体的自由主义思想。代表人

---

① 裘正义（1993 年）：《世界宣传简史》，第 260 页，福建人民出版社。

物有荷兰哲学家、思想家斯宾诺莎,他提出了自然权利说,认为人都有理智,因此,永远应当是他自己思想的主人。英国哲学家洛克,他第一次从理论上论证了资产阶级的"天赋人权"原则,提出"主权在民"学说。英国诗人、政治家约翰·弥尔顿,他于1644年发表《论出版自由》,提出人的理性高于一切。言论自由和出版自由是天赋人权的一部分,人们运用理性可以辨别真理与谬误,分别好坏。而要使人的理性得以运用,就必须让人不受限制地了解不同的观点和思想。因此,他提出应当有"观点的公开市场",即各种各样的观点都可以表述出来,让真理去参加"自由而公开的斗争"。在这一斗争过程中,真理必然会被大多数人所接受,谬误必然为人们所抛弃。真理必然会自我修正,最终战胜各种错误意见而保留下来。弥尔顿认为,在一切自由之中,言论自由、凭良知说话的自由是最重要的自由。他呼吁人们反对封建专制阶级对出版与言论的控制。

弥尔顿的思想是第一次公开表述的有关言论、出版自由的思想,他的思想奠定了资本主义传播制度的基础。其中"观点的公开市场"及真理的"自我修正过程"成了资产阶级自由主义传播制度的基本原则。

英国资产阶级最早提出言论、出版自由的观点,在本国产生了较大的影响。但是这种自由主义思潮对资产阶级革命的真正推动是在法国大革命和美国资产阶级革命时期。

18世纪以法国大革命为代表的资产阶级革命遍及欧洲,此时的资产阶级已经形成了自己的思想体系,它们在哲学上推崇理性主义,政治学上坚持社会契约论及自由、平等、博爱的政治思想等。通过革命,建立资产阶级的政治制度。

1789年,法国资产阶级革命取得胜利,制宪会议通过的《人权宣言》第11条规定:"自由传播思想和意见是人类最宝贵的权利之一,因此,每个公民都有言论、著作和出版自由……。"

第六章 传播者论

1791年，美国国会通过并开始实施宪法第一修正案，规定"国会不得制订任何法律限制……言论或出版自由。"

至此，资产阶级以法律形式将言论自由和新闻出版自由作为公民的基本权利固定并保护起来。

资本主义的自由主义传播制度的基本主张有这样几点：

第一，大众传播不受政府控制，传播者具有传播的自由；

第二，大众传播多样化、多元化，反映和代表多种不同的意见；

第三，大众传播业自由竞争、自由营业。

其实，这几条在资本主义社会中也不可能完全做到。大众传播一向都是受政治、经济、法律、行政等因素的约束。就拿自由主义传播制度的代表国家美国来说，它们政府对传播业的调控也是显而易见的。

美国政府的调控手段有软性调控和硬性调控两种。

软性调控手段指非强制性的调控手段，有：

政府控制着较大的公关网络，从而控制着公务信息；

政府拥有直接调控信息的多种手段，如总统广播电视讲话，记者招待会等；

笼络新闻界头面人物；

必要时敲打新闻界。

硬性控制手段指政府依靠司法、行政等手段进行的强制性控制，有：

战时新闻检查制度；

保密制度；

对刑事诽谤与煽动判乱的惩戒；

对司法系统的保护，即保护司法部门不受大众传播媒介的干扰；

对法庭报道的限制；

对产权的保护,以限制新闻媒介进入新闻现场;

对媒介广告的管理;

对广播电视的特殊管理,即许可证制度。①

在美国,除了政府干预、调控新闻传播以外,"经济控制远比政府的控制对美国大众媒介施加以影响更为有力。"② 美国等资本主义社会的自由主义传播制度,"一方面自由的媒介有赖于经济上的稳固,另一方面它们基本目标是维持这个制度赖以建立的思想的自由市场。"③

2,社会责任传播制度。

19世纪末、20世纪初,资本主义进入垄断时期。资本主义的垄断竞争日益加剧,特别是第二次世界大战后,西方资本主义国家传播业商业化、集中化、单一化也愈加严重,传播界滥用新闻、出版自由,侵犯公民权利的事件不断出现,因而引起社会上许多公正人士及学者对传播业不满。他们抨击传播媒介为了追逐利润不顾自由的界限,抛弃了应对社会负担的基本责任。

另外,从理论上看,近代思想上的革命已经几乎摧毁了支持报刊的自由主义理论的世界观。"很明显的,报刊自由传播概念的哲学基础已经被近代思想革命突然摧毁。牛顿的静态的永恒世界已经被进化论的思想和近代物理的动力概念所破坏。洛克的自由权利学说已经不仅为浪漫派哲学而且也为现代社会科学所推翻。古典的放任主义的经济学已经为近代大多数经济学者所抛弃,并且在实践上也为几乎每一个现代工业国家所不取。此外,弥尔顿的'自我纠正法则'学说近来已经变成可疑的了。"④

---

① 展江(1996):《美国政府对新闻界的调控》,见《新闻与传播研究》,1996年第3期,第83—89页。
② 威尔伯·施拉姆(1984):《传播学概论》,第189页,新华出版社。
③ 同上。
④ 威尔伯·施拉姆等(1980):《报刊的四种理论》,第94—95页,新华出版社。

人们对自由主义传播制度下的传播活动、传播体制的批评日益增加。"批评的主题就是以下这些：

(1) 报刊为它自由的目的使用其巨大的力量。报刊老板特别在政治和经济问题上传播自己的意见，损害反对的意见。

(2) 报刊为大商业效劳，并且有时让广告户控制其编辑方针和编辑内容。

(3) 报刊曾对抗社会变革。

(4) 报刊的时事报道，时常更多地注意肤浅的和刺激性的事件，而不注意当前发生的重要事件。它的文娱材料常常缺乏积极的内容。

(5) 报刊已经危害了社会道德。

(6) 报刊无理地侵犯了个人的私生活。

(7) 报刊被一个社会经济阶级——笼统地说即'商业阶级'——所控制，后来者就无法厕身这一事业。因此，这就危害了自由而公开的思想市场。"[①]

传播业之所以如上述的那样，主要是因为，一方面，垄断化、集中化趋势日益明显的传播业不可能提供"观点的自由市场"；另一方面，传播业的商业化使追求经济利益成了传播活动的第一要旨，再者，真理也不可能靠自身的力量达到自我修正，因为人不是生而具有辨别是非的能力的。只有通过健全的社会制度，良好的教育去引导和鼓励人民向善，才能培养人们辨别是非的能力。

由此，人们认识到：放任、自由的传播业只能危害社会，传播工作者应该担负起教育公众的社会责任。

正是在批评过去，澄清认识的基础上，人们于本世纪40年代提出了社会责任理论，并期望在现实的新闻实践中实行。

社会责任理论并未完全抛弃自由主义传播制度的基本理论，

[①] 威尔伯·施拉姆等（1980）：《报刊的四种理论》，第90—91页，新华出版社。

而是在自由主义理论的基础上综合了多家观点,对原有理论的修正。

社会责任论强调:一定的民主,总是伴随着一定的责任;自由,总是有限制的。没有不负责任的民主,也没有不受限制的自由。新闻事业享有新闻自由的权利,同时也应该担负起对社会应尽的责任,承担起对社会安定、国家安全和公民身心健康的法律、道德责任和社会义务。

西方资本主义国家社会责任理论的最早论述见诸于美国新闻自由委员会于1947年发表的研究报告《自由而负责的新闻事业》。随后各国均有相应的著作问世。1947年的《自由而负责的新闻事业》中提出了对传播业的新的要求,它们是:

(1) 现代传播媒介要供给"真实的、概括的、明智的关于当天事件的论述,它要能说明事件的意义。"

(2) 现代传播媒介应当成为"一个交换评论和批评的论坛"。

(3) 现代传播媒介要描绘出"社会各个成员集团的典型图画。"

(4) 现代传播媒介要负责介绍和阐明社会的目标和美德。

(5) 现代传播媒介要使人们"便于获得当天的消息。"

社会责任理论如此,但是传播实践者却反应消极,传播业人士并未从根本上重视社会责任,这也是资本主义传播制度的根本特点决定的。

为了保障和监督传播业社会责任的履行,不同的资本主义国家采取了许多不同的手段和形式,包括物质的、法律的、纪律的以及传播业自律措施等。具体而言,包括:

第一,国家法律及政府有关立法及规章、纪律中与传播业有关的条文。传播业必须在国家法律及有关的各项规定和纪律范围内活动。另外,政府还通过一定的检查方式来干预,只要这种检查符合法律及其程序,反映公众意志,这种检查不能封锁正常消息,剥夺新闻机构合法的报道权。这些都是来自传播界外部的一种压力。

第二,传播业自律的开展与加强。传播业为对付外界日益增大的呼声和批评,也相应作出了改进传播工作、提高传播质量、自我约束、自我完善的努力。为此,一方面组织专业团体和机构,并制定各种自愿遵守的职业行为规范;另一方面,加强教育、提高传播者的责任意识和能力。

从一定意义上讲,自由主义传播制度是历史的进步,而后起的社会责任传播制度也是历史的进步。但是社会责任理论及期望建筑于其上的传播体制还是未能完全被实践接受。因为,在垄断竞争、利润至上的资本主义私有制条件下,传播业无法摆脱追逐利润和社会责任之间的矛盾。

(三) 社会主义传播制度。

18世纪中期至19世纪中期,欧美主要资本主义国家先后完成了工业革命。工业革命不仅创造了巨大的社会财富,也使得无产阶级队伍空前壮大。19世纪,随着无产阶级反抗资产阶级剥削和压迫斗争的开展与深入,出现了无产阶级报刊。但它们还未能形成真正的无产阶级新闻事业。

19世纪40年代后期,马克思、恩格斯创立了辩证唯物主义和历史唯物主义,奠定了无产阶级的科学世界观的基础。无产阶级在马克思主义理论的指导下,明确了自己的历史使命,提出了独立的政治纲领,把握人类社会发展的历史客观规律,逐渐形成了一个独立的、自觉的阶级政党。

1848年6月1日,马克思、恩格斯主办的《新莱茵报》在欧洲革命高潮中诞生了。这是第一份无产阶级政党的机关报。之后,列宁于1900年创办了《火星报》,这一系列无产阶级报刊构成了世界无产阶级革命报刊的一部分。

中国共产党创办的报刊、电台等也在我们的新民主主义革命时期发挥了巨大的作用。

社会主义传播业是在无产阶级取得胜利,社会主义取代资本主义之后,在无产阶级报刊的基础上走上历史舞台的。1917年,世界第一个社会主义国家——苏联建立,开创了社会主义传播业的先河。第二次世界大战结束后,一大批社会主义国家纷纷建立,使社会主义传播业在世界范围内兴起。进入本世纪90年代,社会主义阵营发生巨大变化,社会主义传播业也进行了调整与改革,但仍然是世界传播体系中不可或缺的重要部分。

社会主义传播制度建立在社会主义传播理论之上,直接与社会主义根本的社会制度有关。

社会主义传播理论的基本观点有:

(1) 新闻及传播起源于人类社会性的生产劳动实践。

(2) 新闻的本源是事实。

(3) 传播业的产生与发展有赖于社会进步、生产水平的提高及文化、技术的发展。

(4) 传播业属于社会的上层建筑意识形态范畴,是物质生活关系的反映。它具有更强烈的政治性,直接宣传、传播一定阶级的政治路线、方针政策,鲜明地表现一定阶级的政治倾向和世界观,通过对事实的传播与评论,引导社会舆论,影响人们的思想与行动。

(5) 社会主义传播业包括属于国家的报刊、广播电台、电视台、通讯社以及属于政党机关的报纸、刊物、人民团体的报刊和企业的报刊。社会主义传播业的基本特征是由社会主义的经济基础和政治制度决定的。

社会主义制度下,传播业及生产资料归人民所有。社会主义传播业是无产阶级政党的喉舌、政府的喉舌,也是人民的喉舌。

社会主义传播制度中舆论一律与不一律、民主与集中、自由与纪律是辩证统一的

社会主义传播业内部的管理机制是党领导下的编辑委员会负

责制。编辑委员会通常由社长（台长）、副社长（副台长）、总编辑、副总编辑等人组成，是掌握编务、行政的集体领导机构。社会主义传播业坚持党的领导，坚持为社会主义服务，为人民服务的方针，在政治上与党中央保持一致。

社会主义传播制度的基本原则包括：党领导的原则、正面宣传为主的原则、正确舆论导向与监督的原则、真实性原则、党性原则等。

社会主义传播业也有其发展的不同过程和阶段。我国的社会主义传播业就经历了从计划经济体制向市场经济体制的转变。社会主义市场经济建设是一项全新的事业，作为社会主义事业重要组成部分的传播业，如何适应、推动社会主义市场经济体制的建立与建设，这将成为我国社会主义传播制度面临的课题。

二、传播制度对社会制度的能动作用

传播制度是建筑在社会根本制度之上的。它的性质、形态、功能等均取决于社会根本制度。但是传播制度作为社会制度体系的一个子系统，必然要与社会制度及其他子系统发生互动关系。

美国传播学家梅尔文·德弗勒认为："今天的大众传播是我们的体制结构的一个中心部分。也就是说，虽然媒介自成一个行业，但它们已经深深渗透到我们社会的五个基本社会体制之中。例如，由于它强调工商业服务和产品，它们是经济体制的中心部分之一。由于它们增加了在选举过程中的作用，用于报道各种听证会和注重政府新闻，它们成为我们政治体制中的一个重大特征。由于它们强调供家庭消费的娱乐和通俗文化，它们不可辨驳地成为我们家庭体制的一个重要组成部分。对许多人来说，电子媒介布道已经成为宗教体制的一个重要部分。在有限的程度上，它们也成为我们教育体制的一部分。简而言之，媒介已渗透到我们社会的体制核心。"① 他讲的媒介传播制度在美国的情况，有其地域性。但是不可否认的是传播制度对社会制度也能发挥相当程度上的能动作用。

具体而言，这种能动作用表现在许多方面。

（一）传播制度要维护本社会的社会制度，为巩固和发展该社会制度服务。

传播媒介及其制度受到所处社会的制度的制约，因此，不论其方式、具体目的、效果等如何，传播制度首先是要效力于社会及其根本制度的。

就拿自由主义盛行的美国传播制度为例。美国传播制度与服务的社会制度是方向一致的。它就是要维护美国资本主义自由竞争的经济体制和资产阶级民主政治制度，这可以从美国传播业所传播的讯息中包含的价值观中看出。"美国社会学家分析了大量的美国传播业报道的新闻，从中归纳出了包含于其中的'永久性'价值观：

1，美国至上。即认为美国作为一个国家优于世界上任何国家。

2，民主制度优越。即认为美国的资产阶级民主制度具有活力，能自我纠正缺点错误，比专制独裁制度优越。

3，崇尚自由竞争的资本主义经济制度，赞誉冒险、创新的企业精神。

4，鼓吹个人主义，尊重人的价值，维护人的天赋权利。声言个人主义是社会经济发展的动力，鼓励个人奋斗，吹捧在竞争中获得胜利成功的个人。

5，维护社会秩序。即资本主义自由竞争和民主政治的秩序，对破坏社会秩序造成的后果着力渲染。

6，维护国家领导。即表明对作为制度象征的国家最高领导人

---

① 梅尔文·德弗勒等（1990）：《大众传播学诸论》，第140页，新华出版社。

的支持。"①

美国传播业者正是根据上述价值观念来衡量新闻事件,选取和制作新闻,即把关的。事实上,它的传播业及其制度是资本主义价值观念的卫道士。

(二)传播制度的基本状况与形态也影响着社会中其他派生制度的发展,因此,只有传播制度与其他社会派生制度协调互动,才可以促进整个社会的良性运行。

如梅尔文·德弗勒所述,在资本主义社会中,传播制度已成了该社会体制结构的一个中心部分,它深深地渗透到五个基本社会体制之中,即经济体制、政治体制、家庭体制、宗教体制和教育体制之中。

而在社会主义社会中,传播制度同样地面临如何与社会的经济制度、政治制度、教育文化制度等相协调的问题。建立合理、有效的传播制度将大大促进社会主义物质文明和精神文明的建设。

(三)传播制度的不适应,乃至失控将可能影响到社会其他制度乃至根本制度的稳定。

正如我们在第四章中所说的。大众传播的功能既有正功能和显在功能,也有其负功能和潜在功能。美国社会学家查尔斯·莱特提出传播对社会的负功能(显在与潜在)有:通过报道有关"更好"社会的新闻威胁本社会的稳定,导致混乱。

传播及其制度与社会其他机制的不适应、不协调和失控给社会带来的这种危害已可以从历史上的重要事件中看出。

正因为如此,所以世界各个国家,不论其性质如何都非常关注传播制度的合理化、完善化和可控化。

对于社会来说,传播制度并非是可有可无的,特别是在社会

---

① 中国社会科学院新闻研究所编(1988):《七国新闻传播事业》,第100—101页,重庆出版社。

日益信息化的今天。对传播制度的分析与研究也已经成为传播学领域中的重要部分。

第二节　传播者与把关

我们已从宏观的角度认识了传播者的制度环境。制度的作用是巨大的。但是真正的传播执行者还是传播者本身,即传播组织和组织化了的传播者个人。它控制着大众传播讯息的进出与流通。

因此,研究传播者还要关注微观的传播者自身。

一、把关人与把关

传播者在传播过程中负责搜集、整理、选择、处理、加工与传播信息。他们被称为"把关人",他们的这种行为被称为"把关"。

"把关"与"把关人"是传播学的重要范畴。传播学的奠基人之一库尔特·卢因最早提出"把关人"概念。他于1947年发表的《群体生活渠道》一文中首先提出了"把关人"概念。把关人(Gatekeeper)又译作"守门人"。卢因认为:信息的传播网络中布满了把关人,这些把关人负责把关,过滤信息的进出流通。

实际上,所谓把关人就是对信息进行过滤与加工的人。而这种对信息进行的过滤、加工过程就是把关。

威尔伯·施拉姆给我们提供了一个非常典型的把关的例子:从一家通讯社的国内部发出的新闻稿,在通过主管全国广播的部主任、编制州专线新闻的专线主任、设计版样的新闻编辑和决定读哪条新闻的读者之后,大约98%的内容被扔掉了。[①]

[①] 威尔伯·施拉姆(1990):《大众传播媒介与社会发展》,第55—86页,华夏出版社。

约 10 万到 12.5 万字的新闻稿从各种来源和每一个新闻圈流入美联社。不知道稿子的确切条数。

从这些稿子中，美联社的编辑选择并签发了 283 条，约 5.7 万字。这个数量的消息从美联社的几条专线上传送到美国的每个新闻圈。

从这大量的消息中，威斯康辛的美联社分社选出了 77 条，约 13352 字，转发到非大都市的威斯康辛的日报，它们约占从电传干线所获得的消息条目的 27%，字数的 24%。分社又在此之上增加了 45 条报道和 6000 字的威斯康辛新闻，因此对于州的专线来说，它发出了 122 条消息，总字数为 19423 字。

4 家典型的威斯康辛日报从州专线中选出并使用了 74 条消息，12848 字。约占可从州专线得到的新闻条目的 61%，字数的 66%。

"报纸读者连续调查"和其他读者调查表明，一名读者平均阅读报纸上所刊出报道 1/4 或 1/5。对于从州专线翻印的条目他大约看 15 条，约 2800 字。在电传干线发出的 283 条消息中，他可能只读 9 条。

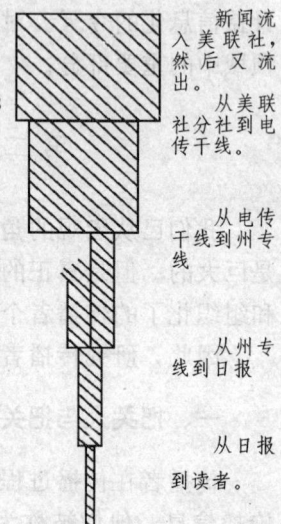

新闻流入美联社，然后又流出。

从美联社分社到电传干线。

从电传干线到州专线

从州专线到日报

从日报到读者。

图 6.1 美联社的新闻从总社国内部向四家威斯康辛非都市日报的流动

材料来源：S·C·卡特利普：《美联社新闻的内容和流动》，《新闻季刊》1951 年第 31 期第 434—446 页

把关是传播过程中必然发生的行为。之所以要对信息进行把关，主要是因为：

第一，信息的差异性：客观世界的信息无穷无尽。它们之间在属性、作用等方面差别很大。必然要对这种繁多杂乱的信息进行筛选和过滤。

第二，传播者传播目的差异性：传播者的行为都是在一定目的支配下进行的。传播目的不同，就必然选择满足其目的的信息。

第三，受众的差异性：受众之间差异巨大，其需要、心理相去甚远，因而选择不同的信息便可满足不同受众的不同需要。

作为传播者，不论是传播组织还是组织化了的传播者个体，他们的把关过程是基本一样的,尽管他们的目的、效果等可能大相径庭。

传播者的把关过程基本如下:

1,搜集信息:即到社会乃至自然界中去寻求适合传播、有传播价值的信息;

2,过滤信息:根据传播目的及信息和受众情况,筛选、过滤已收集到的信息;

3,制作信息:将研究确定要传播的信息符号化(编码),加工成讯息;

4,传播讯息:将制作好的传播品(如节目、报纸、影片)通过媒介网络发布出去,到达受众手中。

我们认识和研究传播者的把关过程,具有重要的价值。"通过揭示把关的过程,它使传播对象更好地懂得应该如何评价已经过关的内容;此外,它促使把关人对自己借以决定取舍的理由作出评价"[1]

二、影响传播者把关的因素

传播者进行把关都有一定的标准。这种标准因传播者所处的社会、媒介组织以及个人等因素的不同的而有所差异。

把关行为似乎是个人行为,但是实际上其中隐含着一系列影响把关的因素。

(一)政治、法律因素。

传播者把关行为必然受所处社会的政治体制的制约。如前面提到的美国传播者与政府之间的关系以及美国传播者所坚持的"永久性"的资产阶级价值观念体系等,从中便可看出传播者行为的政治驱动性。

---

[1] 威尔伯·施拉姆(1984):《传播学概论》,第162页,新华出版社。

我国传播者的行为（把关）也是要在符合我国政治要求的情况下进行。

法律是现代社会影响与制约把关人行为的一种有效的规范体系。其中有专门涉及与约束传播者行为的法律，如广告法、新闻法、广播电视法等，也有其他法律中与传播者把关行为相关的条件和部分。

在任何性质和形态的社会中，这一影响因素都是把关人把关时必然考虑的基本因素。

（二）经济因素。

这是指把关人把关时所必须顾及的由信息而带来的经济压力。把关人的行为在相当程度上最终将影响到他及其所在的媒介组织的经济目标的实现。

施拉姆曾经说过：经济控制远比政府的控制对美国大众媒介施加的影响更为有力。这是因为，在自由市场竞争的社会中，"传播对象的多寡是衡量公众服务成效的标志。这种观点看来鼓励这样一种体系，在这样体系下，所有的节目都力求获得尽可能多的观众，而不是为了满足各种不同的需要和口味，而且所有的报纸都力求通过特写和娱乐性材料而不是严肃的公共事务的报道来尽可能扩大发行量。……这样做是为了登广告的商人而不是为了公众的缘故。"[①]

这一因素的影响力在我国传播者的把关过程中也日见增强，因而，传播者把关时如何处理好社会效益与经济效益的关系，将成为我国把关人首先需要解决的问题。

（三）社会、文化因素。

这包括两层含义，即社会价值标准体系和文化开放程度。

把关人在进行把关的时候，是否以社会所认可和推崇的社会

---

① 威尔伯·施拉姆（1984）：《传播学概论》，第188页，新华出版社。

价值标准体系为标准,对传播效果,乃至社会发展都影响重大。把关人在过滤、加工新现象、新事物的新信息时,与社会文化的开放程度直接相关。

美国传播学家J·鲁尔在《中国打开了电视》一书中曾指出了我国电视节目中一些价值混乱和矛盾的现象,如教育性节目强调对社会的贡献价值,而娱乐性节目中则充满了个人主义和利己主义的时尚;前者强调勤俭节约是中华民族的美德,而电视剧和广告则以豪华的酒宴或商品刺激人们的超前消费倾向;前者教育人们要做遵纪守法的公民,而在一些描写商战的电视剧中,犯罪分子或不法之徒却奇妙地成为成功人物。鲁尔认为:"电视这种媒介,本应反映和宣传某种一贯的社会哲学并示意人们去服从于它,但在中国的电视界,这种哲学目前似乎尚不存在。"[①]

(四)信息自身的因素。

即信息自身是否具有较强的传播价值。

(五)组织的自身的因素。

传播组织目标、对象、功能、重点等都有所不同,因此,把关中必然以本传播组织的各种要求、规范、传统、标准等进行把关。

(六)受众因素。

传播的目的,也可以说把关的目的在于争取更多的受众和有效的受众。

为了实现这一目的,传播者的把关行为便不得不以事前调查,即前馈为前提条件。把关人必然了解受众的需要、构成、心理、行为等信息。

(七)技术因素。

技术条件、技巧水平与要求等也直接影响着传播者的把关,特

[①] J·鲁尔(1992):《中国打开了电视》(日文版),第330—331页,岩波书店。

别是把关过程中的制作信息、传播讯息环节。

除了上述的外在的影响因素外,传播者的个人特质也是影响把关的重要因素。

(八)传播者个人因素。

传播者个人因素中有三项因素对把关的影响较大:

首先是个人的世界观、价值观;

其次是个人的个性特征,包括其个性、创造力、经验、能力等等;

第三是个人的传播方式,包括个人编码方式与水平、个人的传播能力等等。

认识影响传播者把关的因素,可以使传播者的把关更加有效,更符合社会的需要。

总之,传播者是传播活动的起点。他的活动必然受所在的制度环境的制约与影响。到目前为止,有集权主义传播制度、资本主义传播制度和社会主义传播制度三种。社会制度决定传播制度,而传播制度也能对社会制度产生巨大的能动作用。

传播者(包括传播组织和组织化了的个人)的行为核心就是把关,即搜集、过滤、制作、传播信息。他们被称为把关人。

把关人的把关并非个体行为,它要受政治、法律、经济、社会、文化、信息、组织、受众、技术以及个人因素的影响。

第七章 传播内容论

传播内容从来都是传播的中心环节。因此研究传播媒介表达的内容是非常重要的。从古至今，人们一直强调内容对个人乃至社会的影响。古希腊亚里士多德提出交流便是说话的人、所说的话和听话的人。这三个要素是交流的主要元素。当代社会，人们更有意识地重视传播内容的作用，"有效地生活就是拥有足够的信息来生活"（维纳语）。

要想实现有效的信息传播，就得掌握传播内容的生产、流动与分析、研究。这对传播者把握传播内容及其社会意义有重要的价值。

第一节 传播内容及其形态

一、传播内容

我们研究传播，特别是大众传播的内容。这种内容不是泛泛而指的信息，而是指所有通过大众传播媒介传播给受众的信息。

信息、人类社会能够接受和使用的信息与大众传播的信息，三者关系如图：

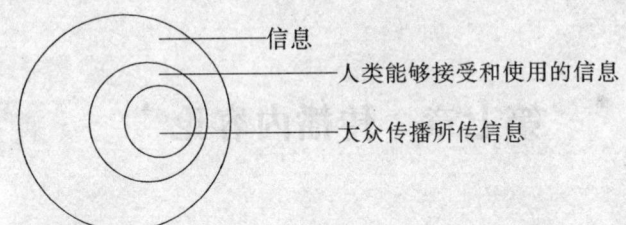

大众传播传播的内容范围很广。凡是大众传播者收到的、适合于向受众传播的信息均可以成为大众传播的内容。

大众传播的信息来源也很广，可以来自各种信息源。

大众传播所传信息因不同的社会制度、不同的传播媒介、不同的时间、空间等有所差异，但是大众传播的内容仍有一定的共通性：

第一，综合性：就大众传播媒介总体而言，它们向社会传播的内容是综合的，各种形式及各种内容都有。大众传播媒介的专业化之后，内容上的这种特征有所变化，就具体的媒介个体而言，它的内容日益专业化，而就整个媒介的内容体系而言，它们综合性依旧，甚至有强化的趋势，因为越是专业化分工，就越需要各专业媒介的社会整合。

第二，公开性：大众传播的内容是面向整个社会的，因而它必然是公开的，不具有隐蔽性。不过，传播目的不同，有时可以通过特殊的传播方式与手段，对公开性进行调整，或强化或淡化。

第三，开放性：大众传播的内容是连续不断地进入与输出的，因而它是变化的、开放的系统。需要随着社会的发展变化而适时变化调整。

第四，大众性：大众传播媒介面对的是大众，它传播的内容必然是以大众作为自己的诉求对象。因而传播内容在诉求点、诉求方式、诉求时间与空间等方面要适应大众的接收。当然，进入90年代以来，大众传播的分众化趋势日见明显，其实这是就单个媒介的内容与对象而言,专业化必然导致分众化。但是即便是分众,分众群体也具有大众的特征。

大众传播内容除以上的特征以外,还有其他的一些特征,如政治性等。

二、传播内容的形态

大众传播所传递的内容基本上是由两部分组成的:"说什么"和"怎么说",前者是内容系统中所包含的特定意义;后者是内容系统中包含的传播方式。二者合一才构成了大众传播的内容。

(一)"说什么",即特定内容,这是传播内容的核心。

在相当大量的情况下,传播内容的差异就体现在这个层面,因为传播内容的传播方式可以互通,相互借用,但是内容却相去甚远。

大众传播的内容丰富、多样。它们到底"说什么"不完全由它们而决定,而是受制于它们所在的社会文化、政治、经济等环境。大众传播的内容也因此带上了浓厚的环境与背景色彩,往往在表面的"说什么"中又有深层的"说什么",这就需要我们对传播的特定内容进行分析,不论是定量分析,还是定性分析。

梅尔文·德弗勒在分析美国大众传播系统时,特别强调地指出了,支持这个系统的核心便是美国大众传播的内容,他一言以蔽之,称为"低级趣味内容",这便是美国大众传播内容的"说什么"。

"任一媒介的内容可以大致分为以下三个范畴:

低级趣味内容:即那些不断触怒批评家,广泛传布并拥有广大受众的内容,例如强调暴力的犯罪电视剧,有线电视,录相带和电影中的公开色情,日间连续剧,供认隐私的杂志,犯罪漫图;挑逗性音乐,或其他被广泛认为起到降低情趣,败坏道德或刺激社会所不容许的行为的作用的内容(不管这些指控是否真实)。

第七章　传播内容论

无争议内容：即那些也是广泛传布并有广大受众，但媒介批评家很少议论的媒介内容。这一范畴不涉及有关媒介对于大众影响的争论问题。例如电视天气预报，某些新闻的内容，既非交响乐亦非流行乐的音乐，专业性杂志，'健康'主题的电影以及许多其它内容。这类内容据认为即不提高也不降低趣味，不被看作是对道德标准的威胁。

高级趣味内容：既那些有时得到广泛传布但并不一定拥有广大受众的媒介内容。媒介批评家认为它趣味高雅，能起到提高道德、教育和某种鼓舞的作用。例如严肃音乐，意味深长的戏剧，政治讨论，艺术电影以及从事政治评论的杂志。这类内容作为批评家们坚决反对的低级趣味材料的对立物，而受到批评家们倡导。"①

低级趣味内容之所以成了这个系统的核心，主要是"这些内容能够维持系统稳定。"最能吸引最大量受众成员的，是那些较为戏剧的、趣味较低的娱乐内容，它们是我们通俗文化中的主要内容。既然媒介系统最中心的目标是经济利润，色情、暴力或其它能吸引和维持受众注意力的内容就在某种意义上有一定功能，虽然它们的趣味低下，但能把收看广告的读者和听众、观众数目增加到最大限度"。因此"从系统的观点看，理想的内容应能够获取受众成员的注意力，说服他们购买货物，同时又保持在道德准则和趣味标准范围之内，以便不引起管制机构的反对行动。"②

西方传播学做过大量的类似梅·德弗勒这样的分析，从他们对西方传播内容的分析中，可以得出三点一般性结论：

1，大众传播媒介所传播的内容，只是它所能得到的大量信息中，经过高度选择的（不是全盘加以反映的）抽样。同样，潜在

---

① 梅尔文·德弗勒等（1990）：《大众传播学诸论》，第150页，新华出版社。
② 同上，第156页。

的受众所收到和使用的信息，又只是他们从传播媒介的内容中选择出来的抽样。

2，大众传播媒介所传播的内容，相当大量的是娱乐性的，而不是消息性的。它们更多地是分散，而不是集中和增进人们对重要问题（如社会、经济、政治等）的注意力。

大众传播媒介所传播的内容与现实生活的实际状况存在着相当大的差距，因此，虽然媒介内容中有一部分高雅、有教益的内容，但是相对于内容主体而言，这部分内容并不能使受众得到教益，只能使他们感到惊惶、困惑。

3，大众传播媒介通常都要尽量吸收最大量的受众，因而它们的内容在形式上是简单的，在内容上是通俗的、平易的，不过分复杂深奥，以满足最大量受众的需要。传播媒介期望大多数受众能够理解它所传播的内容，因而倾向于少传播意义不明确、可能被误解的复杂的材料。

然而，这种状况已随受众和传播媒介的自身发展有所改变。一方面，受众的文化程度越来越高，其信息需求水平也在提高，因此，新闻媒介的内容水平也必然有所提高；另一方面，社会进入工业化和信息化时代，传播媒介也把它一部分内容加以提高。同时，大众传播日益走向分众化，这就要求传播媒介要面对分众之后的目标受众群体进行传播，更强调针对性而非普遍性，更强调准确度而非广泛性。

（二）"怎么说"，即特定内容的传播手段、方式、方法等。虽然它具有外在性、形式性，但是它的作用举足轻重，不可忽视。

国外传播学家早就对传播方式在内容系统中的作用进行过大量的研究。传播学研究中关于劝服与态度改变的研究，有许多就涉及传播方式问题。主要的研究成果有：

1，只说一面与两面都说。

即将同一讯息作两种方式处理，只说一面和两面都说。卡尔

·霍夫兰及其助手在他们的研究中,就做过这样的实验,他们准备了两个版本的广播新闻,一个版本只讲一面,而另一版本双方道理都讲。结果发现:只说一面的讯息对于原先就赞同此讯息的人非常奏效,对于教育水平低的人非常奏效;而两面都说的讯息则对原先就反对此讯息的人非常奏效,对于教育水平较高的人非常奏效。结果见下图:[1]

表7.1 只说一面和两面都说的讯息对于原先反对或赞同此讯息者的效力

	原先反对讯息者	原先赞同讯息者
只说一面	36%	52%
两面都说	48%	23%

表中数字均为"净效果",即将群体中估计有所增加所占的百分比减去群体中估计有所减少所占的百分比。

表7.2 只说一面和两面都说的讯息对于高中以上、以下对象的效力

	高中以下	高中以上
只说一面	46%	35%
两者都说	31%	49%

表中的数字是"净效果",即将群体中估计有所增加者所占的百分比减去估计有所减少者的百分比。

2,信源的特征。

耶鲁大学所做的传播与态度改变的研究发现:传播者可以选择不同的信源,从而获得不同传播效果。可见信源的自身特征足以影响讯息。

---

[1] W. 赛弗林等(1985):《传播学的起源、研究与应用》,第162页,福建人民出版社。

信息来源的信誉是影响信息的重要因素。信息来源需要具备权威性、专业性、知名度高、重要等特征，这样由他发出的讯息，其信誉就高，其效果就好。当然，这是一般情况，有时并非如此，有时个人特质与受众接近的人反而可信度高，这取决于所传播的内容。

3，情感诉求与理性诉求。

内容的传播可用情感方式，亦可用理性方式诉求。"大量的实验表明，动感情的呼吁较之逻辑的呼吁更可能导致态度的改变，然而，在实际上是很少把两者分开的。正如我们已经看到的，亚里斯多德是主张把感情的呼吁和逻辑的论据两者兼用的。有经验的律师尽可能作法律的论辨，但他们并不排斥唤起感情的作法。"①

如上所述，在现实的传播内容中往往既有情感因素又有理性因素。前者打动受众的的感情，改变其态度，后者使其认识深入，改变其观念与行为。

4，防疫论。

美国学者威廉·麦奎尔及助手在60年代进行了一系列实验，寻求抗御态度改变的有效方法，提出了"防疫"一词。

麦奎尔的理论是从医学类推得来的。他认为就象人体成长于无菌环境，对细菌无抵抗力一样，人的信息、思想如果未经过锻炼和考验，一旦受到攻击，如反面宣传，便无力抵御，而被冲垮。要增强人的身体抵抗力，一种方法是滋补，即给予营养、锻炼、休息等，另一种方法是接种，让他接触到弱性细菌以刺激其抵抗力。要增强人思想上的防疫力，也要使用滋补法，即让一个人事先接触支持其基本信念的论证；还要使用接种法，即让一个人事先接触一种弱性的、为刺激其防卫的反面论证。结果，他们的实验表

---

① 威尔伯·施拉姆等（1984）：《传播学诸论》，第228—229页，新华出版社。

明:接种法比滋补法有效。

他们进一步进行了思想防疫论的实验。结论是:当对象们接触到对于基本信念的攻击以及对于这些攻击的反驳时,会形成某种通用的免疫力。而形成的这种通用的抵抗力,足以使这些基本信念在接触到另一种攻击时也不致于改变。他们的根据有二:一是从实践中观察到,第一次攻击被驳回后,此后攻击的可信性会因此而削弱;第二,对象在受到攻击后,会觉察到他的信念是会动摇的,这便促使其建立其他支持性论点。

除上述的研究以外,国外传播学还进行了许多传播方式的研究。

我国也有学者提出并研究传播方式对信息传播的能动作用。如指出:信息流动的方向,信息量的控制,信息之间关系的处理,信息传播的时机,传播的时间、空间的选择等等均影响内容的传播。

第二节 传播内容的生产与流动

现代社会的大众传播需要的是社会化的、大生产式的内容生产,这样才可满足传播的需要。尤其是进入90年代的今天,大众传播规模扩大,专业化、分众化水平提高。其内容的量与质都需要有一个明显的飞跃。

从传播者角度说,他们都希望生产出来合格的或者是高质量的"产品"——内容,这是整个传播活动的核心和根本目的。从受众角度来说,也希望获得满足多重需要的内容产品,这也是其主动选择和消费传播内容的基本价值取向。

认识传播内容的生产规律,将极大地提高传播内容的水平,扩大其传播效果。

下面,我们仅以广播电视传播的最终产品——节目的生产为例，探索节目的生产与传播过程，从中发现具有普适性的基本规律。

广播电视传播的内容就是节目。它是广播电视的基本构成单元，是广播电视生产过程的最终产品。

好的节目必然产生好的效益，包括社会的和经济的。那么什么样的节目是好节目呢？这个判断标准可能会因社会、时代的差异而有所不同，但是优秀的广播电视节目是有其基本的判据的，这就是：

新，即节目的新鲜感：节目的特定内容及其传播方式都应据受众的需求而不断创新；

深，即节目的成熟感：节目的内涵及其表现要据需要与可能实现其深广性；

精，即节目的品质感：节目的内容及表现方式都是精心把关的结果；

准，即节目的对象感：节目是针对目标受众的，特别是在分众化趋势明显的今天，指望一个节目照顾所有大众的需要是不可能的。广播电视目标对象的细分化，要求节目的对象也细分化，因而一档节目已从面向所有受众，走向了面向细分受众，进而走向了适位受众和一对一的受众。

当然，广播电视内容的判据可以有多种多样，基本要求如上述，概莫能外。

要生产出满足上述要求的广播电视节目，对传播者来说，其节目的把关行为至少要考虑三个层面的要素：

一是受众，即认识研究传播市场，从受众角度搜集、筛选信息；

二是权威，包括政府、专家等，即认识研究把关的原则与标准，从权威角度分析、过滤、加工信息；

三是广播电视媒介特征，即认识把握广播电视的编码规律与要求，从广播电视媒介要求角度制作、传播讯息。

从世界广播电视节目生产的历史看，广播电视节目生产与传播在观念上经历了三个基本发展阶段：

第一阶段是节目的制播导向阶段，这是广播电视的早期，那时的传播内容——节目以传播者为中心，节目生产出来便可以传播出去，无所谓受众及其他要素的介入。

第二阶段是节目的说服导向阶段，这较第一阶段的硬性生产与传播是历史的一大进步。这时的内容生产开始顾及受众，由于要想说服受众，所以传播者，即节目生产者便创造出一些新的节目招数，以吸引受众。这时，节目生产水平和能力有了较大的提高和增强，但是其支配者仍然是传播者。

第三阶段是节目的受众导向阶段，在这个阶段中，传播者作为生产者就必须改变其一厢情愿的传统的做法，先要进行必要的传播市场的调查与研究，然后根据传播市场的需要，结合传播者的传播目的，搜集、过滤、加工、播出信息。这个阶段中，传播者只是决定因素之一。关心传播市场，关心受众是此阶段节目生产的首位工作。

由此，可以看出科学化的、专业化的节目生产过程包括如下基本环节：

节目调查──→节目策划──→节目制作──→节目播出
|──────────────节目效果──────────────|

这是就节目生产过程本体进行的微观考察。至于节目生产受制于的社会环境，我们在此就不赘述了。

1，节目调查

所谓节目调查，即大众传播过程中前馈与反馈环节，也就是搜集各方信息，为节目服务的准备、积累阶段。

"知己知彼，百战不殆"，对于节目生产过程，这个道理一样适用。节目调查对了解节目的传播效果，改进节目的未来生产大有裨益,甚至可以说是不可或缺。

一般而言,节目调查主要是调查传播市场和社会环境两个领域。传播市场是广播电视媒介组织的生存之处,因此,首先必然了解传播市场的状况。传播市场由两部分组成:受众和其他传播媒介组织及其行为,前者又包括受众的人口统计状况和心理统计状况,如基本构成、需要、行为方式、心理倾向等;后者包括各个不同的媒介组织的状况及其传播活动的时空分布及特征。其次要了解社会环境的状况,包括现状及走向。这对于把关人如何把关和把关结果都有很大的帮助。

节目调查的方式可以多种多样,既可以是前馈,也可以是反馈。前馈可使把关人有明确的把关目标和方向,将传播活动的针对性、有效性提高;反馈可使传播者检验已有的节目效果,进一步改进把关。同时,节目调查还可以既定期调查,又可以日常积累信息。节目生产离不开固定的调查资料,这可使有关信息系统化、连续化,还可以使节目的生产依据科学化。但是日常积累信息也同样可以使节目有效化和多样化。

2,节目策划

所谓节目策划就是传播者对传播内容——节目的统一筹划。这个筹划包括节目整体风格、定位、特定内容及其传播形式的构想。

节目策划本身不是传播者闭门造车的过程,而是集思广益、双向沟通的过程,这种策划工作可以是传播组织在整个组织层面进行的宏观内容体系的谋划与设计,也可以是传播者个人及群体在特定节目的微观层面对具体节目的构想与安排。

节目策划的工作包括三个基本环节:

一是节目定位,这是整个节目生产环节中极为重要的方向性问题。节目定位就是要解决两个基本问题:"节目对谁?""节目是什么?"前者解决节目对象问题,节目目标受众的确认是节目生产的第一步。后者解决节目的主旨、方针、风格等，即确定节目的基本形态。

节目定位已从面向宏观大众的综合性走向了面对细分受众的专门性。尤其是在90年代的大众传播和社会发展的形势下，定位就更需要明确、具体、分明。节目需要定位，但是定位并非一成不变，它需要随受众、传播市场状况及社会的变化而有所调整。

二是节目内容，这是节目生产的核心。这个环节就是解决"节目说什么"问题。节目特定的内容是整个内容的灵魂。因此，好的内容就意味着节目成功了一半。

节目内容的来源渠道多种多样，有受众、社会、自然乃至传播市场自身。作为传播者，最大的困扰之一就是如何找到成功率高的节目信息，即节目选题内容。高成功率节目选题的获得需要把关人有一定的敏感、经验、素质等的积累。因而把关人提高搜集信息、把握其中价值的能力乃当务之急。

好的节目信息还需要好的节目内容的安排与加工。杂乱无章、轻重不分、有价值的被无价值的埋没以及价值实现的不足等都是广播电视节目内容把关后出现的问题。因此，对传播者来说，提高自己的编码能力，才可能经过把关生产出优秀的广播电视节目。

三是节目形式，这是节目内容系统不可分的重要元素。节目形式就是解决"节目怎么说"的问题。节目的传播方式，如前所述，对节目内容价值的实现影响甚大。节目形式就是要求使节目的表现手段多样化，表现方式合理化，结构方式整体化。

广播电视节目的表现手段是多种多样的。广播节目所使用的传播符号包括语言、音响和音乐，其中音响是广播最具特点的符号。电视节目所使用的传播符号包括语言、画面（运动及静止画面、字幕）、同期声和音乐。同时广播电视还有其特殊技术手段以及编辑方式。这些都是广播电视节目所使用的表现手段。

节目的表现方式是指节目叙述的方式、方法。这种叙述要符合广播电视媒介要求,要符合受众的接收,要符合信息传递的要求。

节目的结构方式是指节目整体的结构。即整个节目的谋篇布局等。其中包括开头、主体、结尾、节奏等要素。

经过策划的节目是一个有机结合的整体。其面对的对象、主旨、内容与形式都是统一的。

3,节目制作

节目制作是在节目策划的支配下进行的。其中有两个环节:一是再采访,深入采访,二是后期制作。

节目制作环节需要传播者不断提高编码能力的同时,还需要传播组织及个人不断提高节目系统中的技术含量,用更新的手段,更精细的方式制作节目。

4,节目播出

广播电视节目的生产过程一直到播出之后才算结束,因为广播电视节目有两大类:一种是录播,即播出与制作不同步;另一种是直播,即制作与播出是同步进行的。

不同的播出方式,播出的时间都可能影响到节目的最终效果。

前四个环节是节目的生产过程,在节目与受众见面后,必然会在受众中产生反应。受众对节目的评价需要传播者继续调查研究。这个过程便是节目效果反馈。

了解节目的效果可以有多个指标,是定量指标与定性指标构成的一个指标体系。定量的指标包括:开机率、收视(听)率、接触率、好感率以及记忆率等等;定性指标包括:节目的意义及其实现、节目的正面及负面效应等等。

了解节目的效果一方面是为了检验前次节目的效果,而更重要的是,根据效果反馈可以调整和规划未来的节目系统行为。

总之,节目,即广播电视传播内容,是一个系统,需要各系统之间有机耦合,共同取得节目价值的实现。

节目的生产与流动是广播电视传播活动的核心。以此为例,目的在于说明传播内容的与生产流动的普遍原则。

第三节 传播内容分析

研究传播内容,主要就是收集并分析各种媒介的传播内容资料,从中了解信息和传播者的意图,信息与受众之间的关系。如:通过内容分析,了解某一传播媒介的传播目的及发展趋势;就同一内容,对不同媒介进行比较分析;研究不同国家传播媒介的宣传方式乃至整体的传播战术;研究受众对内容的理解等等。

内容分析就是用一系列方法和技巧评价所有传播形式传播的内容。可以是定性分析,也可以是定量分析,或兼而有之。

早期的传播研究就是从宣传分析,即内容分析开始的。如第一次世界大战之后,拉斯韦尔进行的宣传分析以及第二次世界大战中,在他指导下进行的一系列美国战争宣传的研究。1942年,美国政府的战时情报局传播媒介署在拉尔夫·纳夫齐格博士的指导下,进行了一系列引人注目的内容分析活动,形成了系列的内容分析方法。他们通过抽样调查,持续研究了一批日报的社论和漫画,主要报纸的评论员文章,主要杂志的文章和评论,主要电台新闻广播社评,有关的新闻纪录片和战争短片以及劳工报刊的社论。他们按一个拟定好的分类总表对这些内容进行分类、分析。

除此之外,大众传播学者们还进行了大量的专题研究,但均不如美国政府组织的研究规模大,持续时间长。

不同的研究目的,研究不同的媒介,需要有不同的研究手段与方法。

一、传播内容分析的过程及方法

对大众传播内容进行分析,需要经过抽样、确定类目与分析单元以及信度、效度分析的过程。

（一）抽样。

第一步决定总体。总体与研究主题与研究目的有极为密切的关系。

第二步抽取样本。依据随机原则，或用乱数表、抽签法，或电脑抽样。内容分析中，尤其是具体的大众传播内容分析多采用间隔抽样法。

（二）确定类目与分析单元。

抽样结束后，开始进入内容分析最主要的部分。类目是内容分析的基本单位，而分析单元则是内容分析的最小单位。类目与分析单元的确立与整个研究的设计有密切的关系，其形成或确立有两种方式：

1，根据研究理论或过去研究成果形成或确立。

2，根据研究者的需要自行确立。

前一种广泛应用。关于一般传播媒介内容的分析，通常有一套惯用的分类方式，如将报纸新闻分成国际、国内新闻、社会新闻、经济新闻、副刊等不同类目。分析单元通常以栏数或批数为分析单位，即6号字9个字高为一行，每130行为一段。即一栏或一批。分析单元也可以是具体词语（单字、语干语句），也可以是定性主题、行动类型等等。通常是计算在一特定内容中重复出现的次数。研究人员对一定篇幅或时间单位内出现的频率进行评价。

平面媒介的内容分析经常用某一个特别议题或观点在平面印刷中所占的栏目尺寸和数目来进行。影视的内容分析则更加难一些，可以用某一题目出现的频率作为一个便于分析的单元，也可以计算某一题目或主题占有的时间。电视研究中，还可以对画面进行分析。

系统的内容分析往往可以揭示出受众不易明显察觉的媒介叙

述的重点和趋势。

上述是内容分析的过程，那么，普遍适用的研究方法有哪些呢？

1，题材分类法。

迄今为止最为常用的内容分析法。这个方法就是将各类分析素材按题材分为同研究有关的各种类型。特别是在长期的研究项目中，这种分类可以用来作为材料归档的标准。

2，符号编码法。

这种方法的历史较短，但是也已经开始走向成熟。它试图采用统计符号，即重要词汇出现频次的方法，简化题材分类的方法，以加快研究的进度。例如，通过统计，"中东"这一词汇出现的次数，并将它们换成褒（十）、贬（一）或中性（O）的符号，人们以此确定被调查的传播媒介对中东问题的关注程度和倾向性。但是，由于词汇的多义性，在统计上述词汇出现的次数时有可能出现曲解。因此，要想确定一个统一的标准缺乏可靠的基础。不过，人们一般都既用词汇方式，也用短语、句子或段落为编码单位，以避免误差。

由于大众传播媒介的内容繁多复杂，因此无论采用哪种内容分析方法，研究者都必须确定适当的研究范围，必须将研究限定在一定的传播媒介上、一定媒介的代表性项目上以及这些项目的部分内容上。

二、传播内容分析的作用

利用内容分析方法研究大众传播日益引起人们的重视，特别是欧洲批判学派，日益强调对传播内容，即文本进行分析与解读。

具体而言，内容分析可以有以下四项作用：

第一，分析某一传播媒介（或整体传媒）内容的短期或长期趋势。一项值得注意的研究成就是对两次世界大战中宣传的分析，结果发现,从"一战"到"二战",宣传的趋势是较少诉诸感情,较少说教,而更多地注重报道事实。

第二,对于一个国家的各种传播媒介对同一问题的报道,进行比较分析;对于不同国家的同一种媒介的内容进行比较分析。

第三,用以判明传播媒介内容是否符合特定标准,如某项法规;研究传播媒介的传播方法,如将复杂事物加以简化、高度概括等;研究某一方的传播战术,如歪曲事实、对比报道以及不均衡的报道。

第四,用以了解科学、文化知识的传播情况以及观察社会文化、科学材料普及的过程。这种分析可以帮助传播者解决一种特殊信息在传播上的困难以及正确估计能够理解此类信息的受众的类型与数量。[①]

总之,传播内容是传播活动的中心。它包括特定内容和传播方式两部分。传播内容是在过程中生产出来的。为了调查与研究内容与传、受双方的关系,需要对传播内容进行分析。这种内容分析可以有不同的方法,但其基本作用是相同的。

[①] M·贾诺维茨(1968):《大众传播研究》,见《社会科学的百科全书》,第3卷,第45页,美国,纽约,英文版。

第八章 传播媒介论

传播媒介是传播过程的基本组成部分,是传播行为得以实现的物质手段。

认识传播媒介自身的特点和作用,把握传播媒介的运行机制,将大大提高我们使用各种传播媒介的能力,充分扬其长、避其短。

第一节 传播媒介

一、传播媒介

媒介即中介或中介物,存在于事物的运动过程中。传播意义上的媒介是指传播信息符号的物质实体。施拉姆认为,"媒介就是插入传播过程之中,用以扩大并延伸信息传送的工具。"[①] 如传播声音符号的物质实体是广播,传播声音信息符号和图像信息符号的是电视和电影等。面向大众传播信息符号的物质实体,我们可以称之为大众传播媒介,它包括报纸、杂志、广播、电视、电影、书籍等。以传播新闻信息符号为主的物质实体是新闻媒介,它包括报纸、新闻性杂志、广播、电视等。

媒介与媒介组织是两个互相联系但意义不同的概念。媒介是指一种物质实体,是传播信息使用的工具;而媒介组织则是指拥有这些媒介,经营这些媒介的机构,如报社、电台、电视台、出

---

① 威尔伯·施拉姆等(1984):《传播学概论》,第144页,新华出版社。

版社、杂志社、电影制片厂等。

传播媒介经历了从单一到综合、从简单到复杂的发展过程,这一过程与人类文明的进步同步。

在人类创造出大众传播媒介之前,人类已经使用语言、文字及其他非语言符号传播了许多年。因此可以说语言符号(语言和文字)和非语言符号(体语、色彩等等)是人类早期用来进行信息传播的手段和载体。

正是有了语言、文字及其他非语言符号,有了造纸术,印刷术、人类社会才出现了最早的大众传播媒介——手抄的书籍。我国的古人将文字刻在竹简上,书写在丝帛、纸张上;古埃及人用树枝等蘸着染料将文字写在一种宽而柔的草叶上面,古罗马人将文字写在羊皮上和粘土上,公之于众,这样才有了人类最早的新闻传播媒介雏形,如古罗马的《每日新闻》、我国的"邸报"。

随着资本主义商品经济的兴起和发展,手抄新闻出现于意大利的威尼斯。随后,近代报纸于17世纪出现在德国,这才标志着大众媒介的诞生。从此这后,人们借助这种媒介了解客观世界的变化,最终发展成为报纸产业。

19世纪萌发了媒介上的一次革命,出现了记录影像的照相技术和电影。20世纪出现的广播、电视更使传播媒介壮大、发展起来,人们对传播媒介的利用及依赖达到了空前的程度。当前,新的信息传播媒介正日益被应用于传播领域,如卫星电视、有线电视、电子报纸乃至信息高速公路,这些新的媒介发展都将给大众传播带来巨大的冲击。

总之,传播媒介发展变化的过程是与人类文明史同步的。传播媒介经历了早期符号媒介→手抄媒介→印刷媒介→电子媒介的发展过程。

二、认识传播媒介的意义及原则

传播媒介是人们用来传递信息符号的中介物，是一种物质实体。我们可以使用、控制媒介进行传播，而传播媒介也以其自身的规律及特点，反作用于传播。我们使用得当，传播媒介可以扩大传播效果。由此，就迫使我们必须认识、了解传播媒介的特点及自身的规律，这样才可能做好传播工作，取得良好的传播效果。

（一）认识传播媒介的意义

具体而言，充分了解传播媒介可以使我们：

第一，把握传播媒介的特点及规律，充分认识我们进行传播活动的物质手段。长期以来，我们对媒介的研究一直不够重视，很少认真地研究我们每天运用的武器。有人甚至将媒介视作可以随心所欲地驾驭使用的工具，并不认为传播媒介也有自身的规律。马克思于19世纪40年代，在对德、英、法、比等国报纸产业状况进行了考察后，明确地指出：报纸及报纸工作具有连植物都有的内在规律；任何外力、任何暴戾，都无法摆脱或改变这种规律对报业活动的支配和制约。报纸及其规律都是客观存在。

通过研究传播媒介，可以清楚地认识每一种媒介的优势和劣势以及运作的基本规律，比如广播是听觉媒介，其新闻及其它一切节目都只有一个听觉通道，因此如何把握听觉规律，顺应听众的收听习惯，便成了广播媒介发挥自身优势必须解决的首要问题。电视是具有很大优势的媒介，但仍有其不可避免的缺陷，如信息一瞬即逝、不易保留，这就给利用电视进行传播带来了障碍。另外电视媒介是视、听合一媒介。如何处理视、听关系，如何使电视不成为报纸的有声版，使电视成其为电视？

"工欲善其事，必先利其器"，传播媒介就是我们手中的"利器"。只有在充分把握传播媒介规律的基础上，我们才可能得心应手，游刃有余地工作。

第二，遵循传播媒介的基本规律，不断改进传播工作。由于我们对媒介规律的研究远远不能适应现实的发展，所以我们的工作有相当一部分是在对媒介特点认识不清甚至错误的情况下进行的，结果抑制了媒介的优势，缩减了传播效果。如长期以来，在广播工作中，基本上采用录播方式进行，使得广播媒介时效性强的一大优势受到了极大的抑制；报纸工作中，对版面手段的不重视、版面不美观、不便于阅读的视线流程以及标题不醒目、不引人等，使得报纸这种视觉媒介的优势大打折扣；电视工作中，不重视画面的传播功能，结果电视传播效果减弱。

把握媒介的规律才能熟练地驾驭和使用媒介。那些将媒介的优势发挥得淋漓尽致的传播工作者，往往都能取得较好的传播效果。我国古代的荀况曾在《劝学篇》中精辟地论述到："君子生非异也，善假于物也。"媒介是我们的延伸，正确利用它可以扩大传播效果。

近年来，我国新闻工作者在新闻改革中，充分研究自己手中的新闻媒介，把握了规律，取得了一定的进展。如广播改革充分发挥广播时效性强的优势，使用直播方式；充分发挥广播个性较强的特点，利用人际传播媒介——电话进行各种服务（咨询、购物等）；电视重视现场的抓拍、跟拍，突出了电视媒介再现现场、形象及事物过程的优势；报纸版面、标题，符合读者的阅读习惯。以上这些做法都是遵循媒介规律，回归媒介本体特点的表现。

第三，认清传播媒介的发展方向，顺应进步的潮流。传播中媒介的发展是最迅速的。随着科学技术的进步，经济实力的增强，媒介的种类增多，传播水平提高，这就使得媒介走向专业化、小型化，针对特定地区、特定阶层、特定兴趣的受众进行专门的传播。这是与社会走向非大众化趋势相适应的。

我们应该把握住媒介的发展趋势，即向更快、更广、更专、更便捷、更有效的方向发展，同时把握每一种媒介的特点及规律，不

第八章 传播媒介论

断扬长避短，吸收、融合其他媒介的优势，加以革新，成为适应潮流的、更为有效的传播媒介。

总之，正确认识媒介的特点及规律，对于我们立足现实，更好地使用媒介，扩大传播效果，对于我们面向未来，不落后于媒介的新发展，不断丰富认识都具有重大的意义。

（二）认识传播媒介的原则。

传播媒介是不断更新的。它由最初的单一媒介发展到今天的多种媒介，每种媒介又吸收、借用了其他媒介的优势。因此，我们认识传播媒介也应该多角度、多侧面，只有这样才能把握众多特性集于一身的各种媒介及其规律。

施拉姆曾经提出，认识和分析我们所使用的传播媒介可以从以下的角度进行：

第一，它们所刺激的感官。即媒介符号的通道是听觉、视觉还是其他。"能够同时同尽可能多的方面进行交流看来也是有利的"，但是"一个人决不可能从通向两种感觉器官的传播获得双倍于只通向一种感官传播的信息量。"

第二，反馈的机会。不同媒介的反馈的速度及数量不尽相同。面对面的双向交流较大众传播而言，反馈的机会更多。

第三，速度的控制。不同的媒介在其传播的可控性上有所不同。面对面交流易于控制，而大众传播中受众则没有传播速度的控制权，特别是广播、电视，而印刷读物则可由读者进行控制。

第四，讯息代码，不同媒介使用不同的讯息代码。面对面交流中除语言外，还有其他许多非语言。印刷媒介以文字为主，易于做到抽象化，视听媒介则文字比较少，易于做到具体化。

第五，增殖的力量。面对面交流增殖需要经过极大努力。"大众传播媒介则不然，它们有巨大的能力使单方面的传播增大无数倍并且使它在许多地方都能收到。它们能克服距离和时间引起的问题。视听媒介还能超越发展中地区由于文盲而造成的障碍。"可以将面对面传播反馈迅速与大众传播增殖迅速优势结合起来。

第六,保存信息的力量。面对面及电子媒介传播转瞬即逝,而"印刷品则始终在保存事实、思想和图片方面拥有极大的优越性"。电子媒介日益走向专业化以增强其保存信息的力量。"大众传播的接受者力求掌握个人控制权的趋势将继续增强,而集中的形式将会改变。

第七,克服弃取的力量。即放弃某种媒介传播的可能性。转换电视频道比打消面对面交流容易得多。"在其他条件相等的情况之下,通过面对面的交流比通过媒介渠道更易于引起并集中注意力。"

第八,满足专门需要的力量。大众传播媒介满足社会的一般需要迅速而有效,其力量不可比拟,然而在满足特殊、专门需要上则较差,尤其电子媒介更差,而面对面则要有优势。因此"大多数以说服、教育为目标的运动都力图把大众媒介同个人的渠道结合起来,使其互相加强,互为补充。"①

施拉姆提出的以上认识媒介的原则,适用包括人际传播在内的普遍媒介。从中我们可以比较出不同媒介的优劣。而我们要研究的主要是大众传播媒介,上述原则可以使用,但是为了更为明确而简要,我们认为,一般来说,可以从以下角度认识大众传播媒介:

1,媒介的传播手段

媒介的传播手段是指媒介是用什么来传播信息的,即用什么传播符号。这是区别媒介的根本,也是认识媒介特点的出发点,由于每一种媒介所使用的传播手段不同,所以才表现出不同的媒介形态及其规律。报纸、杂志是运用视觉符号传播信息的,它们所用的视觉符号有文字(包括标题、正文)、图片(新闻图片)、色

---

① 威尔伯·施拉姆等(1984):《传播学概论》,第123—129页,新华出版社。

彩（套红、杂志的彩色印刷）以及版面编排；广播是运用听觉符号传播信息的，它所用的听觉符号包括语言（播音员、主持人或新闻人物的语言）、音响（现场音响、效果音响）及音乐；电视则运用视觉和听觉两类符号传播信息，电视的视觉符号包括画面（主要是运动画面，有时用静止画面），听觉符号包括语言、音响与音乐。

　　媒介使用不同的传播手段，即符号，导致了媒介在时间、空间上的差异。报纸、杂志因其平面印刷，占有空间，因而可以称之为空间媒介，而广播则是典型的按时间运动的线性形式进行传播，因而不具立体空间性，称之为线性媒介，电视集时间性及空间性于一身，因而在某些方面更具传播的优越性。一般来说，空间媒介具有空间的延展性，主要靠视觉传达信息；而视觉接受信息能力一般比耳朵听觉强，所以比较适宜于传播较复杂的信息。时间媒介具有时间的不可逆性，快而不持久，因而适宜于传播简单的信息。时空媒介兼具两者特点，但仍显不足，如：快而不持久。

　　2，媒介的时效性

　　大众传播媒介是以传播新闻信息为主要任务的媒介，因而传播信息速度的快慢就成了它极其重要的特点。

　　广播是按时间线性流动的媒介，电视也具备这一特征，因而两者的时效性最强。而报纸是固定平面印刷的空间媒介，因而其时效性弱于电子传播媒介（广播、电视），报纸可以而且必须强调及时、适时，但更应该扬自身之长，即报道新闻事实的详细细节，采写一些深度报道。杂志是新闻媒介中时效性最弱的。

　　3，媒介的持久性

　　媒介的持久性指它保存信息以足够时间与受众接触的特性。持久性与时效性成反比。新闻性杂志的生命周期最长，可达一周、数周乃至一个月，因此它的保存性最强。报纸次之。而广播、电视的持久性最弱。持久性强的媒介可以被受众多次重复接触到，因而适合报道背景,作深度分析,起解释、分析作用;持久性较弱的媒介可用来及时传递信息,起告知作用。

4,受众参与媒介的程度

受众与媒介是互动的关系。受众是带有目的和参与意识主动地使用媒介的。受众对媒介的参与主要指受众在接触和使用媒介时的介入程度。受众参与程度不同,媒介也有所不同。报纸、杂志主要用文字符号转述现场、事实、人物的音容笑貌,可读不可闻,可读不可见,因而要求受众必须调动自己的想象力,设身处地理解。广播也有类似的情况,只听得到但看不见,听能通过听众的想象,塑造出听觉现场和听觉形象。一般而言,这两种媒介的受众参与度较高。电视则将现场的声音与画面直观地展现给观众,受众不需要进行再想象便可对事实及其现场、人物的音容笑貌一览无遗,相对而言,电视的受众参与度较低。

从以上四个方面认识传播媒介可以比较全面地从根本上认识和把握传播媒介的特点和规律。

我们认识传播媒介的特点和规律是为了更好地把握和使用传播媒介。因此,我们有必要坚持以下两个基本观点:

第一,传播媒介各有所长,也各有所短,在发展过程中相互之间取长补短。当电视刚刚出现的时候,人们看到它的威力及迅速普及的态势,一个时期内,报纸、广播都受到了很大冲击。有人曾据此预言,电视将取代报纸、广播、电影等媒介。几十年传播媒介发展的事实证明:电视发展、壮大,同时报纸发行量也上升,广播更普及,收听率在发达国家超过电视的收视率。这便是各种传播媒介取长补短的结果。

电视有其优势,如视听兼备,形象感、现场感强,生动、及时,但也有其不足之处,如电视内容往往比较肤浅,一瞬即逝,观众不易选择等。广播的优势在于声音感染力,另外收听便捷也是其他媒介难以比拟的,但也有类似的电视的不足。报纸可以深度报道事实，进行解释、分析，读者可以自由选择。人们往往形成了一个习惯：从广播、电视中获知新闻，从报纸、新闻性杂志中了解背景、细节、分析、解释，但报纸时效性较弱。

每种传播媒介都有各自的特征。受众往往根据这些特征，结合自己的需要选择使用不同的媒介。如果事实或人物是受众希望看到的实况情景，他们就会收看电视；如果受众希望随时、随地了解最新的新闻报道，他们往往会收听广播；如果受众要进一步分析、研究近期的时事，他们就必然求助于报纸和新闻性期刊。

第二，传播媒介在相互竞争中及新型媒介的冲击下，不得不扬长避短，以求进一步生存与发展。广播出现以后，迫使报纸在四个方面改进，一是增强时效性，二是发挥自己深度报道的优势，向报道的深度、广度发展，三是增加图片，增强现场感，四是改进报纸版面编排，吸引、方便读者阅读（特别是电视出现后，更是如此）。电视出现后，对广播也带来了冲击，广播一方面发挥自己听觉传播的特点和快速、及时向听众播报最新消息的优势；另一方面发挥自己收听便捷的优势，缩小收听工具，便于随时随地收听。

三、媒介分析

传播学中进行的有关媒介的研究，就是媒介分析。

（一）媒介系统分析。

大众传播是一个系统，传播媒介是其中的子系统。媒介自身及其与社会背景环境的互动都可以成为构成子系统的基本要素。因此传播学中将媒介分析分为微观分析与宏观分析。

媒介的微观分析主要分析研究媒介本体的特征、效用等，着重分析个体媒介的构成、要素、手段、特点、功用等等具体问题。正如梅尔文·德弗勒所说，微观分析就是要研究"是否有一种传播媒介，不管它传播什么样的信息，在传播这个信息和影响受众方面，比其他媒介更有效？是不是在传播某种信息或者产生某种影响方面有一种媒介是最好的？这些问题对教育工作者，宣传人员和广告客户来说特别重要。例如，如果目的是要尽可能多地传递事实性信息，那么，讲演、印刷品、电影和录音带是否更有效？如果希望改变受众的态度，使用电视、招贴画、广播以及其他一些媒介是否更好呢？对于某一些受众，是否有一种媒介比其他媒介能达到最佳效果呢？"[①]

媒介的宏观分析不像微观分析那样注重本体研究，而更多地关注在广阔的社会政治、经济、文化背景中媒介所扮演的角色，所发挥的作用。宏观分析更多地诉诸于媒介作为社会结构要素之一与其他结构要素之间的互动以及由此而产生的新的媒介现象与形态及其价值。

媒介的微观分析可以说是媒介本体研究，而媒介的宏观分析则可以称为媒介的社会价值、经济价值及文化价值的研究，简言之，宏观分析，即价值研究。

（二）麦克卢汉的媒介分析。

马歇尔·麦克卢汉是加拿大的传播学家。1911年生于加拿大的埃德蒙顿，获剑桥大学的硕士和哲学博士学位。之后，任加拿大多伦多大学的文学教授。1963年起任该校的文化与技术中心主任。他于50、60年代出版了一系列著作：《机械新娘》（1951）、《古腾堡群英》（1962）、《媒介通论：人的延伸》（1964）、《媒介即讯息》（1967）等。

麦克卢汉是60—70年代国际传播学界最知名、也是争议最大的学者。西方传播学者称他为"现代媒介分析的根"。他的媒介分析及理论风格独特，给人以启发，而且他抓住了媒介分析的根本和主题，即研究媒介本身及其社会行为。在媒介深入社会结构各

[①] 梅尔文·德弗勒等（1989）：《大众传播通论》，第418页，华夏出版社。

层面的日益加剧的今天再看麦克卢汉的分析,会有纷争喧嚣之后的冷静,并为他的洞察力和真知灼见而叹服。

麦克卢汉的媒介分析及其理论集中在他的上述著作中,归纳而言,他的理论主要有:

1,媒介是人体的延伸

麦克卢汉在《媒介通论:人的延伸》一书中指出:媒介具有有机体的性质,因此媒介是人体的延伸。这是指传播媒介对人感官中枢的影响。道路是人脚的延伸,衣服是皮肤的延伸,电话是人耳朵的延伸,广播、电视是人耳、眼、手的延伸,电影的力量似乎无与伦比,它能将人的感觉带入另一世界等。他认为:"一切技术都是肉体和神经系统增加力量和速度的延伸,"因此,"一切媒介都是人的肢体部分向公共领域的延伸。"①

更加重要的是,"人体任何一部分的延伸,不论是手、脚或皮肤的延伸都会影响整个心灵与社会。"② 例如,他认为,印刷媒介就把一种"特殊的推理方式"强加到"人的视觉经验的结合方式上"。印刷媒介将复杂的现实生活转化成一系列不连贯的语言符号叙述出来,并将它一行行地印在纸上,使人们只能一行一行地、按顺序地去阅读、理解、思考,而不能像现实生活那样立体地、复合地认识和思考。因此,现在"充分认识人体延伸带来的影响已经越来越迫切,越来越重要了。"

2,媒介即讯息

"所谓媒介即讯息,只不过是说:任何媒介(亦即人的任何延伸)对个人和社会产生的影响,都是由新尺度引起的;我们的任何一种延伸(或曰任何一种技术)都要在我们的事务中引起一种

---

① 马歇尔·麦克卢汉(1992):《人的延伸——媒介通论》,第12页,四川人民出版社。
② 马歇尔·麦克卢汉(1981):《传播工具新论》,第9页,台湾图书公司。

新的尺度"。麦克卢汉认为,传统上人们将媒介与讯息区分开,是十分勉强的。传播媒介真正传递的是媒介的特性,传播媒介本身就是传播内容,内容也是一种媒介。例如,报纸的内容是文字表达,书籍的内容是言语,电影的内容是小说。他认为,人们在使用媒介时,特别注重内容,反而忽略了形式,他曾说"媒介的'内容'好比是一片鲜美的肉,破门而入的盗贼拿它来分散看家狗的注意力。媒介的影响之所以非常强烈,恰恰是因为另一种媒介变成了它的'内容'"。

他在《媒介即讯息》一书中特别强调了媒介传递的真正"讯息"是它本身对受众的刺激与按摩,而不是它所传递的内容。也就是说,一种新的传播媒介一旦出现,这种媒介本身,而不是它所传递的具体内容就会给人类社会带来某种信息,引起社会的某种变革。

他在书中用"部落化"、"脱离部落化"和"重新部落化"来比照人类社会早期的口头传播时代、印刷媒介时代到电子传播媒介时代的发展。人类的这种变化,都是媒介本身而不是它的内容带来的。因此,媒介本身就带来讯息,媒介就是讯息。

3,冷媒介与热媒介

他认为,媒介有冷、热之分。热媒介是能够"高清晰度"地延伸人体某个感官的媒介,所谓高清晰度就是指媒介所提供的讯息充分、完善的程度。照片、广播、电影等均为热媒介,它没有留下很多的空白让受众去补充和完成,因此,热媒介需要受众参与其中的程度低。而冷媒介正好与之相反,它提供给受众的讯息,不充分,需受众予以补充、联想,参与其中的程度高,如漫画、电话、电视等。

他主张将媒介进行这样的划分,是为了说明正确运用它们的重要,但是这种分类的确有些牵强而且似是而非。

4,地球村

第八章 传播媒介论

这个概念最早由麦克卢汉提出。1980年他去世后,他与同事合著的《地球村》一书出现。

他认为,在人类社会早期的口头传播时代,人们交流只能面对面进行,范围很窄,因而当时的社会只能处于"部落化"阶段。印刷媒介出现后,社会交流可以扩大范围,个体可以单独脱离开"部落",人类社会进入了"脱离部落化"阶段。电子媒介出现后,人类的时、空距离又一次缩短,电视、卫星等技术的应用使信息可以突破时间、空间的限制传遍全球各地,世界就变成了一个部落,地球就变成了一个村庄。任何国家和社会都是这个村庄的一部分。

地球村的出现和发展给人类社会带来了极大的影响。人与人、社会与社会、国家与国家的相互依赖性及关系的密切程度大大增强。经济、社会、文化等社会结构要素的形态发生了前所未有的变化。[①]

麦克卢汉的媒介分析及理论自从出现以来,一直备受人们的关注。有的学者高度评价其成果,有的人则对此相当不以为然。

客观而现实地评价其观点将有助于我们对其理论价值的发现。

他的理论有其众多的独到见解。他将媒介的概念扩大,不仅仅是大众传播和人际传播中的媒介,而且包括了人际互动的所有介质。另外他将媒介置于一个广阔的社会、历史情境中研究,因此其媒介分析有了高度和纵深的品质。这些认识角度和方式开拓了媒介研究的眼界与范围,也使人们真正看到媒介作为客观存在自身的价值和作用。

他的理论也有不少欠缺之处。这主要体现在他对媒介冷、热分类的勉强以及忽视媒介具体内容等方面。另外他的分析客观性、

---

① 前面的引语见 M·麦克卢汉的著作。

科学性、实证性不足。

第二节　传播媒介的本体特征

正如前述,媒介分析可以有宏观分析和微观分析两种,本节将从微观角度探讨传播媒介个体的本体特征。

一、传播媒介的本体特征

我们参照前面提出的分析和认识媒介个体的基本原则,对常见大众传播媒介——报纸、广播、电视——进行本体特征的分析。进行这样的分析可以看出每种媒介的所长和所短,每种媒介如何扬长避短,进一步生存与发展。

(一)报纸。

报纸是以刊载新闻和新闻评论为主的公开发行的定期出现物,一般以散页形式连续出现。

报纸产生之初,内容简单,形式单一,读者少,销路不畅。随着社会的进步,报纸的发展经历了由少到多,由简单到复杂,由单一到多类型的变化过程。

1,报纸传播的特点

报纸是最早出现的新闻传播媒介,在新闻事业中占有重要的地位。

本世纪30年代,广播在世界各国迅速发展之后,特别是50年代,电视在发达国家普及之后,有些人惊呼:报纸将被广播、电视所取代。但几十年的事实证明,报纸的生命力是旺盛的。如今,尽管广播电视已深入社会生活的各个角落,在社会上发挥着重要的作用,但报纸没有失去存在的价值和空间,仍然发挥着不可替代的作用。

报纸作为印刷媒介有其自身的特点:

第八章 传播媒介论

第一，报纸是视觉媒介。报纸通过印刷在平面纸张上的文字、图片、色彩、版面设计等符号传递信息，是利用视觉供人阅读的。这是报纸最大的特点，也是有别于其它媒介的最明显特征。报纸的其他特点也都是以这一特点为基础的。

第二，报纸的保存性强。由于报纸是印刷在纸张上的"白纸黑字"，固定、持久，所以其自身的生命周期比广播、电视的几秒钟、几分钟长得多。可以长期保存。

这一特点保证了读者可以将感兴趣和需要的信息保存下来。报纸新闻即是现实生活的记录，又是历史教科书。尤其是对研究某些历史事实的读者，报纸的这种特点意义极大，是广播电视不可比拟的；另外报纸可以保存，保证了读者可以反复阅读报纸，因此，报纸的累积阅读率和传阅率较高，累积阅读率是指一份报纸被一个人重复阅读的次数多少，传阅率是指一份报纸被多人阅读的次数多少。在一定程度上，扩大了报纸传播的效果。

第三，报纸的选择权性强。阅读报纸的选择掌握在读者手中，读者可以根据自己的爱好和习惯去阅读报纸上的新闻。或快、或慢、或详、或略以及阅读的顺序、时间、地点等均由读者自己决定。

第四，报纸适合传达深度信息。有人说，报纸是解释型媒介。这种观点不无道理。正因为报纸是印刷在纸张上的、可以保存、可以选择的媒介，因此，读者通过文字、图片可以从容地反复研究，细品报纸所传播的信息。报纸利用这一特点，增加新闻信息的深度，刊登新闻背景分析、解释性报道、调查性报道等。

第五，报纸的时效性差。报纸每天最多印刷二到三次，因此，最新发生的事实很难及时地在报纸上得到反映。这是报纸的最大缺陷。

除此之外，报纸主要借文字传播，因此要求读者必须有文化，因而限制了读者的范围；报纸的感染力比广播、电视弱等，这些都是报纸自身的弱点。

报纸的这些特点是相互联系、相互影响的,因此我们在考察报纸时,应该全面、辩证地认识这些特点,扬长避短,充分发挥其优势,扩大其传播效果。

2,报纸传播的手段

报纸是以版面空间的形式展示给读者的。作为视觉媒介,其传播手段包括:版面部分(包括标题、栏、页等)、图片部分和文字部分(包括各种文体)。

(1)报纸的版面

报纸的版面是刊登各种新闻、评论、新闻照片的地方。所谓版面,是指报纸各版稿件的布局,是编辑人员精心设计报纸内容的总体结构。它涉及到稿件的分布与组合,标题的大小和形式,栏目的划分和变化,文字的品种和排列以及装饰和色彩的运用等等,对报纸的内容与形式,起着重要的影响和作用,也往往反映出报纸的风格与特色。版面集中体现报纸的宣传报道意图,鲜明地表现编辑对新闻事实的态度、立场和观点。从这个意义上说,报纸的版面本身也是一种意见。

报纸版面的构成要素很多,有:报头,报眼、头版头条、中缝、天地线、字体、字号、专栏、专页、专稿、副刊、增刊、号外、画刊、标题、资料、广告等。

(2)报纸的图片

图片指报纸中的照片、插图,它是报纸传播信息必不可少的手段。

早期报纸,由于摄影、制版、印刷等条件的限制,图片极少而且不能充分发挥作用;如今,科学技术已保证了我们使用图片的基本条件,"图文并茂"已成了现代报纸的标志。

图片的作用非常重要,它可以在相同的版面空间中传递印刷文字达不到的信息量,即西方新闻界所说的"一图值万言",它还可以美化报纸的版面。

(3) 报纸的文体

报纸中的文字部分,即以各种文体传播新闻及其他信息的部分,是报纸中最重要的部分。报纸中常见的文体主要有两大类,一类是新闻,另一类是评论。

3、报纸的生产过程

一张报纸的诞生要经过采写、编辑、排印、发行四个环节。

采写:采访、写作报纸上的文字稿,拍摄新闻图片。

编辑:将所有文字稿、图片及其他材料进行筛选、修改。如为新闻稿配标题,有的加上按语,配发评论。

报社在进行版面编辑前,一般都召开"编前会议",由负责版面的总编辑及各部分负责人的版面主编参加,就当天报纸的稿件、图片等交换意见。确定本期报纸特别是要闻版及头题的内容及基本形式。

编前会议之后,便由版面编辑会同美工等各种人员设计、组织版面,经由值班总编同意,即可发排。最新发生的重大新闻,应迅速写稿、冲洗照片,赶在截稿之前,选排版面。

排印:报纸排印分为两种,即铅活字排印和激光照相排版、印刷。

发行:印刷好的报纸,经过邮电部门或报社自营发行部门送至邮电分局、机场、车站,随即送到各零售点、送报点,经售报员和邮递员送到读者手中。

报纸的生产过程至此已经结束。

作为报社,需要在报纸与读者见面之后,抓紧调查读者的反应、意见、建议,搜集各方面有关的信息,为明天的报纸做准备。

报纸的生产过程是各部分、各个工作人员团体协作,共同劳动的结果。其中既有记者、编辑、作者的功劳,也有印刷工人、发行人员及其他所有行政、后勤保障人员的成绩。报纸的生产过程也是科学技术水平的集中体现。先进的编辑手段，排字、印刷设备，便捷的交通、传送线路，发达的发行网络等等都制约着报纸的生产质量。

（二）广播。

广播（Broadcast）是用电子技术装备起来的现代化的新闻传播媒介。它是通过无线电波或导线向广大地区传送声音符号和图像符号的传播媒介。运用无线电波传送符号的称无线广播；运用导线传送符号的称有线广播。只传送声音的称声音广播，即我们通常说的广播（Radio）。既传送声音又播送图像的称电视（Television）。

1，广播传播的特点

广播与其他媒介相比，有如下的特点：

第一，广播是听觉媒介。它利用声音符号，诉诸于人们的听觉，传播信息。这是广播最根本的特点。

广播是以有声语言作为主要的传播手段的。可以是播音员、主持人的声音，也可以是新闻人物、事件现场人物的声音。人的声音能说明事物，表达情感，声情并茂，真实、可信、感染力强。

除人的有声语言之外，广播中还运用大量的音响，这种音响现场感强，有立体感、空间感、情境性，能立即将听众带到音响现场，因此感染力更强。

音乐也是广播可以使用的传播手段。

第二，广播的时效性强。

广播利用电波传送信息，其传递速度是其他任何载体无可比拟的。电波的速度每秒30万公里。相当于绕地球7圈半。广播传出声音与听众听到声音几乎是同步的。

与报纸相比，广播的制作、传输、接收简单，环节少，因此广播的时效性、传播速度可以达到各媒介之首。另外广播播出时间长，一天24小时，除固定的节目之外，发生重大新闻事件，可随时插播。

正因为广播的这种"快",广播成了时速最佳的新闻传播媒介,广播新闻往往是"刚刚发生"或"现在正在进行"的新闻事实。

第三,广播的影响面广。广播不受时间的限制,同时不受空间、听众阶层等因素的限制,真正可以做到无时不在,无处不在。

广播技术的进步,使得广播接收设备轻便廉价,可以随身携带。无论开车、行路、吃饭、工作都可以随意收听。这种方便条件是其他媒介不具备的。

广播诉诸于听觉,只要听众的听觉正常,都可以成为广播的服务对象。广播一天 24 小时播出,频率多。广播电台的节目日益丰富和多样化,各个阶层的听众基本上都可以找到适合自己收听的电台。因此,广播是受众面最广大、影响力也巨大的媒介。

第四,广播的保存性弱、选择性弱。

广播的传播手段是声音。声音的特点是转瞬即逝。由于声音这一特点,听众对广播的内容往往难以留下深刻的印象,特别是那些抽象、艰深、内在的逻辑关系复杂的事实及一些理论和技术性强的内容,听众往往不易听清和听懂,不像报纸,可以供人从容地反复阅读,逐字推敲。

广播是按时间顺序进行传播的,因此听众必然沿时间这条"线"顺序收听,无法在同一时间自由灵活选择节目或内容。

广播作为现代化的传播媒介,既有优势,也有弱点。要使广播媒介更好地实现自己的社会功能,必须扬长避短。

2,广播的传播手段

声音是广播的唯一传播手段。广播声音包括语言、音响、音乐三个要素。

声音是一种波动。声音的传播,实际上就是物体的振动在媒质中以波的形式传递。声音是客观存在。但人们对它的感知则要通过人的主观感觉——听觉实现。声音能够造成较强的心理感觉差异，对声音的感受因人而异，但也有共同性，比如人们都愿意听到悦耳的音乐、自然的音响，不愿意听到噪音、无意义的声音等。

声音具有极强的引起联想、创造形象的能力。人们通过听觉获知外界信息，可以在自己的大脑中形成一定的听觉形象；声音能够表情达意，能够渲染情绪。

语言是广播声音符号的主要成分。广播主要依靠语言传播信息。广播语言介于书面语言和口头语言之间。既要严格按照语法规范来结构句子，又要适合口头表达，即"规范的口语"。广播语言一方面必须通俗、顺口、响亮、有节奏，另一方面也必须随时代进步，要提高广播语言的表达水准。运用广播语言写作广播稿必须注意：一要为听而写，即符合听众收听习惯，一听就懂，且牢牢吸引吸众；二要具体、实在，忌空洞议论、口号式语言，多生动、实在的事实，少静态的描写。

音响是广播声音符号中最具广播个性的一种，它包括自然界及人类行为的声音等。音响的运用可以增强广播现场感，立体感、真实感，使听众如临其境；音响还可以表现时间、空间，如在节目中利用音响达到时空转换的效果，音响可以增加感染力，渲染、烘托气氛。

音乐也是广播声音符号中的重要部分。音乐不能像语言那样具体地描绘事物，不具有视觉形象的具象性和直观性，它"情感的表现多于描绘"（贝多芬语）。广播，特别是立体声广播是最好的音乐传播媒介。

语言、音响、音乐构成了广播声音符号体系，是广播的传播手段。

认清广播传播的特点，提高驾驭广播传播手段的能力，把握广播传播的规律，这是广播工作者的基本任务。

（三）电视。

电视作为现代化的传播媒介，自它诞生那天起，影响日益扩大，已成为最大众化、最具效力的传播媒介之一。

所谓电视，指用电子技术传输图像及声音的现代化传播媒介。它通过光电转换系统将图像、声音和色彩及时重现在远距离的接收机屏幕上。它是现代电子技术高度发展的产物。

1，电视传播的特点

电视的发展前途光明，这得益于它的传播优势。作为最现代传播媒介的电视，它具有以下传播特点：

第一，电视是视听合一的媒介。电视传播信息的渠道有两个，即视觉和听觉，这就决定了它与其他传播媒介的区别，也奠定了电视优势的基础。

运动的画面是电视的的主要传播手段。它所再现的客观事物，可以不通过任何中介环节，直接通过视觉使图像映在人的脑中。加上画面的伴音，人们听其声、观其形，如临其境。

视与听是人类接受外界信息最重要的通道。科学家研究发现，人们通过视觉获得的信息占人们信息总量的83%，来自听觉渠道的占11%。视听兼用，使人们可以真实、立体地感受到事物的特征。从记忆效果看，听到的信息能记住20%，看到的信息能记住30%，边看边听的能记住50%。电视的视听兼备、声画并茂真正适应了人的生理特性，因此受到人们的普遍欢迎。

第二，电视适合再现形象、现场、过程。电视的首要特点，即视听兼备决定了电视具有极强的形象感、现场感和过程感。

电视适合于再现形象、现场和过程，这是电视的一大优势。报纸借助印刷符号，将形象、现场及过程转化成文字的描述，再由读者根据自己的经验和体会重现客观场景，它是间接的过程。广播类似报纸，只是所用符号是声音符号。而电视则将形象、现场和过程直接通过运动的、彩色的画面呈现在人们面前，既看到形象、现场的状况和过程的发展,又听到场景中的一切声音,是对客观事物的直接反映的过程。"百闻不如一见"、"眼见为实"都是电视可以做到的。因此,电视的现场感强,形象真实,可信度高;另外,电视中人物形象的真实,也可以给观众一种面对面交流的亲近感,尤以主持人节目最为明显。

电视传播的这种直观性,使电视具有很强的说服力和感染力,如大兴安岭火灾的画面,华东、华南水灾的场景,海湾战争中石油泄漏造成海滩污染的场景等等都具视觉冲击力,印象至深。

第三,电视时效性强,这是电子媒介的共同特点。随着科学技术进步,接收设备更加便捷,电视信号覆盖率提高,电视的时效性将进一步增强。

第四,电视保存性差,选择性差。这也是电子媒介的共同劣势。

电视信号一瞬即逝。因此不适合于表现过于复杂的内容,再加上电视的符号主要是直观的画面,它很难表现事物的内在联系及人的心理活动。正如广播一样,电视也是一种告知型媒介。一般情况下更适合于展示、告知受众,而不适合分析、解释、说理。

电视也是按时间顺序传播信息的,因此观众选择的主动性不强。随着电视频道的增多,电视台专业化分工程度的提高,电视也将愈来愈针对特定的观众群,提高了针对性,观众的主动选择权就明显增强。

电视的发展进步是扬长避短的过程。走电视化之路,充分调动电视符号的各要素,发挥电视再现形象、现场和过程的优势,充分展示电视丰富、真实、形象、亲近的特点,这是电视工作者的基本任务。

2,电视传播的手段

电视是多种传播手段综合运用的媒介。

(1)画面:它是电视符号的基本要素,是视觉信息的载体。电视画面是连续运动的。它展示的是客观世界运动的场景和过程。电视画面也是再现的,即它所展示的是客观存在的现实形象,现场和过程,画面给观众的只能而且必须是正在进行的。电视画面还是多义共生的,一般画面具有内容的不确定性,因而观众的理解会出现多重差异,因此画面仍然需要文字或伴音加以解释和提示。

(2) 声音:声音使画面"说起话来",而不是一个"伟大的哑巴"。声音补充画面无法传达的"盲区",如背景、人的内心活动。声音可以结构节目,利用"声音蒙太奇",使整个画面和节目顺畅。

电视的声音包括三部分:

一是语言:包括解说词、人物同期声。解说词等语言部分,用来解释、议论、抒情、说明背景、观点、心理等。

二是音响:包括现场同期声及效果音响。

前者指事实现场的声音。后者指为了特殊效果而加入的音响,以制造某种气氛等。

三是音乐:表达情绪和情感,渲染气氛。

电视声音传播手段中解说词是重点,同期声是基础和背景。

二、传播途径的比较与选择

一种信息到底使用哪种媒介传播更有效呢?哪一种媒介更受接受者的青睐呢?为什么这个媒介比那个媒介对人的吸引力大?

传播学中不少学者致力于诸如此类问题的研究。如戴维·纳塞和威廉·麦克尤恩进行的三种媒介传播回忆度的研究,结果发现电视录像带、只有声音的描述和印刷材料三种媒介给人的记忆与回忆效果并无明显的差别。另外如"零点计划"的研究者比较儿童使用小人书和电视时怎样学习和学到什么东西,心理学 H·加德纳将此研究同书籍与电视的基本区别联系起来探讨,表明电视和书籍对儿童的思维有着很不相同的影响,两者导致不同的体验,而不是说哪一个就比另一个好。

施拉姆提出：人们选择不同的传播途径，是根据传播媒介及传播的讯息等因素进行的。人们选择最能充分满足需要的途径，而在其他条件完全相同的情况下，他们则选择能够最方便而迅速地满足其需要的途径。

他提出了人们选择某种信息的或然率的方式，即如下的公式：

$$\frac{报偿的保证}{费力的程度}=选择的或然率$$

人们选择信息时如此，人们在选择使用媒介途径时也如此。公式中的"报偿的保证"指传播内容满足选择者的需要的程度，而"费力的程度"则是指得到这则内容和使用传播途径的难易状况。他们之所以选择 A 媒介，而不选择 B 媒介，则从这两者的比较中引发出。如：一个人如果觉得晚上 10 点电视台的《晚间新闻》可视性强，信息量大，那他就会经常看这个节目。

实际上，这则选择的公式包含有丰富的内容，可以据此说明：为什么一个人在各种可能获得的传播之中选择这一种而不选择那一种？人们选择时，往往要看：

第一，传播方式在多大程度上是现成可得的？如广告商知道人们更容易注意到大尺寸的广告。

第二，这种传播方式的吸引力如何？即传播方式上动静、色彩、喧闹与沉寂的对比是否突出、明显。

第三，它的内容的感染力如何？这与每个选择者的特质及需要有关。如文化程度高的人更可能选择报纸、男子比妇女更爱看新闻与体育新闻等。

第四，人们在寻求些什么？这因选择者不同而有较大差异。

第五，他们养成了什么样的传播习惯？每个选择者都有自己的接受和选择习惯。

第六，他们拥有什么样的传播技能？选择者使用媒介类型不同，他们会有不同的传播技能，如印刷媒介对应于阅读能力等。①

我们研究微观媒介的被选择原理对认识媒介实现其具体目标的可能性与有效性帮助很大。作为传播者，我们要使自己的媒介途径被选择的或然率提高，就必须关注自己的传播方式、传播内容，就必须关注受众——选择者——的需要及习惯等。

第三节　媒介价值与媒介文化

媒介的宏观分析就是探讨媒介在社会环节中的地位及与社会的互动关系、媒介的角色及作用等。我们在这一节中试图进行宏观媒介分析。

一、媒介价值

"价值"一词是人们日常生活中经常使用的。马克思曾为价值概念作过哲学上的界说："'价值'这个普遍的概念是从人们对待满足他们需要的外界物的关系中产生的"②，"是人们所利用的并表现了对人的需要的关系的物的属性"；③ "表示物的对人有用或使人愉快等等的属性"，"实际上是表示物为人而存在"。④ 由此可见，所谓价值就是事物与人需要之间的一种特定关系，即表示客体（事物）满足主体（人）需要的一种有用性，事物自身的属性成为（人）需要的价值对象，人的需要则成为事物自身属性的价值认可。人的需要和事物的属性是价值构成的两个不可缺少的方

---

① 威尔伯·施拉姆等（1984）：《传播学概论》，第117—120页，新华出版社。
② 《马克思恩格斯全集》，第34卷，第163页。
③ 同上，第19卷，第406页。
④ 同上，第26卷，第139页，326页。

面。

价值是客观的。价值是由事物的属性和人的需要两个因素构成的。事物的属性是客观的，这一点容易理解；人的需要也是客观的。人的需要不外是物质需要和精神需要两种。不论是物质需要还是精神需要，人的需要并不是由人的主观意志决定的，根本还是由社会决定的，由客观世界决定和创造的。在本质上它是社会性的，是不以人的意志为转移的。古代人、现代人、未来的人需要相差较大，并不是他们想应该怎么样，而是被客观世界决定必须这样。另外，二者的关系，即事物的属性与人的需要的关系也是客观的。价值关系是一种实践关系。实践就是为了取得人与客观世界的统一，即客观事物满足了人的需要。实践中人们常将价值视为主观形态的东西，结果将价值等同于价值评价。前者客观，后者是主观的。

价值既具有普遍性又具有特殊性。客观事物具有的属性是多种多样的，而人的需要有共性，即所有人都具有的需要，也有个性，即某部分人具有的需要。因此能够满足人的共性需要的那些属性便具有了普遍价值，而只满足人的个性需要的那些属性也就有了特殊价值。这种普遍价值和特殊价值都是在客观事物的属性满足人的需要的过程中实现的。

价值也是发展的、人的实践活动既改造了客观世界，使客观事物的属性陆续被发现，也改造了人自身，产生了新的需要，因而造成客观事物与人的价值关系不是一陈不变的，而是不断发展、变化的。新的需要要靠客观事物的新属性来满足。客观事物具有满足人的需要的多种可能性，但在人们未认识这些属性之前，这种可能性还不能实现其价值，只有随着人认识和改造客观世界能力的提高，人们进一步揭示客观事物的属性，可能性才转化为现实的价值属性。这是一个不断发展的实践过程。

上述关于价值概念的一般解释，有助于我们认识媒介价值问题。

人类社会需要沟通,这样才可以形成社会,而媒介可以担负这一职责;人类需要了解外部世界的信息,媒介可以传递这种信息,人类社会的信息流动需要壮大,在社会中扮演更为重要的角色,媒介便发展成为产业结构中的一要素。

媒介越能满足人类社会的这些需要,其价值就越大,反之,则价值就越小。因此,可以说,媒介价值就是媒介所具有的满足社会需要的素质的总和。它是客观事物属性与社会需要的统一。

从宏观角度讲,媒介具有满足社会政治、经济、文化等需要的各种素质。因此,也可以说,媒介具有社会价值、经济价值、文化价值等。

正如第四章中的"大众传播"部分论述的大众传播的社会功能,媒介可以满足社会在信息传递、舆论引导、大众教育、娱乐提供等方面的需要。与此同时,媒介还给社会带来了一种新的现实,即媒介现实,为社会中的成员创造了一种新的环境,即媒介环境。

所谓媒介现实,是指媒介正日益扩大而不是缩小我们的见闻,但是媒介带给我们的是经过它转述的世界,而不是现实本身。我们所处的大众传播时代,有一个主要的特点就是我们越来越多地接触复杂的物质世界和社会的媒介表述,而不只是我们狭小的个人环境的客观特征。

由于大众传播媒介那复杂、多样的对客观世界的表述,它的所有表述本身就足以构成我们生存的新的环境,即非个人客观环境的、经过加工转述创造出来的媒介环境。

二、媒介文化

媒介文化就其实质而言,是媒介的文化价值。媒介本身就是文化的产物,也是文化的一部分,它又在社会文化系统中形成了一个亚文化系统,即媒介文化。

媒介文化,日益成为当代社会文化形态中的重要组成部分,它对社会、人的影响也越来越大,因而,不少学者从各自的领域对这个问题进行研究。

研究媒介文化,实际上就是研究传播媒介与文化及其变迁之间的关系。传播学中研究传播媒介与文化关系的理论较多,其中主要的有三种理论模式:

第一种:传播媒介是文化表述的工具。

这个理论认为:传播媒介的符号表述的内容与形式是对一个文化的形式和内容的反映,因此,我们通过系统地分析传播媒介的内容,就可了解它所代表的处于特定社会和历史阶段的文化。

第二种:传播媒介是文化传送的工具。

这个理论认为:传播媒介将文化观念和行为传送出去。通过媒介传送的这些观念、行为等将影响到人、社会。

第三种:传播是社会文化仪式和文化的生存与再生。

这个理论认为:传播活动是人们交往的一种仪式,其作用在于通过处理和创作符号,定义一个人们活动的空间和人们在这一空间扮演的角色,使得人们参与这一符号的活动,并在此活动中确认社会的关系和秩序,确认与其他人共享的观念和信念。这种理论的代表人物 J·凯利认为:传播的最高表现并不在于信息在自然空间内的传递,而是通过符号的处理和创造,参与传播的人们构筑和维持有序的、有意义的、成为人的活动的制约和空间的文化世界。

上述三种理论模式从不同的角度,利用不同的方法研究传播媒介与文化及其变迁的关系。简言之,第一种认为传播媒介反映文化及其变迁;第二种认为传播媒介影响文化及其变迁;第三种

第八章 传播媒介论

认为传播媒介容纳文化及其变迁。[①]

总之,传播媒介就是传播过程中传播信息符号的物质实体。我们有必要研究传播媒介,这样可以使我们认识传播媒介的本体特征及媒介与社会的互动关系。

媒介研究又称媒介分析,我们可以分析微观媒介个体的本体特征,为我们更好地驾驭使用媒介服务;同时,我们还可以分析宏观的媒介,即媒介与社会的关系,从中发现传播媒介如何满足社会政治经济、文化等需要,实现其价值。

[①] 参见潘忠党(1996):《传播媒介与文化:社会科学与人文科学研究的三个模式》,见《现代传播》,1996年第4期,第8—14页,第5期,第16—24页。

第九章 受众论

第一节 受众

一、受众的界定与类型

(一)受众。

传播是信息的交流与分享。传播过程中存在着两个主体:传播者和受传者。受传者是传播行为的接受者,是传播活动中信息流通的目的地,是传播活动的产生动因之一和中心环节之一。离开了受众,传播活动就失去了方向和目的,而不能称其为传播活动。

在人际传播和组织传播中,传播者和受传者相对存在,一定条件下,二者的位置可以互换,且二者主要在面对面的环境下完成传播行为,可以及时反馈并调整传播内容和方式。

大众传播过程中的受众即受传者,或称阅听者,是对大众媒介信息接受者的总称。具体可以包括报刊书籍的读者、广播的听众、电影、戏剧等的观众。他们能够决定一个传播内容、一个传播媒介、甚至传播者本身的发展前途。

前面我们提到过,受众具有多、杂、散、匿等特点。

大众传播受众数量巨大,许多大型媒介的受众要用几十万几百万乃至上亿来计算。这些受众,除工作和睡眠外,接触大众传媒时间最多,大多在4~6小时之间。我国广播、电视覆盖率达到

84.2%和86.2%,意味着有9亿左右的受众和潜在受众。

大众传播受众由不同民族、国家、阶级、阶层、社会地位、职业、文化水平的社会成员构成,具有广泛性和多样性,是大众传播中一个复杂的子系统。

大众传播受众分散在社会的各个角落,从事着不同职业、有着不同的动机,互不相识、互不联系,是无组织的群体。

大众传播受众相对于传播者而言是隐匿的,传者可以了解受众整体的主要特征和愿望,却无法了解单个受众的具体情况及愿望、要求。

总的来讲,受众是信息的接受者,同时也是大众传媒积极主动参与者和反馈源。

(二)受众的分类。

受众是千差万别的。要使传播的信息和传播方式被受众认可和接受,就需要对受众的思想观念、文化素质、社会特点、接受方式、兴趣爱好等进行研究,对受众进行分类非常必要。从不同角度,我们进行以下分类:

1,依据对信息的关注程度和内容的范围,分为一般受众和专门受众。

现代社会中,由于社会分工和个人情况的不同,人们对信息接受的内容方式不同,关注程度各异,处于经常变动之中。

一般受众对于各种媒介及其传播内容都有接触的欲望,没有固定的接受方向和重点,相当程度上是为了满足好奇心、审美和消遣。这类受众人数众多、居住分散、相互隐匿、无共同兴趣爱好、个性不同,是大众传播的主要传播对象和研究重点。

专门受众有着共同的兴趣、爱好,有着相同的接受倾向,但同样是分散、混杂和匿名的。他们注意中心集中,接受信息有较高的专门要求。参与传播活动的目的性、功利性较强。随着物质生活、精神生活的丰富,这种受众数量在不断增加。

70年代已有学者提出大众传播应由"广播"向"窄播"发展的构想。我国目前由综合性报刊、电台、电视台一统天下发展到创办各种专业报刊、城市系列电台、系列电视频道等就是顺应了这一潮流。专业性媒介适度掌握专业内容与普及性内容比例,综合性媒介中加入少量专业性内容是适应受众需要的必要措施。

2、依据接触媒介方式的差异,分为读者、观众和听众。

读者是印刷媒介的受众,接触方式是"阅读",包括书刊报纸的受众。对信息接受的自主性、灵活性较大,文化水平为其接受活动的制约因素。一般而言,文化水平较高的受众多选择印刷媒介为主要媒体。

观众是电视、电影、录像等电子媒体的受众,媒介接触方式为"看+听",以看为主。一般以群体方式接受信息。自主性较小,不受文化水平限制,老幼咸宜,娱乐性较强。

听众是广播、录音等电子媒体的受众,媒介接触方式为"听"。可以个体收听,也可以群体收听,目前以个体为多。内容、时间选择局限较大,多为收听新闻、音乐。

二、受众的特征

作为个体的受众千差万别,但作为整体的受众是具有共性的。受众特征有社会的、个体的和心理的等不同层次。作为大众传播信息接收对象的受众有着不同于一般人际传播受众的特征和信息接收倾向。其特征为:

(一)每种大众传媒的受众大都由具有共同经验的个人组成,由于社会环境、社会角色、文化背景、民族特征等不同,在传播活动中显示了不同的特征。传播过程中,传者、受众和传播内容三者间,除受众对社会讯息有独立的价值判断外,传者与受众的利益是否一致,也会影响到传播效果。

(二)受众作为群体中的个体,受到人际传播与社会联系的影响，并按照现实与自身的习惯有意识地选择信息。一般而言，群体的规模越大、组织力越强、受众对群体依赖性越强，则群体利益对受众传播行为的约束力也强。

（三）受众由成分复杂的一大批人构成，且不是一成不变的。性别、年龄、个性、经历、兴趣、爱好、智力水平、预存立场等不同的受众对不同的传播内容有着明显的选择偏向。但由于这些特征之间有较高的相关度，受众常常要受到几种个体因素的综合制约，应当在传播过程中进行整体综合的把握。

（四）由于受众个人心理结构的差异，表现在对信息内容的选择、认知等方面均有所不同。受众的社会性特征决定其还有从众心理、逆反心理和移情等，这些心理特征同样彼此关联，可以相互转换。

（五）由于传受双方的时空间隔，传者对受众的了解间接而笼统。

第二节 受众主体

一、受众行为的动机与目的

（一）国外学者的研究。

作为社会成员，受众自觉采用各种媒介的原因何在？英国学者丹尼斯·麦奎尔认为"受众的行为，在很大程度上由个人的需求和兴趣来加以解释"。[①] 也可以认为，一个人接触媒介，是基于个人需要，怀有某种动机的，他主动使用媒介内容来实现自己的目的。研究媒介对受众产生的效果和具体功能，首先要了解受众的使用动机和希望满足的程度。

---

① 丹尼斯·麦奎尔、斯文·温德尔（1987）：《大众传播模式论》，上海译文出版社。

日本学者和田洋一（1981）认为，受众阅听的目的主要是："（1）得到报酬；（2）寻找线索；（3）符号倾向"。台湾学者郑贞铭（1978）认为是由于（1）寂寞；（2）好奇心；（3）自我的目的。我国学者张隆栋（1982）对西方研究作了归纳，认为有四个目的：（1）消遣；（2）作伴；（3）认同；（4）警戒。①

贝雷尔森1945年6月在纽约8家主要报系工人罢工过程中，经过研究，发现读者的目的是：（1）明了关于公众事物的消息和解释；（2）从报上寻找日常生活的指导；（3）为了消遣；（4）为了社会声望；（5）为了作"替代式"的社会接触；（6）由于阅读本身被认为是一件"好事情"；（7）要维护安全感；（8）由于读报已变成一种欲罢不能的行为方式。②

彼得·桑德曼、戴维·鲁宾、戴维·萨奇曼认为：首先是消遣，其次是填充时间；再次是社交上的需要；第四是心理需要；第五是寻求情报；最后受传者利用传播信息来寻求解决问题的指南。③

梅尔文·德弗勒则提出：（1）获取所期望信息的需要；（2）迎合一种已经养成的接触媒介的习惯；（3）为了休息或寻求刺激而使用某种媒介；（4）逃避烦闷或无聊；（5）陪伴，避免寂寞。④

（二）受众的动机。

结合国外学者的研究和我国近年受众调查的结果，我们认为，受众使用大众传播媒介的动机有：

1，获取信息，认识外部世界。

人要生存和发展，离不开同外部世界的信息交流，必须对外

---

① 戴元光等（1988）：《传播学原理与应用》，第115页，兰州大学出版社。
② 李茂政（1986）：《大众传播新论》，第302页，三民书局。
③ 《传播学（简介）》，第14～15页，1982年，人民日报出版社。
④ 梅尔文·德弗勒等（1989）：《大众传播通论》，第425页，华夏出版社。

部世界有所认识和了解,以适应外部世界的发展变化。

人们对外部世界的了解首先体现在对新闻的需求。了解社会生活中政治、经济、军事、文化等领域正在进行的变化,以确定应变策略。

其次,由于人有求新、求奇的心理特点,对于外界发生的新事、奇事也有了解的欲望,希望"了解社会"、了解他人"、"了解各项方针政策"、"本行业动态"、"各种社会观点"、"开阔眼界、丰富见闻"等。人们希望能够通过这些情况的了解来为自己的一些具体行动、困难寻找可供借鉴的经验、行动指南和解决办法。

2,娱乐消遣,满足精神、情感需要。

在一天的辛苦工作之后,人们很希望能够放松,从疲劳状态中解脱出来,消遣、娱乐便是很好的放松方式。现代社会中很多人把媒介当作了消遣娱乐最主要的方式之一。受众通过大量使用媒介,接收传媒提供的娱乐休闲性材料,获得精神上的享受和满足。同时,受众借传媒消磨空闲时间,排遣寂寞、忧虑等。不同地区、阶层的受众,使用传媒动机不完全一致。

有调查表明,人们读报主要是为了获取新闻时事,而收听广播和收看电视除获取新闻外,主要是为了欣赏文艺节目和娱乐。

3,获取知识。

随着物质文化生活水平的提高,人们对各类知识的需要日益增长,大众传播的功能也日益重要起来。受众通过收听、收视各种教学节目、科学节目,阅读科普报刊等获得新的知识,提高科学文化水平。获取知识已经成为获取新闻时事和娱乐消遣之外人们接触媒介的主要动机。

此外,人们使用大众传媒,还有满足某种特殊心理需要,如从传播内容中寻找生活的结合点、寻找刺激、转移感情等;还有通过传媒了解信息,从而增加人际交流中的共同语言及从传播内容中寻找认同感等需要。

但是，任何一个受众都不是由单一动机驱使的，一般是以某种动机为主，但不排除其它动机的存在。

1995年所做的全国报纸读者调查表明：我国读者阅读报纸的目的呈四个梯次顺序分布：第一目的群为"了解国内外时事"；第二目的群为"增长知识，充实自我"、"开阔眼界，丰富见闻"；第三目的群为"了解各种方针政策"、"了解各种社会观点"、"了解本行业的动态"和"认识社会，了解他人"；第四目的群为"获得各种实用知识和技能"、"学会消闲与消费"、"排遣烦恼，获得精神调适"、"消磨时间、休闲消遣"。同时，读者阅读报纸的目的是复合性的。广大读者的阅报目的虽有所侧重，但不十分集中。从对各种阅报目的所获的目的指数的分析来看，前三个目的群为人们阅读报纸的经常性目的，后一个则为临时性目的。

二、传受关系

传播的关系看起来是简单的，两个人（或两个以上的人）由于一些他们共同感兴趣的信息符号聚集在一起。[①] 传播是一个分享信息符号的过程，在这个过程中，传者和受者双方共享那些代表信息和导致一种彼此的了解会聚到一起的符号。传播过程中，传受双方行为具有内在联系。传者的讯息传递与受众的讯息接受相互依存，形成互动。传者只有提供那些符合受众实际需要或趣味的信息才会被受众接受，取得好的传播效果。

受众对媒介的使用和对传播内容的接受是一个积极主动的过程，受众一方面具有自主性和选择性；另一方面则受到一系列主客观因素的制约，如受众所处的社会环境、受众接触媒介的程度等。其中受众对媒介的接触程度对传受双方的信息分享影响较大。

受众对传播媒介的接触程度指他们接触大众媒介的频次。受

---

① 威尔伯·施拉姆（1984）：《传播学概论》，第45页，新华出版社。

接收工具、接收条件、受众文化水平、空闲时间等多种因素制约。

多项研究表明，受众对大众传媒的接触在其社会生活中占有重要地位。"1992年全国电视观众抽样调查"表明：我国城镇居民每天接触媒介的为70.6%，农村为56.1%，平均每人每天接触时间为118分钟，城市高于农村。

表9.1　电视观众接触三种媒介的程度（%）①

时间\频率传媒	极少或不接触			每月1~2天			每周1~3天			每周3~5天			每周6~7天		
	报纸	广播	电视	报纸	广播	电视	报纸	广播	电视	报纸	广播	电视	报纸	广播	电视
1987	23	15	2	11	9	5	18	19	16	17	21	32	35		54
1992	41	32	2	11	12	13	14	14	8	14	18	26	19	25	61

由上表可以看出，电视观众中几乎天天接触电视的观众（61%），远高于报纸（19%）和广播（35%）。极少或不接触电视的，只占2%，远低于报纸（42%）和广播（32%），受众对报纸、广播、电视三大媒体的接触是相互交叉、互为补充的。在接触频度上，城镇居民要高于农村居民，但在1987~1992年间，农村电视观众天天接触大众传播媒介的增加了15.1%，比城镇高近6%。说明由于生活条件的改善等农村居民用于媒介接触的消费在逐步增长。该年全国电视机总数达2.07亿台，全国电视观众8.06亿。

在对电视节目的选择中，调查显示：年轻观众收视目的性强，年长观众则多无目的收看；文化程度高的收视是有选择性的，文化程度低的则多无目的；与城镇居民相比，农民收视目的性较差，这与其文化水平偏低和节目可供农民选择的余地小有关。

关于受众收视目的的调查显示了相当的多样性和复杂性，这些因素对受众的收视行为有强度不同的推动作用。居前五位的是：

---

① 《中国新闻年鉴》（1993）：第213页，中国社会科学出版社。

表9.2 电视观众的收视目的（%）①

目的 \ 程度	从不	很少	有时	经常	几乎总是	名次
娱乐消遣	4.0	10.7	28.2	44.5	12.6	1
了解国内时事	6.3	13.3	29.6	38.2	12.6	2
增长见闻	5.7	12.9	34.0	39.8	7.6	3
了解各种方针政策	7.8	17.0	30.8	36.2	8.2	4
学习各种知识	9.6	20.5	34.3	30.7	4.8	5

在观众的收视兴趣方面，娱乐性节目最高（67.3%），其次为实用节目（51.8%）、知识性节目（44%）和艺术欣赏性节目、竞技性节目、思考性节目和信息性节目等。

大众传媒的发展，使传播的方式和渠道增多的同时，信息传播速度加快。而大众传媒的普及，使得使用和享受大众媒介成为儿童生活中一个重要的部分。儿童的媒介时间每天在2小时以上。大量接触媒介带给儿童许多积极和消极的影响，研究者们为此开展了大量调查研究工作。

表9.3 儿童在一周内使用媒介的频度（%）②

人数百分比	书籍	电视	报纸	广播	录音带	杂志	游戏机	录像带
未接触	10.4	13.4	15.4	27.3	32.2	36.6	68.3	69.5
1～2次	30.7	34.2	40.4	31.7	30.0	34.4	18	18.3
3～5次	30.3	24.6	29.6	18.9	19.9	19.6	6.7	6.9
6～7次	28.6	27.8	14.6	22.1	17.8	9.4	6.9	5.3

---

① 《中国广播电视年鉴》（1994），第300～331页，北京广播学院出版社。
② 张先翱（1994）：《大众传媒与儿童发展》，第20页，中国少年儿童出版社。

表 9.4　全国城市儿童在两周内接触媒介
种类的百分比（%）[①]

媒介种类	百分比	媒介种类	百分比	媒介种类	百分比	媒介种类	百分比
电视	84.6	连环画	54.7	杂志	50.5	录像带	26.6
报纸	72.9	录音带	54.2	电影	39.6	计算机	13.2
广播	63.1	字书	53.6	电子游戏机	29.2	卡拉OK	11.8

　　调查表明：城市儿童广泛地接触着大众媒介，接触电视和印刷媒介的人数都在半数以上。由于儿童接受新兴媒介几乎不存在适应阶段，他们会更多地接触大众媒介。

　　儿童接触印刷媒介的平均频度比电子媒介高，这对其现代观念的形成、智力发展等都有重要意义。

　　另有其它调查显示，儿童社会学习的需要与印刷媒介的使用相联系，儿童娱乐或情绪需要与电子媒介的使用相关系，儿童的心理需要有时与电子媒介、有时与印刷媒介相联系。基本上到10岁左右，儿童已学会根据所处的情况和媒介特点选择不同的媒介来满足自身需要了。

　　儿童的主要媒介兴趣在儿童文学内容（如动画片、童话、儿童歌曲）、刺激性知识内容（如体育节目、科幻作品、探险故事），对媒介种类的选择没有明显偏向。

　　目前我国一些其它调查显示：年龄、受教育程度、职业、性别、生活方式、接收环境等对受众选择何种媒介及传播内容会造成不同影响，这些制约因素彼此相关。

　　一般而言，受教育程度高的人较多选择印刷媒介，文化程度

[①]　同前页注②，第19页。

低的以电子媒介为主。儿童选择电子媒介,青少年多选择印刷媒介,中青年时期广泛接触各种媒介,老年则又以电子媒介为主。在内容选择上各有不同,但新闻时事、休闲娱乐和知识性内容的被选择度要高。

三、受众与信息的关系

(一)受众的选择行为。

传播学者经过研究发现,受众有选择地接触一种媒介,且往往只选择那些能加强自己信念的信息,而拒绝那些与自己固有观点相抵触的东西。人们通过大众媒介一般是加强自己已有观点,而不是改变其信念。

受众的选择行为体现在自由地选择使用何种媒介及接受何种信息上。在"信息爆炸"的社会里,每天有大量信息扑面而来,受众对这些信息进行不断的筛选,择取那些与己有利的、与己有观点立场一致的内容,或在外部压力之下选择那些与有自己不完全相符的内容。在受众的选择过程中所表现出的思维方式(即选择性心理)非常重要。

1960年,美国学者克拉伯在《大众传播的效果》一书中将受众的选择性心理归纳为选择性接受(或称选择性暴露)、选择性理解和选择性记忆。

克拉伯认为,选择性因素,是传播过程中的主要干扰,信息争议越大,其干扰也越大,反之则相反。传播者要想提高传播的效果,就必须设法减少选择因素的干扰。

选择性心理的实际应用表现为三个方面:

1,选择性注意

指认识结构、社会类型和有意义的社会联系所产生的,与这些因素有关的媒介内容注意力的方式。从媒介选择上来讲,受众一般选择自己习以为常和喜爱的媒介,如知识分子一般选择印刷媒介，教育程度偏低者多选择电子媒介；从传播内容上来讲，受众一般选择能够支持其信念和价值观的信息，以减轻认知上的不和谐；从传播的形式上来看，不同的人也有不同的选择取向。

心理学认为，注意是心理活动对一定事物或活动的指向或集中。人注意力集中的过程也是一个人对信息进行选择取舍的过程，人自然地接受同自己已有观点或立场一致的内容，接受对自己和所属群体有利的信息，排斥不一致的内容、回避有害或不利的信息。受众不可能，也没有必要全盘接受媒体传播的一切内容。

如前所述，威尔伯·施拉姆曾经提出过一个人们为什么选择某种媒介的公式：

$$选择的或然率 = \frac{报偿的保证}{费力的程度}$$

就是说，当特定的大众传媒满足我们一部分的需求时，才引起我们对它的兴趣而加以注意。

德弗勒认为，影响受众选择性注意的有认识结构上的个人差异；社会成员类型；有牢固社会关系的人可能更注意与朋友和家人利益相关的问题等。[1]

在实际生活中，面对各种信息刺激，受众都只选择那些需要感知的事物，舍弃不相关内容。传播者要想使自己的传播内容受到注意，可以改变传播形式、强化和更新传播内容。具体可以把握这样一些原则：

(1) 信息具有显著性和对比性。社会上发生的重大事件，如国际间冲突、国家重大政策变动、毁灭性灾难等信息容易引起注意。那些能同实际环境其它信息强烈对比的信息也易引起受众注意。

(2) 信息具有易得性。很容易接收并理解的信息易引起注意。

---

[1] 梅尔文·德弗勒等 (1990)：《大众传播学诸论》，第219页，新华出版社。

（3）形式灵活多变。传播者使用强调、对比、重复、变化等手法来突出传播内容，引起受众注意。

（4）要考虑到受众对媒介的接触习惯不同。

2，选择性理解

指具有不同心理特征、文化倾向和社会成员关系的人们会以不同的方式解释媒介内容。

1964年，贝雷尔森和斯坦纳提出，理解是一个"复杂的过程。人们在此过程中对感受到的刺激加以选择、组织并解释，使之成为一幅现实世界的富有含义的、统一的图画"。[①] 这则定义指出了一个人在理解过程中的主动性。理解受一系列心理因素影响，其中包括基于以往经验的假设、文化背景、动机、情绪和态度等。

在受众注意到的信息中，只有一部分才被进行深层认识、思考和处理。在这一选择过程中，"由于兴趣、信念、原有的知识，态度、需要和价值观等等这些认识因素上的差异，具有不同认识结构的人们实际上对任何复杂的刺激都会产生不同的认识即赋予意义。"（德弗勒，1990）

一般来讲，受众受到被理解对象的制约，只要他与传者的认识水平和编码水平基本一致，理解的结果也应当相差无几。但事实上常常是相同的传播内容却产生了"仁者见仁、智者见智"的效果。不但受众的理解不完全一致，有的还可能差之千里。鲁迅先生在《〈绛洞花主〉小引》一文中的一段话就很说明问题。对于《红楼梦》，"单是命意，就因读者的眼光而有种种：经学家看见《易》，道学家看见淫，才子看见缠绵，革命家看见排满，流言家看见宫闱秘事……"[②] 可以说，人们立场、观点和对生活理解及

---

① 赛弗林、坦卡特（1985）：《传播学的起源、研究与应用》，第118页，福建人民出版社。

② 鲁迅：《集外集拾遗》，第177页，人民文学出版社（1973年版）。

接触传媒机构的差异带来了理解上的差异。就是同一个受众,在不同的时间、场合、情绪等因素的影响下也可能对同一信息产生不同的理解。

概括而言,一方面,由于受众个人生活环境、经历等的不同,使得信息的外在刺激在人的头脑中产生的反应不同。另一方面,当所传播信息与人们的需要、经验和情绪等结合时,受众就对信息产生了较深层次的理解。

受众对信息理解的过程,也是一个受众对信息进行再创造的过程。受众往往会加入主观因素而造成理解的差异。如列宁说他在一个夏天把《怎么办?》读了5遍,"每次都在这个作品里发现一些新的令人激动的思想"。受众对信息的理解因主观因素的存在而"各取所需",于是就会"一千个读者有一千个哈姆莱特",也就会有人认识全局,而有些人则失之偏颇了。

1976年,B·戴维森等人提出,选择性理解至少有四层含义:(1)习惯性;(2)求得心理和谐一致;(3)功利性的,即选择满足需要、获得愉快的信息;(4)可得性。①

许多实验和日常生活的经验也表明:需要、态度、情绪、习惯等心理因素都对理解有着不可低估的影响。

因此,传播者在传播过程中要充分考虑到这些因素的作用,控制和引导传播内容,尽量消除或减少造成受众理解偏差的可能,信息编码清晰准确,并尽量减少有人曲解信息后再作二次传播的可能,提高信息被受众接受、理解的质量。

3,选择性记忆

受众往往只记忆对自己有利、符合自己兴趣或与自己意见一致的传播内容。受众在选择性地接收和理解信息之后,能够保存在记忆中的信息量大大小于前者。大多数信息对受众来说,都

---

① 陶涵(1997):《新闻学传播学新名词典》,第147页,经济日报出版社。

成为了过眼烟云。人们在无意识中忘掉了那些也许重要,但与自己原有态度不相符的信息。

从理论上讲,人们感知过的事物都会以某种形式保存在人的脑海中,一旦遇到新的刺激还能被激发和再现。实际生活中,由于记忆的主观性,只有那些对自己有利或愿意记住的东西才会印象深刻并时时想起。

选择性 记忆是在受众心理需要、态度、情绪、信息传播环境、传播形式和刺激强度等因素的共同作用下产生的。

1947年奥尔波特和波斯特曼对谣言流传的研究及1958年科勒和琼斯对种族隔离政策赞成与否的研究表明:受众在无数信息的"轰炸"面前,特别听得进去的是有利于加强和保护自己原有观点的信息,而无视或忘记那些与自己的观点不同或相反的信息。莱文和墨菲在同年所作的实验也证明了这一点。

有的人认为,选择性记忆也可以分为三个阶段:信息输入、信息存储和信息输出。由此,受众不但成为信息的接收终端,还可以成为向他人转述信息的传播者。

受众选择信息的这三个程序可以看作是受众的三个防卫圈(如下图),由选择性注意依次向内。在争议很大的信息上,其防卫更加严密。

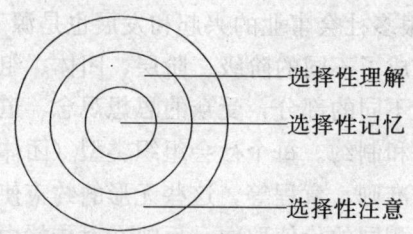

对那些可能包含有反面信息的刊物或节目,人是可以避开的,如果避不开,他在解释这些信息时可以实行选择性理解。如果还

不成,他就实行选择性记忆,即不去保留那些反面的信息。[①]

除选择性心理外,受众的逆反心理(Reversal Psychology)也非常值得重视,受众对外来的威胁自己态度体系的信息有一种抑制心理。一般有五种表现形式:(1)对外来威胁到自己态度体系的信息不予理睬;(2)驳斥外来的论点;(3)歪曲或从相反的方面理解外来信息的内容;(4)贬损信息来源;(5)寻求社会支持自己的态度体系。

大众传播过程中产生的逆反心理,有时会使传播效果为零,甚至引起反效果。对传播者而言,应该对受众逆反心理产生的原因及表现形式等进行研究,提供客观、公正、符合受众需要、形式多样的信息,防止受众逆反心理产生,提高传播效果。

(二)影响受众选择的因素。

受众选择信息的过程受到多种因素的影响和制约,选择性心理只是其中之一。

1、社会文化因素。

受众所处的社会环境、社会地位、文化背景的不同,使不同的受众对相同的传播内容产生了不同的看法和态度,从而受传播的影响及程度也不同。

巴赫鲁·斯宾诺莎说过,人是社会的动物。因此,人的本质属性是社会性,而很多社会事业的兴起和发展也是源于人的需要。社会上不同的人组成了不同的阶级、阶层、团体、组织等,每个人都会隶属于其中不同的部分,受众的思想观念、道德、行为规范等都受到其影响和制约。每个社会组织类型(团体)都有一套约定俗成的规范、准则、章程等,这些无形的约束使得同一类型的社会成员有几乎相同的价值取向,反映在对传播内容的接受上

[①] 赛弗林、坦卡特(1985):《传播学的起源、研究与应用》,第127页,福建人民出版社。

就是相同社会类型的受众大体选择相同的传播媒介、传播内容，并作出近似的反应。同时，受众所处的社会关系也会对其选择或排斥传播媒介的信息产生重要影响。

不同的国家地区有着不同的文化背景，文化的差异也影响着人们参与社会传播活动的方式、方法，不同的宗教信仰、生活习惯、整体教育水平、文化生活方式都会对传播内容的正常流动造成影响。

因此，受众对传播内容所产生的不同反响和态度受其所处的社会环境、文化背景影响。

2，心理因素。

受众的心理影响因素有两方面的内容。一方面是受众因个体差异而产生的选择性心理和逆反心理。另一方面因为受众生活在不同团体中，需要同环境保持一致，得到认可与接纳，以采取与大多数人相一致的心理或行为。所以，受众在接受媒介的传播内容时还要受到从众心理（或称作遵从性心理）的影响。

有一种随大流的心理状态的理论，由美国学者D·惠勒和H·乔丹于1929年提出。在《个别意见趋向团体意见的变化》一文中他们首次提出了受众从众心理的概念。拉扎斯费尔德等人1940年的调查也说明了在受众中存在从众心理和从众行为。

在传播学中，从众就是受众在传播活动中不知不觉受到群体压力而在认识、行为和观点等方面发生与群体中大多数人相一致的变化。

形成从众心理的根本原因是群体压力。单个受众都是属于不同的群体的。群体为保持其共同活动的顺利进行和关系状态的稳定，有着一些共同的价值观念和行为规范。违反者会受到孤立冷落乃至被驱逐，于是人在保护自己的同时要屈从于团体利益。

黎维特将群体意见对个体所形成的压力过程划分为4个阶段：

各抒己见,热烈讨论后分出多数派和少数派的合理辩论阶段;多数派劝少数派赞同大家意见的好言相劝阶段;对少数固执己见者群起而攻的围攻抨击阶段和使极少数派陷入完全孤立的隔离排挤阶段。

由于群体规范压力而形成从众心理和行为在社会生活中较为普遍。在那些文化层次较低的群体或受众个人没有清楚认识的问题上尤其如此。由于从众心理而造成的群体一致有助于受众的态度定型、实现群体目标和维护群体稳定,对传播媒介进行有效信息沟通有着不可忽视的作用。

从众心理是受众自发的一种心理,但不是由个人控制的。传播活动中,传播者却可以采取措施、合理引导,使其向正面发展,为实现传播目的服务。可以从以下几方面入手:

(1) 控制群体规模。

阿希和杰勒瑞等人的实验证明,群体增长到两个以上时对从众心理和行为产生影响。3 到 4 人的群体最适宜产生最多从众现象。因此,在一个小组内向为数不多的人进行有针对性的传播比向大多数人进行的松散性传播的效果要好。这样的传播每个人处于较平等、重要的位置,会对传播内容所造成的影响较为关心。

(2) 增加群体合力。

当一个群体成员间互相吸引、关系密切时,群体对个体能够产生较大吸引力,当面临接近的问题或威胁时,群体成员就会产生凝聚力,来对群体尽自己的责任和义务。群体合力越大,成员越容易产生从众心理和行为。同时,由于合力大的群体更容易抛弃不合规范的越轨者,也迫使一些成员产生了从众心理。

(3) 提高群体信息的权威性。

那些能够向成员提供权威性信息或观点、在人们一时无法判定清楚的问题上有可靠解决办法的群体容易使成员产生依赖心理,能提供专业性经验的群体的成员容易有从众心理。一般而言,许多大众传媒已经成为了颇具影响力的传播群体。

（4）考虑到个体心理因素的作用。

社会心理学研究表现：在社会上或群体中地位、资历、学识高的人威望也高，在心理和行为上易影响别人，而那些地位较低的人则易遵从于前者的态度和行为。

意志坚强、有个性的人一般不易从众，而灵活或软弱的人容易从众。

此外，各人情绪状态不同时对是否会产生从众心理也有影响。

四、受众权利

近年来，随着受众在传播活动中地位的提高，人们逐渐认识并承认，作为传播活动主体之一的受众与传播活动间有一定的权利义务关系。1980年，联合国教科文组织国际交流问题委员会的报告《多种声音，一个世界》集中了各国一些代表性意见。

概括而言，受众权利有：

（一）通过传播获知信息或称知情权。

《世界人权宣言》第19条中称，人人有权"通过任何媒介和不论国界寻求、接受、传递消息和思想的自由"。《德黑兰宣言》、《公民权利和政治权利国际公约》等都从不同角度提出了知情权的要求和主张。通过传媒获取各种信息，是人按其本质理应享有的基本权利和自由。[1] 受众有权得到或寻求与自身相关或作为社会成员希望得到的信息情报。同时，国家和传播媒介应为公民享有这项权利提供法律和实际业务的保障，方便信息向受众的流动。

（二）使用传媒进行交流的权利。

现代社会的受众认识到了自己在传播活动中的主体地位，于是希望在接受信息的同时传播信息，借助媒介来发表意见、表演

---

[1] 木雨：《让受众走向权利主体》，见《新闻与传播研究》，1994.3，第23页。

节目、传递信息、展示作品、点播节目等。《多种声音,一个世界》中指出"有一种趋势正在发展着,它与个人所起的作用有十分密切的关系,那就是为个人提供机会来影响政府当局、交流机构和从事交流的专业人员,以使它们能考虑到个人和集体的利益,或者甚至让人们直接使用交流工具并赋予管理和利用的直接责任。"目前来讲,传播机构应公平对待受众享有、使用媒介及服务的权利,并依法保护受众作为著作权人所享有的权利。

(三) 受众享有讨论的权利。

"有越来越多的解释认为,交流权已超出接受交流的权利或被提供消息情报的权利"。[①] 受众享有对社会问题发表意见的权利对稳定社会,提高社会政治生活质量很有意义。通过有效渠道及时表达意见是公民参政论政的条件,是受众享有社会民主权利的体现。同时,自由交流讨论的权利可以保证集体行为的真正一致,并影响到权威人士所作的决定。

(四) 受众在受到新闻侵害时有要求补偿的权利。

由于传播媒介的失实报道、不公正报道或评论而使公民名誉、利益受到损害或隐私受到侵犯的事,时有发生。国家应当采取法律手段予以保护。目前,我国《民法通则》规定公民的人格尊严受法律保护,1993年又发布了《关于审理名誉权案件若干问题的解答》,将有关规定具体化,从而初步形成了对权利较为完整的成文法保护体系。受众保护自己免受新闻侵害有了法律保障,有权要求损害自己权利的传播机构播发对等的更正、答辩或要求赔偿。

在实际生活中,无论是国外还是国内,侵犯受众权利的事情依然在发生。发达国家对国际范围内信息事业几乎垄断的情况对发展中国家受众权利也是一种侵害。需要国际国内各方面的共同努力来保障公众这些权利的真正享有,促进全球信息流通。

---

① 《多种声音,一个世界》,第238页,中国对外翻译出版公司。

法律规范中的权利，只有被人们以一定形式实际地享有和利用，才能成为权利主体实际的利益。有的学者认为，我国公民以自由权、社会权和请求权三种权利享有和行使各种权利。受众可以在法律不禁止的范围内自由地选择传媒服务；通过各种渠道获取和享受国家机关、传媒单位及其它组织依法提供的公益性、福利性的传媒产品与服务；依法直接要求义务人为其提供传媒产品和服务，或者依法诉诸行政、司法部门排除侵权损害、补偿利益缺失，合理地仲裁、排解当事人之间的争端和纠纷。

第三节 受众价值

一、国内外对受众价值的认识

（一）国外学者对受众价值的认识。

受众是大众传播的行为主体之一，对受众的研究几乎是同传播，尤其是大众传播研究同时开始的，并不断补充、丰富和发展。

1932年，拉斯维尔提出了一个传播模式："谁（who）？对谁说（to whom）？说什么（says what）？产生什么效果（with what effect）？"

1948年，在他的《传播在社会中的结构与功能》一文中，增加了"通过什么渠道（through which channel）？"成为了"谁，说了什么？通过什么渠道，对谁，取得了什么效果？"（Who says what in which channel to whom with what effect?）

这里的"对谁"就是指受众。

1948年，施拉姆在《大众传播学》一书中，将传播对象（即受众）作为了8个主要研究主题之一。

可见，传播学者们对受众的研究开始得较早，也颇为重视。但是，由于受思想、方法等局限，早期的大众传播以传者和媒体为中心，而没有将受传者（受众）作为一个能动的主体来看待。

早期研究认为，大众传播具有强大威力，各种各样的思想、感情、知识或动机从一个人的头脑里几乎不知不觉地灌输到另一个人的头脑里，进而改进态度，影响行为。于是产生了"刺激——反应"理论、"皮下注射理论"、"枪弹论"等。

1964年，雷蒙德·鲍尔的《顽固的受众》一文显示："接受者也不仅仅是靶子，而是这个过程中的平等的伙伴"。①

这一时期，"制约理论"风行一时，沃特森认为，人经过向社会不断学习，建立了固定的"预存立场"。受此理论影响，学者们相继提出了"个人差异论"和"社会分化论"、"社会关系论"等受众研究的理论。

50、60年代，受众研究走入困境。70年代起出现了一系列"受众中心理论"，以人如何利用媒介代替了以前的媒介如何对付人，将人的需要作为了传播模式的起点，提出了"使用与满足理论"、"使用与效果理论"、"功能方法理论"、"寻求理论"等。由于加强了对受众主观能动性的考虑，考虑到群体、他人对受众的影响，而形成了效果研究领域的关于大多数个人力图避免因单独持有某种态度和信念而造成孤立的"沉默的螺旋"和因在媒介中被最注意而被人感知为最重要的"议题设置"及"间接效果（长效）"等理论。

70年代末以来，受众理论研究没有什么突破性进展，但关于受众的特性、受众的需要、传播行为、群体压力、文化冲突等的研究有了进一步发展，作为整体的受众被放置于社会大环境之下进行研究，其中考虑到了诸多社会因素的影响。

近年来，随着各国对大众传播研究的逐步开展和深入及新技术发展带来新媒体的出现，使得大众传播中受众研究的领域和方

---

① 威尔伯·施拉姆（1984）：《传播学概论》，第202页，新华出版社。

法都在不断发展。1990年,简生和罗森格伦在《欧洲传播季刊》上撰文,将受众研究分为5个主要研究领域,即效果研究、使用与满足研究、文学批评、文化研究和接收分析[①]。将人文科学研究与社会科学研究进一步结合了起来。

受众研究的主要方法是受众调查。其目的在于了解受众的需要和兴趣、受众的构成、受众对传播内容和形式的反应等。通过受众调查所反馈的情况,大众传媒及时采取措施,根据受众需求,对传播内容进行调整,以改善传播效果。

目前,世界各国都广泛采用了受众调查的方法。早在30年代,美国就开始进行读者调查;40年代,随着广播的兴起,又开始了听众调查;50年代,电视开始在美国得到广泛应用,电视观众调查也开始兴起。

早期的受众调查,主要是广告商组织的报纸发行量调查。以招揽广告生意,提高传播机构的利润。1914年,美国广告商联合组织了"报纸发行数字稽核局",通过各种途径,调查报纸发行量。以后又成立了许多专门从事受众调查服务的公司,负责向各种媒介提供调查报告。

1935年,美国盖洛普民意测验所开始大型抽样调查活动,以后,这种方式被世界各国广泛采用。

目前,美国的受众调查和市场调查、民意测验等合为一体。著名的调查公司有盖洛普(Gallup)、哈里斯(Harris)、罗珀(Roper)、普利策(Pulitzer)、西蒙斯(Simmons)、尼尔森(Nielsen)、阿比特朗(Arbitron)等,其中盖洛普以民意测验和市场调查著称,尼尔森是著名的电视观众调查公司,而普利策以读者调查见长。这些公司都采用了现代化的手段和科学方法来对受众进行大规模调查。

[①] 张国良(1995年):《传播学原理》,第197页,复旦大学出版社。

一般来讲,受众调查分两种:一般的视听率调查和意向调查,后者是向相关受众进行广播电视节目应如何编排,报纸应登载何种内容、如何提高传播品质的调查。

(二)我国的受众研究。

70年代末、80年代初,大众传播学传入我国。我国关于受众研究的实际调查工作开始于80年代。1982年4月,北京新闻学会(首都新闻学会)调查组成立。

1982年6月~8月,中国社会科学院新闻研究所和首都新闻协会调查组,对北京12周岁以上的2423名北京居民接触报纸、广播、电视的习惯、渠道、兴趣及对新闻报道的评价采用计算机随机抽样、统一问卷、直接访问进行了综合性调查。这种"运用科学方法、采取现代化统计手段、对一个地区的读者、听众和观众进行考察和研究,在我国新闻史上还是第一次,是中国新闻事业一次突破性的行动。"1985年《北京读者听众观众调查》出版,同年,美国《中国社会学和人类学》丛书夏季号以《媒介与中国受众》为题,全部转载。

1983年,该组又对浙江和江苏受众采取邮寄方式进行了调查。

1986年,《人民日报》进行了全国读者调查;

1987年6月到1988年1月,中央电视台与22个省、市、自治区电视台联合进行了迄今我国规模最大的受众调查;1991年成立了全国电视观众调查网,1992年又联合30家电视台进行了全国电视观众抽样调查;

1988年,中央电台在全国29个省区作了抽样调查;

中国国际广播电台采用多种语言广播调查提纲的方式或邮寄问卷进行调查;

1987年1月到1988年5月,中宣部和广播电影电视部联合在全国农村开展广播电视事业综合考察,首次由国家机关和政府部门联合进行农村受众调查；

1988年春节前后组织的"首都知名人士龙年展望"调查是我国首次高层次的舆论调查，调查了200位高知、高龄、高职的知名人士……

此外，上海、南京、本溪等地都进行了地区性的受众调查；乌鲁木齐地区进行了民族受众调查；北京电台、电视台、《北京日报》、《北京晚报》、《经济日报》、《健康报》、《温州日报》、河北电台、电视台等也委托其它机构或自己独立进行了本媒介受众调查；中央电视台春节晚会进行了节目受众调查；还进行了"上海工人与新闻媒介"和"电视与少年儿童"等专项调查……

10多年来，我国的受众调查可以说是蓬勃开展，并取得了一定进步。具体表现如下：

1，成立了一批专门性的调查机构。1986年6日，我国第一个非官方的舆论调查机构——中国人民大学舆论研究所成立。1991年4月，中国广播电视学会受众研究委员会在广州成立，有76个团体会员参加。中国社会科学院等研究机构、教育机构和媒介也成立了专门的调查机构，上海等地的机构还向外提供有偿服务。

2，受众调查由80年代开始的受众行为调查向90年代的效果调查转变。1990年由首都8家新闻单位组织的"亚运宣传效果调查"围绕"亚运会的态度"、"通过新闻媒介报道的收获"、"广播电视接触行为"、"社会参与程度"等内容对传播效果的内在规律作了定量分析。此后还进行了浙江城乡受众接触新闻媒介同现代观念的关联性研究等，深化了受众研究的内容。

3，受众调查的方法手段不断革新进步。

1982年我国刚开始进行受众调查时，除上海市区新闻传播受众调查采用"一周日记法"外，均采用的是"自我汇报法"，调查手段单一，外地调研人工录入、邮寄回传，反馈不够及时，后来采用光标阅读器录入和用调制解调器进行计算机联网后，准确性和速度均有所提高。在1990年的"亚运宣传效果调查"中，不但采用了国际社会学通用的SPSS/PC⁺软件包进行统计分析，还首次应用了线性结构方程式模式和最新版本的LTS—REL7软件，进行了高质量的数理统计分析，被誉为我国传播效果研究的一次突破。

4，广播电视受众调查系统化。中央三大台基本都有定期调查，中央电视台还有全国收视调查网，各地台也可进行调查。

由于我国的受众调查起步较晚，目前也还存在着一些问题，需要在今后的发展中不断克服，使其日臻完善。

（1）描述性的报告多，分析性的报告少。许多调查耗费了大量人力、物力、财力、却只得到一些事实描述的数据，不能引起足够重视。今后应当从一次调查中作出尽可能多的分析，得出各方面的结论，以达到对调查结果的合理利用。

（2）调查方法单一。只用社会调查法，由于受众在回答过程中可能受到其它因素的干扰，会对结果的准确性造成影响。我们应当借鉴西方受众研究的经验，将传播学的多种研究方法结合起来，一种为主、其它为辅，进行调查研究。"首先完善社会调查方法，提高抽样随机性和代表性，增强组织调查的准确性，改进统计方法，将基础统计提高到多元统计分析的高级统计，以发展传播活动中更深层的规律。"①

（3）对受众的基本情况（分类）、受众接触媒介的种类、时间、渠道、方式、习惯等一般性问题应有统一的衡量指标，便于一地的调查结果被其他地区借鉴和利用，提高研究成果的利用率。

（三）有关受众的主要理论。

早期的研究工作中，研究人员没有看到受众的主观能动性，认为受众是被动的、消极的，只是传播效果研究中的一个部分，认

---

① 陈崇山：《受众调查研究10年》，见《中国新闻年鉴》1993年。

为只要是传播的信息就会被全接受,因此,当时的理论是"枪弹论"、"睡眠者效应"、"刺激反应"理论等。

1964年发表在《美国心理学家》杂志上的一篇文章为这类理论唱响了挽歌,R·鲍尔在《顽固的受众》中写道:在可以获得的大量(传播)内容中,受传者的每个成员特别注意选择那些同他的兴趣有关、同他的立场一致、同他的信仰吻合,并且支持他的价值观念的信息。他对这些信息的反应受到他的心理构成的制约……现在可以看到,传播媒介的效果在广大受传者中远不是一样的,而是千差万别的。这是因为每个人在心理结构上是千差万别的。这一理论强调了受众的主观个性,但与前者一样都是极端理论。

由于心理学家、社会学家发展了有关人类个人属性和群体行为方式的新认识,传播学研究中关于受众的研究也出现了一些更符合人性的理论。梅尔文·德弗勒在1975年出版的《大众传播理论》中将其归纳为个人差异论、社会分化论、社会关系论和文化规范论。J.A.巴伦在1967年又提出了社会参与论。

1,个人差异论。

该理论以"刺激——反应"理论为基础,从行为主义角度来对传播对象进行阐述。卡尔·霍夫兰于1946年首先提出,经梅尔文·德弗勒作出某些修正后形成。该理论认为,媒介讯息包含着特定的刺激性,这些刺激性与受传者的个性特征有着特定的相互作用。由于每个人在需要、习惯、信念、价值观、态度、技能等方面有着不同的认识结构,世界上没有完全一样和一成不变的传播对象。

德弗勒认为,相同的大众传播内容在受传者之间所以产生不同效果,是由于受众的个人条件、社会关系和社会范畴不同而形成的,其中受众间的个人差异最为重要。他认为,"人们是从后天经历的环境中获得个人特性和能力的。人格也是后天形成的。环境不同,个人经历不同,各自的性格、脾气、心态也不同,这些各不相同的受众对外界刺激作出的反应也就各有差异。

德弗勒在《大众传播理论》中认为:(1)人们的各自心理构成是千差万别的;(2)人们的先天条件和后天知识形成了个人之间的差异;(3)一个人的心理构成之所以不同于其他人,是由于他在认识客观环境时获得的立场、价值观念和信仰所造成的;(4)个性的千差万别来源于人们在认识客观事物时所处的不同社会环境;(5)人们认识客观世界的重要产品之一,就是在理解客观事物时带有成见。

受众的不同,决定了他们对信息有不同的接受和理解,进而有不同的态度和行为。

个人差异论最大的发现在于"选择性注意与选择性理解"。德弗勒认为,由于各人兴趣、态度、信仰、价值观的不同,接受信息时反应不同。符合受众固有信息形态的信息受注意和理解,否则会被忽视或扭曲,直到符合其原来的立场。

因此,传播者要善于了解、利用来自受传者的经验、态度、立场等,并从尊重受传者的角度来进行传播活动。

2,社会分化论。

该理论是在个人差异论的基础上发展起来的,是对个人差异论的扩展和修正,也叫做社会类型论或社会范畴论。它与个人差异论的不同在于后者是从心理学角度出发,强调了受众个体在心态和性格上的差异,而社会类型论是从社会学角度出发,强调了人的社会群体性上的差异。这是由美国传播学者约翰·赖利和马蒂尔达·怀特·赖利于1959年在《大众传播与社会系统》中首先提出的。

研究人员发现,社会现实中的受众,在接受媒介和选择内容的过程不但有"个人差异",还有共性。受众是生活在各种不同的社会群体中的个体,必然在行动时受到群体规范和群体压力的影响。

社会分化论认为,由于社会向工业化、城市化的发展,工业社会新型的人际关系代替了农业社会的家庭关系。这一过程中,城市化、现代化、移民、分工扩大、阶层分化加剧、社会地位的流动性不断增强。同时,人们发现"社会分化产生独特的行为方式。换句话说,相同社会类型成员身份的人常常行为类似。"早在二战之前,人们就发现,不同社会类型的成员趋向于选择不同的媒介内容,并以同其他社会类型成员不同的方式解释同一讯息,有选择地记忆,并采取不同行动。

赖利夫妇提出的社会类型论揭示了基本群体在传播过程中所扮演的角色。他们认为,对个人的传播行为产生作用的群体是基本群体和参照群体,所谓基本群体,是有长期持续的、亲密的、面对面接触的(两个或更多人)群体,如一个家庭。参照群体则是个人在其帮助下可以确定自己的态度、价值观和行为的群体。个人毋须是参照群体的成员,但该群体的规范对他有指导意义。个人接近的基本群体常常也成为他的参照群体。门德尔松(1963)认为赖利夫妇"重视其他心理因素在左右大众媒介能够对个人与群体产生的影响中所起的中介作用",而对其贡献予以了高度评价。

由于基本群体和参照群体都是社会的组成部分,所以,个人受到群体的影响,其实也就是受到整个社会的影响,只不过社会对个人的影响是通过群体这个中介来实现的。

因此,受众可以划分为许多"社会群",大众媒介应该考虑到不同群体的受众对信息接收倾向性的差异和受众的接收理解会受到所属群体的引导,有针对性地选择信息、制作节目或安排内容,就会使自身传媒别具特色和吸引力。

3、社会关系论。

与前两种理论不同的是,社会关系论强调的是群体关系在传播活动中的作用。把注意力放在了群体压力、合力对个人接收传播信息所产生的影响上。认为受众所属团体的压力和合力对于受众接受信息时的态度及行为产生的影响很大，而媒介通常难以改变人们固有的信念和态度。

这一理论最早来源于拉扎斯菲尔德、贝雷尔森和高代特于1940年在俄亥俄州伊利县所作的关于大众传播的报道对改变人们在总统竞选中投票的态度的作用所作的调查。调查发现："只有很少一部分人是由于大众传播信息而改变了早期的投票意向"，大众传播的作用没有人们想象的那么直接和强大。对投票意向和媒介行为影响很大的是社会类型。其中年龄、党派、性别、城乡居址、经济地位及教育程度是关键变量。"社会成员类型决定了'兴趣'之所在并导致了早期的投票决定"。调查者认为，受众所属的不同社会类型，不仅影响了人们接受大众传播材料的程度和方向，而且决定了这些内容对他们的各种影响。这一调查之后，产生了一种新的传播理论——"两级传播"（后被扩展为多级传播理论），拉扎斯费尔德等在1944年出版的《人民的选择》中提出了"舆论领袖"（Opinion Leader）的概念，是指那些在传播过程中给予了他人影响的人。

拉扎斯费尔德、卡茨等学者发现"非正式的社会关系的确是影响人们选择和解释媒介内容并对其采取行动的重要中介因素。""这种'个人影响'对许多人来说，是在大众传播信息和个人对信息作出反应这两者之间的一个重要的中介过程。"

社会关系论认为，受众作为个体均有不同的生活圈，并受到其约束和影响。很多受众接受的信息都是经过这个生活圈解释和过滤了的，人们接受那些与本团体意向相符的信息，并以本类型人典型的方式来接受这些信息。当传媒信息攻击该团体观点、信仰、理念的内容时，其成员（尤其是中坚分子）就会起来排斥这一传媒，加强其原有观念。在这种情况不很严重的时候，团体也会对传媒传播的不同意见进行解释、修正，以削弱或改变其传播效果，维护团体的利益。如果团体内有少数人与团体意见相左，也不敢公然去接受那些与团体意见相背的信息。

从上面两种理论中，我们可以看到，群体（团体）对受众接受信息产生重要影响，对大众传播也产生着影响；群体可以使受众态度定型，并使它们难以改变；了解某人所隶属或认可的团体，可以帮助我们预测到这个人的行为，政治团体尤其如此；真正有效的传播很多时候是大众传播与人际传播相结合的。传播媒介必须认识到，受众不会接受媒介的操纵，只是"从传播媒介那里取己所需，并拿来为己所用"。

4，文化规范论。

这是一个与议程设置（Agenda Setting）理论和麦克卢汉的一些理论相关的理论。它认为传播内容可以促使对象发生改变。如果大众传播经常报道或者强调某事某物，就会在受众中造成某事某物是社会文化规范的印象，从而促使受众去模仿，结果就形成了一些间接的影响。

文化规范论认为，受众可以从大众传媒中获得新的见解，也可以加强其原有的价值观念，或改变其原来的看法和态度，甚至可能发生观念上的变化。传播媒介为社会树立了文化规范。人们看待事物时，会受到这种新文化规范的影响。

但还有许多学者认为，大众传播改变人们生活习惯、制造新的社会文化规范只是少数情况，多数情况下，大众传播所起的是加强现有社会文化规范的作用。

总的来讲，文化规范论肯定了大众传播对受众所造成的影响。并认为如果这种影响增强，会造成社会的"一体化"，并为未来社会制造新文化。所谓社会"一体化"，指社会所有的个人、集团以至国家都从大众传播中获取不同的信息，从而相互了解、认识和鉴赏他人的生活条件、观点和愿望。①

雷·埃尔登·希伯特等人将上述四种理论概括起来就是：人们就是传播工具的广大受者中的一员，每个受传者对传播的内容信息的反应不相同。但是，具有共同经验和相同的社会关系的受传者有相似的反应。更重要的是，人们作为受传者，他们必须受到整个传播经验的影响。②

5，社会参与论。

该理论由美国学者J·A·巴伦在1967年发表的《对报纸的参与权利》一文中最早明确提出。是源于美国宪法中关于公民权利的一种理论。巴伦指出：为了维护传播媒介受众的表现自由，保障他们参与和使用信息传播媒介的权利，宪法第一修正案必须承认公民对传播媒介的参与权。巴伦在多篇文章中反复论述了这一观点。

1974年，日本学者堀部政男在《接近权论》中根据日本的实际情况，对受众的媒介参与权进行了全面论述。70年代，日本的传播学界对这一理论开展了大讨论，先后发表了清水英夫、堀部政男、浦郭法穗等人的一系列论文。

1979年，奥平康弘在其《知的权利》一文中写道："就同一信息的演变而言，曾经是'受传者'的公民以知的权利主体的姿态出现；要求成为'传播者'的公民作为接近和使用信息交流媒介权利的主体而登场"。这段话指出了消极接受信息与主动传播信息的异同。受众在传播的过程中既扮演着"受"的角色，也扮演着"传"的角色。受众要作为"知"和"传"的双重主体而出现在大众传播过程中。

随着社会的进步，受众要求积极参与大众传媒信息传送的要

---

① 吴文虎（1988）：《传播学概论百题问答》，中国新闻出版社。
② 张隆栋（1993年）：《大众传播学总论》，第137页，中国人民大学出版社。

求也日益强烈。1980年,联合国教科文组织国际交流问题研究委员会在报告中指出:

"一般都把读者、听众和观众当作消息情报的被动接受者。负责管理交流工具的人应该鼓励他们的读者、听众和观众在信息传播中发挥更加积极的作用,办法是拨出更多的报纸篇幅和更多的广播时间,供公众或有组织的社会集团的个别成员发表意见和看法。"

前面讲到鲍尔提出《顽固的受众》理论,1979年,英国学者布卢姆勒提出了"主动的受众",指出受众具有功利性(如果信息有用,便会去争取)、意向(使用媒介受以往动机引导)、选择性(受众传播行为反映以往的兴趣和爱好)、不会轻易受到影响四层意思。

因此,大众传播媒介应该本着尊重受众、提高传播效果的原则,在传播形式上尽可能地考虑和照顾到受众这种积极参与的愿望、要求和权利。

综上所述,我们得出结论:

1,大众传播中的受众是在不断变化中的,没有一成不变的受众。即便是针对某种传播媒介而言,也是如此。

2,大众传播中的受众是各不相同的,但那些有共同经历、受同样社会关系影响的受众对相同传播内容的反应类似。他们选择性地接受、解释和记忆大体相同的内容。一定社会关系中受众的相互影响,将会引起一系列思想、观念、态度、行为等方面的变化。

3,大众媒介的传播内容会对受众造成一定影响,会加强现有的社会文化规范并创造一些新的社会风气,还有可能促使社会"一体化"。

4,受众不是被动的信息接受者,而是积极的大众传播的参与者。受众希望能够通过大众传播媒介发表自己的见解和主张,希望能与传播者共同分享信息。

二、受众价值的开发

（一）受众价值开发的重要性。

首先，受众在传播活动中处于主体地位，受众决定着传播活动中的基本方向。离开了受众，传者研究、效果研究、媒介研究等均无法立足。受众在传播活动中身兼数职：作为信息接收终端，没有受众，传播活动就失去了意义；信息接收过程中，受众根据自身和所处环境需要对信息的内容进行选择性地认识、理解和记忆，而不是被动接受；作为主体之一，受众有表达意见、观点和将自己拥有或周围信息及时传播出去的愿望，受众往往经过对信息的再加工而作为传者将其传播出去，希望能同传播者分享信息；作为信息反馈的源头，受众会对信息进行加工后以不同的反应向传者进行反馈，此时受众成为传播的行为主体。受众的反馈信息往往是决定一个过程继续、转变或停止的主要因素；此外，不同的受众组成的群体可以对个别受众的信息取舍造成影响，而成为传播活动中的人文环境，提高受众素质，进而改造传播环境对于提高传播效果有积极促进作用。

其次，70年代以来，随着国际间交流活动的日趋频繁，国际传播也成为了传播学研究中一个重要的方面。西方四大通讯社（美联社、合众国际社、路透社和法新社）播发的国际新闻占全世界国际新闻的80%，几乎形成垄断。"美国之音"、"德国之声"、英国广播公司等的短波节目一天也没有放弃过对其它国家进行文化渗透。卫星电视兴起以后，全球上空百颗卫星传送了以西方发达国家为主的电视节目，将这些国家的外交政策、价值观念、生活方式等传播得无远弗届。西方传媒机构对目标受众进行了充分的研究，对年龄层段、文化层次、群体性喜好、接收习惯等无不进行了详细分析，节目既有普遍接受性，又具有针对性。跨国媒介在不同的地区播出不同节目，在当地进行节目加工再制作，根据不同情况对电视节目配音或打字幕保留原声等针对性措施就是在对受众进行研究后得出的。这些特点鲜明、针对性强的节目很容易赢得受众。

再次，科技水平的不断发展，带动我国的电视节目传输技术、制作水平也在不断提高。随着有线电视和卫星电视在国内的兴起和发展，我国电视台观众已可以看到几个到二十几个的频道。电视节目的数量增多之后，观众对节目的选择性随之增强，同时，一个频道节目的观众数量则可能减少。未来的竞争，更多的是节目的竞争。归根到底是受众的竞争，是传播媒介如何优化传播内容、结构以赢得受众，保持优势的竞争。不但电视，报纸、广播也面临同样的竞争。而赢得受众的前提是要了解受众，满足的受众的需要，就是要进行严肃认真的受众研究工作，不断开发受众的价值。

（二）受众价值开发的内容和方法。

传播学早期研究对受众作用认识不足。40年代以后，心理学、社会学等介入传播学领域，带动了一系列受众理论的提出。

心理学家从心理机制的角度论述受众在传播过程中积极性和主动性，以此来研究受众与传播媒介和传播效果之间的关系。而社会学家则把受众置于社会环境之中来阐述受众与媒介及传播内容的内在联系，证明了受众在传播过程中受到了多种社会因素的影响。

受众价值开发中很重要的一个方面就是研究心理因素和社会因素对受众接触媒介、接受信息的影响、制约作用和传播效果之间的关系。

此外还应了解受众接受信息的变化规律，研究受众的结构分层。传播媒体应对受众调查的结果进行分析和研究。

80年代以来，一些学者认为，受众是有能力从文本中解读意义的主体，同时强调文本意义是文本与受众互动的结果，重点探讨受众的解码过程，对媒介论题和受众论题进行比较分析，在强调受众主动性的同时注意了媒介文本结构的力量。

对受众价值进行研究开发所采用的方法，应当是传播学研究所采用的方法，即采用实地调查、内容分析、控制实验、个案研究等方法。主要是受众调查。

受众调查可以分为一般的阅视听率调查和意向调查两种。前一种又有节目回忆法、电话访问法、一周日记法和机械记录法等。

电话访问法通常是在某个节目的进行过程中，调查人向观众打电话询问观众正在看什么、有多少人在看、节目的提供者是谁、是什么广告等。也可以询问观众过去半小时看节目的情况。这种方法可以迅速、简便、及时地了解情况。但由于该方法只能向有电话的家庭询问，且询问时间较短，调查的项目较少，因此，很难知道收看节目的时间长度和连续收看同一个台、节目的程度，代表性较差。又由于在节目进行中询问，打断了观众的收视，容易被拒绝。

一周日记法是让调查对象在一周之内逐日填写收看日记，如收看了哪个频道的什么节目、收看了多长时间、家里有多少人收看、收看的节目是否相同等。采用这种方法可以了解较多的情况，收集的数据较为连续可靠，便于持续追踪观众的收看习惯以收集个人的资料等。但是此种方法中调查对象有可能没有按时填写而在事后补记，所以也会影响到调查的准确性。

机械记录法是给每个被调查用户的电视机装一个自动记录器。电视一开，记录器随之开动，可记录精确至分的使用电视时间及用户的频道转换情况，可以用于了解用户收看哪些频道的节目及收看时间。美国尼尔森电视观众调查公司采用的就是这种调查方法。

尼尔森公司从全国抽取 21000 户电视观众作为调查样本，每周将搜集起来的用户情况汇总到公司总部进行分析、研究，得出一周之内哪个电视频道节目收视率最高、什么时间的收视率最高等结果并予以公布，以便于广告商决定在哪家电视台的哪个时段做广告，而电视台则根据收视率情况决定不同时段的广告收费标准及采取措施改进节目，提高竞争力。

采用机械记录法记录的数字较准确，装置可长期使用，不会给受众带来不便。但由于调查内容项目较少，情况了解不多，有时不能完全反映收视情况，与其它方法配合使用，调查结果会更加符合实际。

所谓意向调查是对有关的阅听人希望广播电视节目如何安排，如何提高节目质量等进行的调查。这种调查是由量的调查转向质的分析。由满足广告商的需要转向兼顾节目诊断。通过抽样调查来找出受众的全体意向，以进行适当的节目改进。

例如，1979年美国公共电视公司采用 Percy Company 公司设计的视测箱，将仪器连在电视上，由专用线24小时传送观众的收视情况及反应。观众可以在仪表上按钮表示正在收视的频道，并在另外8个键（非常好、内容丰富、值得信赖、有趣、乏味、难以置信、低劣、生动）上反应其对收视节目内容的意见。媒介可以根据受众的选择意向来了解一些规律性的内容，如其兴趣指向、收视需求等，对节目内容的设置编排予以改进，去芜求精，从而使节目质量和收视率提高，推动效益的提高。

这些调查方法总的来讲各有其优势和不足，实际应用中更多的情况应当是以一种为主、其它为辅地进行尽可能全面、及时、准确的调查分析，随着调查手段、统计方法的完善来不断完善受众分析。

如我们前面提到的一样，受众调查还应当与控制实验、个案分析相配合，并在传播效果的研究中把传播内容分析与社会调查结合起来，以进行更为深入的受众研究，奠定开发受众价值的基础。

　　总之，受众作为主动的信息接收者、信息再加工的传播者和传播活动的反馈源，在传播活动中占有重要地位。离开了受众，传播就如同无源求水、无本求木。

　　受众接触大众传媒主要是为了获取信息、认识世界、娱乐消遣、学习知识等需要。受众对信息的接受要经历选择性注意、选择性理解和选择性记忆等阶段，并受到社会文化因素和心理因素的影响，作为权利主体的受众享有获知信息、交流、讨论和免受新闻侵害等权利。对受众价值的开发研究历经了逐步发展的过程，国外具有代表性的理论有个人差异论、社会分化论、社会关系论、文化规范论和社会参与论等。受众调查是受众研究的主要方法。中国的受众调查开始于80年代。目前有成绩也有需要提高之处。今后受众价值的认识开发将更为重要。

　　需要强调指出的是：随着世界范围内科学技术的不断发展进步，信息传播的媒体也在不断扩展。卫星技术在广播电视传输上的应用，已使信息的传播流通更为广泛和迅速，地球正日益成为真正意义上的"地球村"。跨文化传播成为了传播学研究中不可忽视的部分，而受众的研究也不可忽视这一点。

　　90年代以来，多媒体技术和互联网络为信息传播提供了新的媒体。随着电子计算机的日益普及，我们将不得不考虑信息高速路上受众的方方面面。新技术带来新媒体，受众的范围和层次都将扩大和深化。这将给受众研究和价值开发带来新的课题。

　　我们这里所谈到的，还只是传播学意义上大众传播的受众。随着大众传播媒介的发展变化，我们将进行更为深入的研究。

第十章 传播效果论

第一节 传播效果的认识历程

大众传播研究分传者、内容、渠道、受众和效果五部分，其中研究历史最长、争议最大、最有现实意义的是效果研究。大众传播的研究一般都基于传媒可以产生某种效果这一假设，通过效果研究可以检测其他四方面的功能及状况。效果研究主要集中在大众传播在改变受众固有立场、观点上有多大威力这一方面，但也涉及了大众传播对社会及文化所造成的影响。丹尼斯·麦奎尔认为"大众传播理论之大部分（或许甚至是绝大部分）研究的是效果问题"。

所谓传播效果指传播者发出的信息经媒介传至受众而引起受众思想观念、行为方式等的变化。

传播效果研究开始于第一次世界大战。经历了不少曲折阶段。1981年，赛弗林和坦卡特对传播效果研究的轨迹作了四方面概示，分为"枪弹论"、"有限效力论"、"适度效力论"和"强效力论"，指出这些理论呈螺旋状向前渐进，并有合理的理论内核和科学的数据作支撑。

梅尔文·德弗勒等人在《大众传播研究中的里程碑——媒介效果》一书中列举了11次规模较大、成果较显著的效果研究，分别为：1. 潘恩基金会研究：电影对儿童的影响；2. 火星人入侵地球：广播给美国带来恐慌；3. 人民的选择：政治竞选中的媒介；4.

第十章 传播效果论

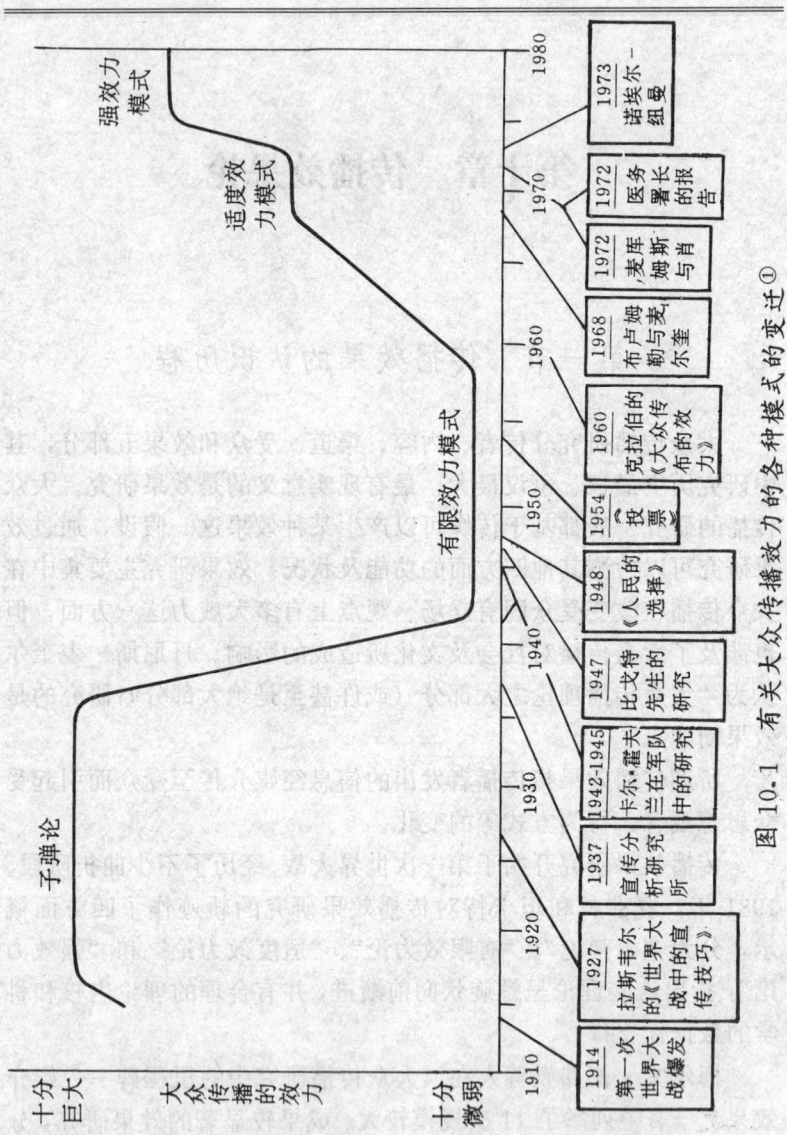

图 10.1 有关大众传播效力的各种模式的变迁①

① 赛弗林、坦卡特（1985）：《传播学的起源、研究与应用》，第 254 页，福建人民出版社。

大众传播实验:二战中对美国士兵的劝服;5. 传播与劝服:寻求魔法钥匙;6. 个人影响:传播的两级流动;7. 里维尔工程:信息传播的质量与途径;8. 天真无邪的魅力:连环画大恐慌;9. 儿童生活中的电视:早期电视研究;10. 暴力与媒介:骚动的年代;;11. 电视与社会行为:外科署长的报告。①

一、传播效果的早期认识

(一)枪弹论。

枪弹论(即子弹论,施拉姆,1971),也叫"皮下注射"论(伯罗,1950)或"刺激—反应"论(德弗勒,1970),是盛行于本世纪20至40年代的一种媒介威力强大的理论。

本世纪初,在孔德、斯宾塞等人的社会有机体思想和韦伯等的工业化社会理论基础上形成了大众社会理论,认为媒介对社会影响巨大。

第一次世界大战中,交战双方利用大众传媒展开心理战,精心设计的宣传信息充斥了国家的新闻报道。协约国的战争宣传非常成功,以致于战后有人认为德国的投降是因为受到了协约国宣传的欺骗。

拉斯韦尔在《世界大战中的宣传技巧》(1927)一书中肯定了宣传的作用和效果。

第二次世界大战前,纳粹德国以武力为宣传的后盾大搞恐怖活动,一时发生巨大效用。由于人们担心美国也利用大众传媒进行希特勒的煽动,"枪弹论"流行开来。

枪弹论认为,软弱的受众象射击场的靶子,无法抗拒子弹的射击。"效力强大的刺激得到大众个体成员一致的注意力,这些刺

---

① S. Lowery, M. L. DeFleur (1983): Milestones in Mass Communication Research: Media Effects, P1, Longman, N. Y

激触发了内心欲望,冲动或个人很难自我控制的其它过程"。受众消极被动地等待和接受媒介所灌输的各种思想、感情、知识或动机。大众传媒有着不可抗拒的巨大力量,受众对大众传媒的信息产生大致相同的反应。"刺激—反应"机制和媒介效力强大的信念是该理论形成的基础。

20世纪30年代初,潘恩基金会关于电影对儿童的影响的研究成果发表,认为电影对儿童有巨大影响,可以直接改变人的态度,而持枪弹论的学者认为,态度的变化即等于行为的变化。

1938年10月30日,美国哥伦比亚广播公司根据科幻小说《星球大战》改编的广播剧播出时,在全国引起大恐慌。事后,普林斯顿大学广播研究部对其进行调查研究发现:讯息在一定时间、地点和条件下,对某一类特定受众有很强的影响。这些因素的综合作用可以使某一效果极为突出和明显。同时,该研究证明受传者自身与社会条件等因素与传播影响的作用有很大关系。这一点在后来的研究中得到了发展。

枪弹论将传播效果绝对化,将传媒作用不分时间、地点、对象、环境地夸大化。"它虽然在一段时间内广为流行,但未得到真正一流学者的拥护,只是一种记者的'发明'(指贬意)。"30年代末,有关传播效果的研究资料已经表明,传播媒介如枪弹不可抗拒的理论并无根据。1964年,雷蒙德·鲍尔发表的《顽固的受众》为枪弹论唱了最后的挽歌。该文章认为受众是传播过程中平等的伙伴,对宣传的枪弹可以接受也可以排斥,受众拒绝倒下。

40年代以后,枪弹论逐渐被抛弃了,"被代之以更多地考虑到传播的人类特性而更少归因于这一过程的物质资产的力量的理论"。[①]

---

① 威尔伯·施拉姆(1984):《传播学概论》,第202页,新华出版社。

(二) 有限效果论。

该理论也可以叫做"最低效果法则",这一说法由纽约大学教授霍普·克拉伯(约瑟夫·克拉伯之妻)首先提出,是对早期"大众传媒威力论"(枪弹论)的否定。它认为传播活动是传受互动的过程,受众是具有不同特点的个体,不是应声而倒的靶子。大众媒介的效果由于媒介性质及其在社会中的地位而大受影响。媒介不是影响受众的直接和唯一因素。大众媒介透过许多中介,在其他多种格局影响下发生作用,对受众的影响是有限度的。

有限效果论中包括个体差异论、社会分类论、社会关系论、多级传播论、中介因素论、舆论领袖论等许多理论。关键性的研究有:

1942~1945年间,卡尔·霍夫兰对二战中军事纪录片对士兵的劝服效果进行研究。让士兵观看《我们为什么打仗》中的四部影片,调查研究发现:纪录片在传递普遍事实方面有显著效果,某些较为直观的看法和解释也有一定影响力;士兵的有些看法经说服转变后可以稳定下来,但影片对于受众固有的态度和观点,缺乏予以改变的能力,即说服性大众传播的实现是有条件、有限制的、不能为所欲为,且个体差异与传播效果的实现有很大相关性。

1947年,库珀等关于"比戈特先生"漫画的研究表明:选择性理解会减弱信息的效力。

1940年和1948年,拉扎斯费尔德、贝雷尔森等人两次进行总统竞选调查。在1940年俄亥俄州伊里县的调查中,他们发现,在选举过程中只有8%的人改变了态度。传播在这一过程中的主要效果是同化、维护或催化,而不是轻易改变受众的原有态度。对选民投票起决定作用的是其社会经济地位、宗教信仰、居住地区及他人的影响等。这次调查研究提出了"两级传播"理论,并发现了在人际交流中对他人态度产生影响的"舆论领袖"。其调查报告《人民的选择》和《选举》表明,大众传播的社会影响极为有限。

虽然他们认为媒介效果有限,但承认其作用。拉扎斯费尔德和默顿提出,大众传播媒介能提高社会声望地位,能在一定程度上增强社会规范并可作为社会的麻醉剂。其结论为:媒介总的趋向不是带来变化而是鼓励维持现状,"出于同样的尺度,它们也不会提出有关社会结构的本质性问题。"[①]

他们认为,媒介可能在某些条件下有重要的社会效果。条件为:当只有一种观点垄断了媒介;当媒介的努力与"疏导"性的改变相结合而进行一种小的和特定的改变;组织面对面的交流来辅助此媒介宣传。事实上,实现这些条件很难,尤其是第一个条件。

伊里县的调查发现,媒介信息通过"舆论领袖"的"过滤"和"加工"后到达与舆论领袖有社会接触的个体。"概念往往先从无线电广播和报刊流向舆论界的领导人,然后再从这些人流向人口中不那么活跃的部分。"即形成大众传播→舆论领袖→受众的传播过程,这就是"两级传播"。两级传播比直接的大众传播更具有说服力,经过舆论领袖再加工的信息针对性更强,更容易被受众接受和相信。

此后,默顿、卡茨、贝雷尔森、柯曼等人的研究强调了受众、传媒和社会环境间的相互影响,并表明,受传过程可能不只两个阶段。1971年,罗杰斯等人将两级传播扩充为了"n级传播"。认为媒介信息传至受众的过程中有多种方式、多种传播渠道,可能由多级中介环节组成信息传播链。

施拉姆认为,信息与概念在社会上川流不息,大众传媒对它施加着巨大影响。所有的人,在不同时刻可能以不同方式影响着这个流程。"你可以把它想象为一种多级流程。更好的是把它想象

---

① 威尔伯·施拉姆(1984):《传播学概论》,第206页,新华出版社。

为一种全体制流程,也就是说,信息连续不断地流过社会体制,它服从这个体制的约束与需要,也受到体制内部的作用与习俗的影响与推动。"

无论是两级传播,还是多级传播,舆论领袖(Opinion Leader)都扮演着非常重要的角色。舆论领袖是人群中那些首先或较多接触大众传媒信息,并将经过自己再加工后的信息传播给其他人的人。舆论领袖介入传播过程,加快了信息传播并扩大了影响。他们具有影响和改变他人态度的能力。

舆论领袖的特点是他们在社交场合较为活跃;与受其影响者处于同一团体并有共同爱好兴趣;通晓特定问题并乐于接受和传播这方面的信息。

对两级传播的批评意见主要有:舆论领袖与其他受众往往并无明显界限;某些场合受众可直接获取信息,不存在中间人;舆论领袖的主要信息来源有时是人际渠道;受众交换信息时往往难于区分舆论领袖和跟随者;有时舆论领袖不能影响他人;影响过程可能不止两个阶段;对缺少媒介的传统社会或对发达社会中充满危机与不安定的环境,该理论不适用等。

1960年,拉扎斯费尔德的学生约瑟夫·克拉伯在《大众传播的效果》一书中,对有限效果论进行了完整的总结。其研究最主要的核心部分是关于政治性或社会性宣传活动的说服性效果。是对他人研究的二次研究。

克拉伯认为:

(1) 大众传播本来并不是对传播对象产生效果的一种必要的充分的因素,而是属于和通过中介因素和影响的关系来起作用。

(2) 这些中介因素向来赋予大众传播以一种在加强现有条件中的辅助的代理者的作用,而不是唯一的因素。

(3) 当大众媒介对改变现状起作用的时候,那么就必须具备以下两个条件之一:

甲、中介的因素不起作用而媒介的效果是直接的；或是 乙、通常起加强作用的那种中介因素它们本身就是促进改变的。

（4）在某些有后效的情况下，大众传播似乎产生直接的后果，或是直接的和它本身是服务于某种心理物理学的作用。

（5）大众传播的效能，无论是作为一种辅助者或是起直接效果代理者，是媒介和传播它们本身，或是由传播状况的各个方面的影响的。

克拉伯的研究结论是：大众传播通常并不是可以对受众产生影响的充要条件，它经常是强化受众固有态度的力量，其次可以对固有态度的强度弱化或微调，而很少能从根本上改变受众的固有态度。媒介宣传效果的实现必须经过中介因素。由于传者难以对中介因素实施控制，他的预期效果不可能完全实现。

克拉伯提出，中介因素中最基本、最主要的四项是：（1）个人的心理倾向性和选择过程。前者指受众固有的态度、观点和兴趣，后者则指受众选择性接触、选择性理解和选择性记忆。（2）个人所处的群体及群体规范。正式和非正式群体都具有一些相同的态度、价值观念、行为规范，个体的表现要与群体意识相一致，否则便可能受到排斥。（3）人际影响。舆论领袖或有影响的人士等代表的多是群体规范或群体其他成员的价值观念，大众传播信息往往是经过他们的加工过滤后传播的，因此，这种人际影响往往可以稳定和强化受众态度。（4）自由企业社会中的传播媒介。资本主义社会中的媒介既要投大众所好，又不过分污秽，从而拥有广大受众，带来生存和效益。这些因素决定了大众媒介更好地起着加强和维护现有社会和政治信仰的作用，而不是改变他们。

哥伦比亚学派和克拉伯的效果观点，许多人称之为"有限效果论"（limited effect），也有人收做"最小效果论"或"无效果论"等，克拉伯本人认为是"强化作用"或"强化效果"。

总的来讲，早期效果研究是以说服性传播的研究为主，这些研究都是具体的、短期的、针对受众个人的直接研究，对传播转变受众态度（克拉伯认为大众传播对受众态度的影响应为效果研究的重点）的力量作了保守评价。从拉扎斯费尔德等人在伊里县所做的选举调查开始，传播学者们才真正开始用科学的方法探索传播的效果问题。

二、传播效果的现当代认识

（一）适度效果理论。

该理论出现于本世纪60年代到70年代初，赛弗林和坦卡特在《传播学的起源、研究与应用》一书中认为该理论包括信息寻求（创新与扩散）理论、使用与满足理论、议程设置理论和文化规范理论等一系列研究，并基于如下假设：

（1）有限效果论过份贬低了大众传播的效力，其实在某些情况下，大众传播可能有相当显著的效力。

（2）以往的研究注重于探求大众传播对于态度及意见的影响，如果探求其他应变数，也许就会发现大众传播具有更大的效力。

（3）以往的研究在构想方面只着眼于一个方面，即只问"大众传播对受传者产生了什么影响？"，却忘了问另一个重要问题，即"受传者要大众传播做什么？"

（4）以往的研究只研究了大众传播的短期效力，几乎全不研究其长期效力。

现当代的效果研究，摆脱了"传者中心论"的局限，开始以受众为中心进行研究，并着力于研究大众传播的长效作用。

1. 使用与满足理论

1944年，赫尔塔·赫佐格对2000多名广播连续剧的妇女听众分别进行了长期和短期采访后，写了《我们对白天连续节目的听众究竟知道什么》的论文。发现妇女听众一部分是为了发泄感情，一部分是为了忘记自己的苦恼，一部分是为了获得处世经验的指导而收听节目。

施拉姆在谈到这一模式时说:"很明显,大众媒介的效果部分是为传播对象怎样使用它们来决定的。"[1] 即如果大众媒介满足受众接触媒介时的动机需要,则传播是有效的。

1949年,贝雷尔森在"没有报纸对人们意味着什么?"的研究中发现,人们离开报纸感觉自己"离开了世界",或好像同已习惯了的生活脱节了,或不得不寻找新的消磨时间的办法,或失去了了解远近世界的手段。

1964年,麦奎尔和布卢姆勒在英国普选中对政治节目的作用进行研究,发现受众将政治节目作为自己有关政治事务的信息来源。

1974年,布卢姆勒和卡茨发表论文,提出在五种情况下,社会需要可能导致对媒介的需要和使用:

(1) 社会局势产生各种紧张关系和冲突,导致要通过使用大众媒介来缓和。

(2) 社会局势造成对问题的发觉,要求注意并从媒介寻求可能得到的有关情报。

(3) 社会局势提供了可以满足某些需要的少有的真实的机会,导致向大众媒介取得辅助性的、补充的或替代性的服务。

(4) 社会局势使某些价值提高,而利用媒介中合适的材料是有助于确认和增强这些价值的。

(5) 社会局势提供一种要求熟悉某些媒介材料的有希望的领域,而这些材料必须纪录下来以便维持其继续作为有地位的社会团体的成员。

卡茨于1974年提出了一个"使用与满足"模式。[2]

---

[1] 威尔伯·施拉姆(1984),《传播学概论》,第210页,新华出版社。
[2] 丹尼斯·麦奎尔(1985),《大众传播模式论》,第103页,上海译文出版社。

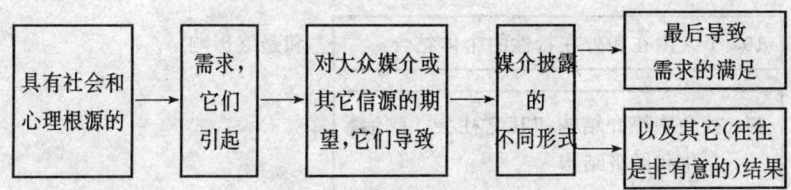

罗森格伦以受众需求为起点，于同年提出了另一个"使用与满足"模式：①

1. 人类某些基本的高、低层次的需求	在与
2. 个人内在和外在特性的有差别的结合	和
3. 周围社会的结构，包括媒介结构	的相互作用下，导致
4. 或多或少被强烈感受到的个人问题的有差别的结合，	以及
5. 已找到的这些问题的解决方法，	问题与解决方法的结合构成
6. 企图寻求满足或解决问题的行为的不同动机	导致
7. 实际的媒介消费的不同形式	和
8. 其它行为的不同形式，	这两种行为类型引起
9. 满足或不满足的不同形式	以及可能影响

---

① 同前页注②，第105页。

| 10. 个人内在和外在特性的个体结合 | 和最终影响 |

| 11. 社会中媒介结构和其它社会、政治、文化和经济结构 |

施拉姆认为，使用与满足理论还远远不是一种理论，但指明了形成理论可能采取的某些方向。

2. 创新与扩散理论。

也叫采用扩散理论，是由埃弗雷特·罗杰斯于本世纪60年代提出的一个关于通过媒介劝服人们接受新观念、新事物、新产品的理论，侧重于大众传播对社会和文化的影响。

随着大众传媒的普及，传媒日益被用来传播新的观念和技术，如推广新作物等，辅之以个人或组织传播来将其推广至全社会。美国衣阿华州的乡村社会学家分别对玉米新品种、人用新药和新式汽车安全带等的推广进行研究后得出了这一结论。可适用于发达国家和发展中国家。

1927—1941年，美国推广玉米混合新种的过程中，学者们对两个社区调查发现：前8年只有少数农民采用，1935～1937年间，采用新种的人数急剧增长，又经4年全部采用新种。其中早采用者年纪较轻、与外界接触多、收入与教育程度都较高，晚采用者则相反。研究表明：大众传播可以较为有力地提供新的信息，而人际传播对改变人的态度与行为有力。人们接触新事物的过程大多显示了S型曲线。1943年，瑞安和格罗斯发表了对该过程研究的论文。

1955年，美国农业社会学家委员会在他们的研究基础上提出了类似的"采用过程"五阶段论，将人们接受新事物的过程分为发觉（获得信息）、感兴趣、估价、试验和采用五个阶段。

50、60年代大量实验证明，对新概念的估计是贯穿于整个过程中的，人们在采用之后仍有可能改变决定。1962年，罗杰斯和休梅克在《创新的传播》中提出，一个"创新扩散"过程至少包含四个环节：

知晓：个体知道有某种创新事物存在，对其功能有所了解；

劝服：个人对该事物形成赞成或反对的态度；

决定：个人进一步思考、讨论和寻求有关情报，后决定采用或拒绝新观念；

确定：个人寻求与他决定相关的补充情报如其得到与之矛盾的情报和劝告，则有可能改变原有决定；

该观点又被各种观察家据实际情况修正为估计需要、知识、考虑和试验四个阶段。

创新与扩散理论的两点结论是合理的：

（1）大众传播在过程早期比以后更有影响

（2）传播的过程，无论在处于何种发展阶段的国家里，通常可以说是呈S形曲线的，即在采用开始时很慢，当其扩大至居民一半时速度加快，而当其接近于最大饱和点时又慢下来。美国1946～1960年拥有电视机的家庭在总户数中所占百分比曲线说明了这一点。

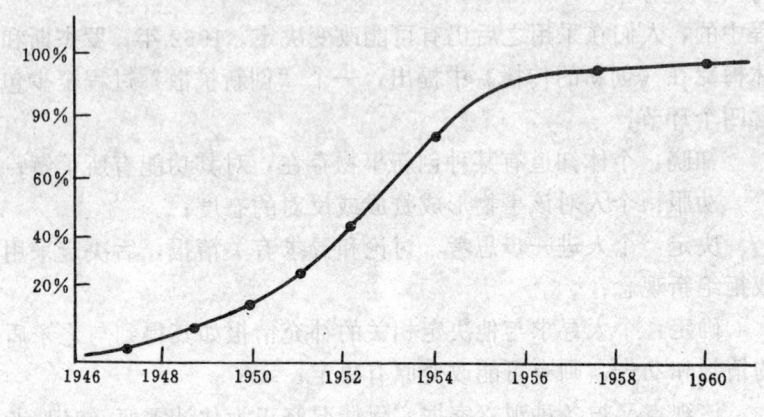

图 10.2 新媒介的使用[1]

创新与扩散理论在有计划地推广新技术、新观念、新技术而采用大众传媒或其它力量方面是较为有效的。但由于缺少反馈环节和与实际情况不完全吻合等原因有着一些局限性。

3. 议程设置

该理论最先由马尔科姆·麦库姆斯和唐纳德·肖于1972年提出。但这个观点远在此之前已经出现于政治学的文章中。

1922年,李普曼在《舆论学》中认为,在某种意义上,大众传媒把"外在的世界"变成了"我们头脑中的图画"。

1958年,诺顿·朗最早提出了"议程设定"假说,认为报纸决定了"大多数人将要谈论什么"及"大多数人对问题的看法"和"想法"。

1963年,伯纳德·科恩在《报业与外交政策》中写道,报纸在告诉人们如何思考上可能不太成功,但在告诉人们应当考虑什么问题时十分成功。

---

[1] 威尔伯·施拉姆(1984),《传播学概论》,第217页,新华出版社。

1968年，麦库姆斯和肖对一个社区的总统竞选进行了调查，肯定了议程设置的假说。研究证明：在特定的时间和地点，选民们讨论和关心的主要问题，恰是这一时期和该地区主要新闻媒介所突出的问题。

议程设置基于两个观点：（1）各种媒介是报道世界上的新闻不可少的把关人；（2）人们需要由把关人帮助决定那些超出他们有限感受的哪些事件和问题是他们值得关心和加以注意的。

在议程设置理论中，议程就是对当前问题进行报道的选择，对选中的事情进行不同程度的公开报道。议程设置理论认为，大众传媒往往不能决定人们对某一事件或意见的具体看法，但可以通过提供给信息和安排相关的议题来有效地左右人们关注某些事实和意见及他们对议论的先后顺序。也就是说，新闻媒介提供给公众的是他们的议程。大众传媒对事物和意见的强调程度与受众的重视程度成正比，该理论强调，受众会因媒介提供议程而改变对事物重要性的认识，对媒介认为重要的事件首先采取行动。

麦库姆斯等人还发现，媒介议程与公众对问题重要性的认识不是简单的吻合，这与其接触传媒的多少有关。经常接触大众传媒的人的个人议程和大众媒介议程具有更多的一致性。

议程设置理论一个著名的例子就是《华盛顿邮报》关于"水门事件"的报道。记者由报纸内页一条不显眼的消息抓住线索不放，"花了几个月的时间实际上把这个消息塞进其他新闻媒介的议程中，最终引起公众的注意。"关于"水门事件"的报道成为当年乃至一段时间内重大的政治新闻。最终导致了尼克松总统的下台。

议程设置理论的进一步研究显示：在社会生活中，常常有许多"议程设置"者，传播媒介只是其中之一，尽管可能是其中较为重要的一个。传播媒介经常在与其它社会力量的协同和互动之中发挥作用。议程设置理论为人们认识传播与社会提供了一个新的角度。

(二) 强大效果论。

赛弗林和坦卡特在《传播学的起源、研究与应用》中说，一部分研究已趋于同意如果根据传播理论的原则审慎地筹划节目或运动，大众传播能发挥强大影响。如：在一段时间内重复的讯息比单一讯息有效（有例外）；认定并瞄准某些受众；运动目标明确，制作的讯息必须联系到这些目标；传播理论的有关观点在形成主题、讯息和媒介中都可以运用等。

门德尔松、麦戈比、法夸尔等人关于大众传播媒介运动对态度与行为是否能产生重大影响进行了一系列调查研究，结果有力地支持了这一结论。

70年代以后的强大效果论不是枪弹论的恢复，而是在适度效果论基础上发展起来的。与早期的媒介威力不相同，它从受众出发探讨媒介间接、潜在、长期的影响，同时将传播过程置于整个社会政治经济环境中进行多元化的宏观分析。该理论最为著名的是由德国传播学者伊丽莎白·诺埃尔·纽曼在其著作《重归大众传播的强力观》中提出的"沉默的螺旋"假说。

早期心理学家奥尔波特认为，一个人自己的意见在极大程度上依赖于他人的想法，或者更确切地说是依赖于对他人意见的理解。"沉默的螺旋"即部分依赖于这一思想。在某一特定时期内，大众媒介所鼓吹的某些观点在社会上占有优势，对受众造成一种压力。大多数人力图避免因持有某种态度和信念而造成孤立，因而在表达支配意见和不表达意见的个人数量增加的时候会放弃原有的想法和态度，实现与主导意见的趋同。同时，由于大众媒介表达支配意见，再加上对异常意见的人际支持日益缺乏，就形成一个沉默的螺旋。"这个过程不断把一种意见确立为主要的意见"，持非主要观点和态度的人，在大众传播的压力下，随时间推移，变得越来越少。

纽曼认为，舆论的形成包括大众传播、人际传播、个人对社会中的看法的理解三方面及这三方面间的交互作用。大众传媒对舆论的强大效果是在大众传播累积性、普遍性与和谐性有机结合的基础上产生的。大众传媒利用这些因素，形成潜移默化的累积渗透，与受众的从众心理、适宜的传播环境等配合，则可能让大多数人依照大众传媒所表现或指引的方向来认识事物、形成意见和采取行动。

大众传播的和谐性是由不同的新闻媒介共同形成的关于某事件或问题的统一印象。形成和谐性的因素包括广泛公认的新闻价值观、共同依赖于某些信源、对竞争媒介过于细致的研究和为赢得同事与上司的赞许而作的努力等。

麦奎尔认为，"沉默的螺旋"所描述的意见形成的过程，在一定条件下几乎必然出现，但目前仍无法确定其出现范围。

三、传播效果研究的未来走向

60年代以来，传播效果的研究在横纵两方面进行扩展。学者们一方面继续对说服性传播进行研究，另一方面对事实性讯息的传播展开探索。研究理论从效果强大到有限到适度再到强效的重提呈现着一种螺旋状的渐进。

但是，由于传播学自身尚未形成一个完整体系和研究工作中存在的实际问题，给传播效果研究带来了一些难度。表现在研究对象庞大复杂、研究方法和工作范围的狭隘及研究经费的欠缺等方面。

大众传播的效果是长期的、间接的、社会的和潜移默化的。因此，今后的研究工作要将各部类的研究结合起来，注意对传者和媒介的研究。将对受众的测试与对传播信息的归纳整理结合起来，并有所扩大。注意连续研究积累成果，加强研究工作的连续性和系统性，以看到传播问题的规律性特征。

近20年来效果研究的重点如媒介的长期、潜在和间接效果，

第十章 传播效果论

中介因素,文化模式,传播环境,社会制度等,今后仍将作为研究扩大的范围。以美国为代表的效果研究的两个方向,即"受众——效果"(从心理学入手探讨受众对媒介影响的制约因素)方向和"内容——效果"(从媒介内容分析入手探索媒介对现实及其含义的塑造功能的社会构造)方向也将延续,并不断被充实和发展。

具体而言,今后的传播效果研究将趋向于强力效果论,即广义上的强效果论。

威尔伯·施拉姆认为,大众媒介的传播效果是长期和潜移默化的。大众传媒日夜不停地向人们传送着信息,人们将提供消息的大部分责任托付给媒介,并要求其从整个世界来提供信息。于是,"传播"决定着人们寻求和发出信息的方式,决定人们大部分生活的方式和如何支配时间,决定周围环境在人们头脑中的图画及自身形象。虽然这些效果不是可以立刻看出的,却丝毫不能怀疑其强大。

"虽然我们可能无法说出任何特定时间的特定节目所有的特殊的效果,但其长期的效果将存在于我们生命的所有时日之中"。[①] 今天,大众传播对人们的影响和作用不单是一个国家的问题,而已成为了具有全球性普遍意义的事情。

大众媒介的发展使个人可以方便快捷地了解身外的世界,受众所希望获得的国内国际范围内的政治、经济、军事、外交、文化、社会生活等方面的情况大多由大众传媒处获得。离开了传媒的生活,便如同与世隔绝。

今天的教育,已成为终身教育,走出校门之后所受的教育基本由大众传媒来完成。大众传媒在传播知识的同时还将得到社会肯定的价值观念传给了受众,传媒促进了受众的社会化。与此同时,受众中的儿童也可能从媒介传播的内容中获取一些并非有益

[①] 威尔伯·施拉姆(1984),《传播学概论》,第266页,新华出版社。

的东西。这一点已日益引起了们的关注,并在积极寻找解决这一问题的有效措施。

除对个人造成影响外,大众传媒还会对群体、社会和文化发生作用。总的来讲,这就是广义上的强效果,是长期和潜在的效果。受众、传媒和社会相互作用,彼此独立而又统一、相互制约和促进着对方的发展。把握好它们之间的关系对于传播效果的研究意义重大。

第二节 传播效果的普遍取向

一、传播效果的内涵与层面

传者发出的信息经过一定媒介渠道的传送到达受众,使受众的思想、态度、行动等产生程度不同的变化,就是大众传播所产生的效果。由于种种因素的制约,受众对信息接收的效果与传者的初始动机可能相同或不同,相同程度高则效果好。

英国传播学者麦奎尔认为,对概念的内涵层次的划分有助于对传媒效果的深入探讨。他认为,传媒效果有以下几个层次的内涵:

从外在形态来看,1. 媒介的"效果"(media effects),指大众传播已经产生的直接结果,而无论其是否符合传者的期望;2. 媒介的"效能"(media effectiveness),指大众媒介有关预期目标的功效;3. 媒介的"效力"(media power),指媒介在给定条件下,可能发挥的潜在影响,或可能产生的间接效应。[①]

从内在性质来看,1. 心理效果;2. 政治效果;3. 文化效果;4. 经济效果等。

---

① 张国良(1995):《传播学原理》,第210页,复旦大学出版社。

第十章 传播效果论

从区别媒介影响力的作用来看则有对个人、群体、社会、文化等方面的影响。

此外,传播效果从呈现状态上来讲还有显现效果(从受众情绪、态度、行为等方面可以明显看到或感受到的改变)和潜在效果(隐藏于受众脑海中,经日积月累深化发展得以逐步显现。)

在时间上讲有即时性效果和延时性效果等。

对传播效果内涵层次的分析有助于对这一概念的正确理解。麦奎尔在《大众传播理论》中,绘制了一个媒介效果类型图,很有借鉴意义。

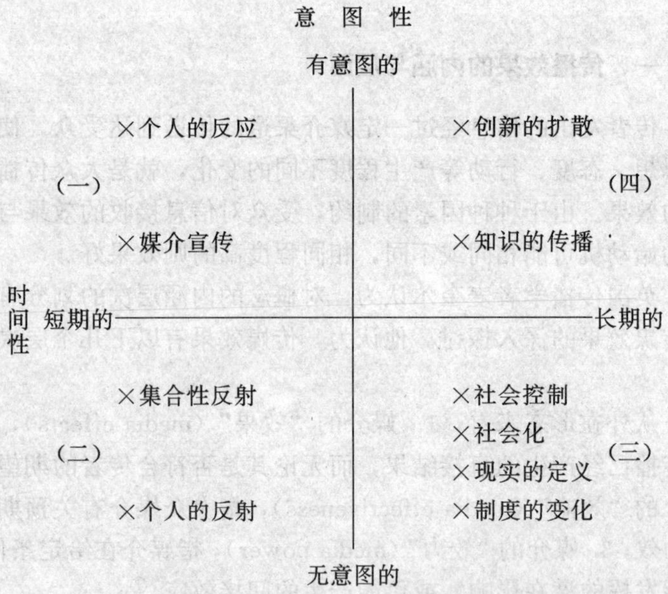

```
                      意 图 性
                      有意图的

            ×个人的反应           ×创新的扩散
      (一)                                      (四)
            ×媒介宣传             ×知识的传播
时
间  短期的 ─────────────┼───────────── 长期的
性
            ×集合性反射           ×社会控制
                                  ×社会化
      (二)                        ×现实的定义   (三)
            ×个人的反射           ×制度的变化

                      无意图的
```

图 10.3 媒介效果类型图①

图中横轴表示时间性:短期效果和长期效果;纵轴表示目的

---

① 沙莲香(1993):《传播学》,第57页,中国人民大学出版社。

性:有意图的效果和潜移默化的效果。这样,麦奎尔将效果分为四块:

(一)有意图的短期效果。含个人反应(个人对有意施加影响的信息所表现的接纳或抵抗)和媒介宣传(带有劝服性质或启蒙目的的宣传活动)。

(二)无意图的短期效果。含集合性反射和个人反射。前者为某种个人水平的,同时为多人体验而导致的无规律或非程序性集合行动。后者则是个人所产生的无计划或难预测的效果。

(三)无意图的长期效果。含社会控制、社会化、现实的定义和制度变化。前三者指媒介内容可以通过潜移默化的影响使人们对社会中现存的意识形态、行为规范、社会现实等产生认同。后者则表示现存制度在无意中会顺应媒介的发展,媒介尤能影响制度中的沟通机制。

(四)有意图的长期效果。含创新的扩散和知识的传播。前者系利用媒介宣传或其他手段,有计划地推广为了长期发展目的的创新。后者指在各社会集团间的知识传播及新闻与启蒙领域内媒介活动的结果。

二、传播效果的普遍取向

传播效果研究中学者们从不同角度入手,采用了不同的研究方法,得出了许多相近或相异的结论。尽管对传播效果的表述众说纷纭,但并非毫无共同之处。一般而言,大众传播对于个人、群体、社会及文化四方面的影响。

(一)大众传播对个人和群体的影响。

大众传播效果研究中,传播对个人的影响一直是重点内容。

早期传播理论认为,媒介与个人行为间有直接、普遍、即时的因果关系,此理论后被抛弃。其后出现的理论认为,社会中的人们往往根据自身兴趣、需求及广泛的社会经验及文化等因素选择使用大众传媒。个人差异和社会差别是决定媒介影响的重要因素。大众传媒对个人的影响是有选择的、间接的和长期的。传播效果的形成是广泛而复杂的。

1，大众传播对人的影响主要体现在它对个人社会化的影响上。大众传媒通过信息传输强化或改变着人们的思想观念、行为方式等，是社会化的重要因素。

人的社会化过程是个体内化社会规范、继承社会文化、形成和完善自我意识的过程。这一过程贯穿人的一生。在生命的前20年中，社会化尤为重要。

由于电视的形象直观和迅速快捷，已被公认为是各种媒介中对社会化最有影响的。伴随着娱乐内容，电视"传播了关于生活的重要解释，而看电视者在没有觉察到学习的情况下从中吸收了很大的部分"。难怪麦克卢汉会说"真正的教育在学校外面，是在电视网和电视机前面。"随着电视等媒介的日渐普及和青少年接触媒介时间的增加，媒介"（在社会化方面）正起着更大的作用，包括通过它们传给父母的信息和印象间接地和它们所传给孩子的信息和印象直接地产生的作用在内"。[1]

由于从小接触媒介，儿童从媒介内容中模仿得了许多经验、知识，认知了外界事物的发展变化，能够较好地适应社会发展的需要，生活适应性、应变能力都比较强。可以说，较早和较多接触媒介的儿童的社会化程度要高于那些生活在闭塞环境中的儿童。

同时，媒介尤其是电视镜头中出现的大量涉及暴力和黄色的镜头对儿童产生了许多不良影响。尽管尚未证实，但已有许多人认为屏幕暴力诱发了生活中暴力事件的产生，对受众尤其是受众的心理和行为都相当有害。现在许多国家提出要消除"屏幕垃圾"就是在力图尽量减少媒介对儿童的负面影响。

---

[1] 威尔伯·施拉姆（1984），《传播学概论》，第265页，新华出版社。

在成年之后的继续社会化过程中，大众传媒仍然扮演着十分重要的角色，充当着个体与周围世界的纽带，通过媒介宣传人们扩大了视野，更加直观、准确地接受着社会生活中群体的共同信念、生活方式、语言、道德准则和各种技巧。大众媒介这种长期间接的影响一直存在于个体和群体之间。

2，大众传播影响了公众对现实问题及其重要性的认识。受众判断一个主题是否重要，主要看媒介对该主题的重视程度。媒介可以通过选择和提供某些消息而忽略其他，并对报道内容给予不同的重视程度来影响受众对其所报道内容的重视程度，即媒介通过设置议程来制造、引导舆论。这不会对受众造成直接影响，但会在潜移默化中左右了人们的言论、话题和今后行动的方向。这种影响取决于其它因素如一个人接触媒介的多少。

作为社会成员的个体不可避免地受到群体压力和大众传播所造成的压力。媒介可以界定各种事物并进行传播。媒介可以制造事件和社会问题以引起广泛注意并加以解决。同时，一段时期内在传媒中占主导地位的言论、思想、行为方式等可使或多或少带有从众心理的人们将其作为应遵守的共同规范或集体行动，从某种意义上而言，产生了流行。

在人物宣传中同样如此，每个时期，大众传媒都会有所侧重地集中宣传一个人或一类人，在社会上树立起人物的典范，通过对受众潜移默化的影响，对受众的认识和行动产生效果，对社会规范和良好行为的形成产生积极的推动作用。

社会由许多群体组成，各群体成员有环境等因素的区别。一般情况下，大多数人与外界的接触都局限于共享同种文化的人。通过接触大众传媒，人们知道了其它亚文化群体中的人在干什么，媒介扩大了受众的视野，促进了彼此间的相互影响，结果是各种亚文化群体的不同受众趋于融合。

(二) 大众传播对社会和文化的影响。

传播效果研究中一般都注重对人的研究，这是因为与对社会文化的影响相比，前者更容易被观察研究，且易引起公众和组织的兴趣。但并不因此而否定后者的重要性，这种长效的潜在影响是宏观效果研究的内容。

大众传播媒介作为促进社会变革和产生新文化形式的重要力量，传播信息和创新，帮助传统社会实现现代化，影响公众关心的议程，左右其对社会问题的了解并源源不断地提供大众文化。

1，大众传媒通过传播有关新思想和新技术的信息，促进和拓展社会变革。

个人的知识绝大部分不是依靠亲身实践得来的，而是与外界的接触中获取的间接知识。受众的知识相当多数是从传播内容中积累而来的。大众媒介向受众不断地传播新思想、新经验和新技术，是受众积累知识的主渠道。

发展中国家，如中国，经常有意识地利用媒介来进行实现现代化所需要的新思想和新技术、新知识等的传播，用以提高国民的素质。

今天的社会是信息社会，经济、社会生活的信息化已成为不可避免的大势所趋。而社会文化的进步是国家发展进步的因素之一。发展中国家有意让媒介充当社会变革的代理人，以推进国家现代化的实现。

2，大众传媒制造和传播各种文化，对文化产生影响，也是大众文化的工具，并能统一受众的文化。

大众传媒除传播信息外还制作大量的文学、艺术性内容，如广播剧、电视剧、小品、戏曲、音乐等，媒介制作并传播这些文化，这些文化即所谓大众文化。在一个受众欣赏水平参差不齐的国家中，中下欣赏水平的大众占大众文化消费者的大多数。大众文化与精英文化相比，更为通俗和具有接近性。通过传媒获知的有流行音乐、小品音乐和流行歌曲，偶尔也有严肃高雅的交响乐等。这些流行音乐歌曲对受众接触音乐和陶冶情趣都是不无好处的。

人们接触由媒介传播的大众文化，从中了解到物质文化的同时，从媒介内容中知晓社会道德和文化规范，体会到社会认可赞同或贬斥的规范、信仰、价值、行为等是什么，这种日积月累、逐渐渗透到受众头脑中的东西对受众产生着潜移默化的影响，促使其协调自己的行为，使之能够合乎社会规范，得到社会文化的共同认可。随着大众媒介的发展，不只是一地、一国，全球的受众也有不少道德观念、行为准则变得相似起来，这不可不说是大众传播的文化规范作用。

大众传播还可以形成新的文化类型、文化观念、审美观念及文化现象等。如受众可以通过广告来获知产品信息、消费时尚，从而引导其生活方式、消费观念和消费行为的改变，趋向于那些由传媒所引导的消费观念和行为。

此外，由大众传媒所传播的文化被受众接受并内化，从而使文化得以延续和发展。

总之，传播效果的研究经历了一个强效果论到弱效果论（有限效果论）再回归强效果论（适度效果和强效果论）的过程。早期强效果论以思辨的评论和探讨为主，并非基于科学调查。本世界40—50年代对强效果否定后认为媒介在现存社会关系的结构和特定文化情境下运行。再次回归之后的强效果已将注意力集中于间接、长期和潜在的影响，目前的研究仍倾向于强效果论。

传播学者对效果的普遍取向集中于大众传媒对个人、群体、社会和文化的影响。后两者是宏观研究的范畴。

第十一章　传播实践论

什么是传播？什么是传播学？在此提出这样的问题似乎有些出人意料，但是这个本应在最初就必须解决的问题在此又一次提出，主要是因为我们必须正视一个事实，即传播研究目前面临着学科正当性危机。在理论界，有不少学者主张：传播不能成为一门学科。尽管有反对的意见，但是这种对传播研究能否成学的质疑仍然相当突出。在传播学的发源地——美国，传播研究正在面临着这种日益强烈的质疑。

从理论方面看，有不少学者指出，传播学研究依靠推论统计、其理论取向和概率性的科学标准太过狭隘，而且概率抽样的应用方式和科学社区普遍的规范不一致。从学术外部看，当今社会的环境发生了重大的变化，大众传播媒介的作用和重要性日益凸显。传播领域的新科技不断地改变着人们交流观念和行为，并且使之日益复杂和多样化。面对纷繁复杂的传播实践，传播学显得力不从心，其基础性、学术性、前导性均未体现出来。

传播学面临的这种困境在我国也有体现，其原因很多，但是，就我国的传播学而言，除了我国传播学研究中存在的重规范性理论、轻实证研究，重描述、轻分析批判的特征以外，重要的在于对我国当今的传播实践无从下手、无能为力。众所周知，美国的传播学研究是关注美国庞大而复杂的传播实践的结果。被美国传播学家梅尔文·德弗勒赞誉为传播研究历史上的里程碑式的研究都是对美国传播实践研究的结果。①

因此,我们认为,我国传播学必须与传播实践互动,这样才会有美好的前景。

第一节 传播学研究与传播实践的互动

我国传播业,特别是广播电视业的改革进步有目共睹,其中传播观念、传播体制及传播手段方面的跨越前所未有,但是传播业对其自身原有困境的超越仍然困难重重。传播业正在走向科学化并与世界传播接轨,它们对理论表现出来的极大渴望,急需理论的导向。

新的信息传播技术日益影响并改变我们未来的传播业形态。传播业如何面对社会变革和技术进步的冲击?这也已经成为不容回避的问题。

我国的传播学研究经历了几年的低潮期后,近年来有长足的进步。但是有些问题仍然需要我们正视,如我国传播学研究发展的现实动力不足;传播学研究缺乏一整套必要的学术话语体系,从而表现为传播学理论框架建设乏力;传播学研究难以摆脱注解现状和依附国外(特别是美国)的困境等。

因此,有必要研究我国传播学如何与我国传播业互动问题,从而相互补充,相得益彰,共同进步。

一、传播实践的跟进对传播学理论研究的冲击

进入 90 年代以来,我国的传播业进行了重大的改革。以下分析以广播电视业为例。从现实层面看,广播电视业近年来的变革

---

① Shearon Lowery , Melvin L. Defleur (1983):Milestones in Mass Communication Research:Media Effects, Longman, NY. p. 1

是多方面的，其中较为明显的有以下三个层次：

观念的变革：广播电视业操作层面的变革源自于观念的更换。明显的标志之一便是以广义的信息传播观念代替了过去的政治宣传观念。这种观念的更新促使人们对广播电视的内涵和外延以及广播电视业的功能、特征等有了符合科学规律的认识。传播观的树立导致了广播电视业市场观念的萌芽。广播电视产业特征被人们认识和强调；广播电视节目市场形成并壮大；广播电台和电视台重视受众市场，关心视听率，将受众逐步放到了应有的位置。

机制的进步：广播电视管理体制的变革已经开始并得到了广泛的认可。按照对第三产业的企业的办法经营和管理广播电视业。明确了广播电视中的节目本位，节目实行系统化、社会化大生产。日益认识到广播电视的资源——时间——的重要性，建立了时间资源的有效分配和使用机制。人员配置实行合同制。建立节目、时间和人员的竞争机制。

效果的扩大：广播电视业采用了符合广播和电视媒介规律的传播形式和手段。广播电视的社会效益和整个行业的经济效益并茂。在社会效益方面，广播电视对政治、经济、社会生活的干预和监督日益明显；在经济效益方面，广播电视业的整体收入水平，特别是电视业，有了相当大的提高，自我壮大和发展有了基本的经济保证。

观念更新和机制变革的影响是跨世纪的，并且仍将继续下去，当前，传播业，特别是广播电视业正处在又一个新的转型期。新的广播电视传播形态已经在我国大量出现，如有线电视、卫星电视等。这种新的媒介的出现又将带来众多的问题，如体制、管理、节目与市场、国内外的竞争等。另外，在经济和社会日益信息化的宏观条件下，我国传统的广播电视业因其可用的频道及时间资源有限、传播效能不高等缺陷，必将受到来自新型电子信息传播手段和模式的冲击，如多媒体的信息高速公路等，传统的广播电视业及其基本形态将有重大的突破。①

近年来我国广播电视业操作层面的跟进基本上是在广播电视业及其从业人员自我摸索的基础上得以实现的,从一定意义上讲,这种跟进仍然是一种自发的自救行为,带有相当的偶然性。传播行为的效能不高。许多成功之处被人看到,不少失败及困境未被人知晓。这种自救过程中,虽然也参照了一定的理论做依据,但是总的来说,理论特别是传播理论的价值远未被发现。另一方面,传播学理论在急剧变化的传播业面前显得苍白、贫乏。对传播业的科学化和规范化无动于衷。

我国传播业,特别是广播电视业的进步和变革已经冲击着我国的传播学理论研究。一方面,传播业在自身的实践中创造丰富的经验,这为我国的传播学实证研究提供了素材;另一方面,传播业的跨世纪变革及传播业的未来形态也需要成熟而健全的传播学理论并以此作为前瞻和导引。面对这种冲击和需要,我国的传播学研究被动而滞后。

二、传播学研究面对传播业冲击的相对被动

传播学进入我国已经有十几年的历史。虽然经历了风雨曲折,但是仍然取得了较大的进步。成绩有目共睹,但是学科建设中的问题仍然不少。

首先,我国传播学研究发展的现实动力不足。从传播业一方看,我国的传播业者对传播学理论缺乏理解,往往在无视理论的情况下进行着自发的变革;从传播学理论一方看,我们的理论研究较少有深厚现实基础的实证研究,对我国传播业的实际关照较少。

---

① 吴贤纶(1995):《在经济和社会信息化的宏观环境中考察广播电视事业的前景》,见《中国广播电视学刊》,1995年第1期。

其次，我国的传播学研究难以摆脱注解现状、依附国外（特别是美国）的困境。在我国，传播学研究有种泛化倾向，相当一批传播业者用国外的一些理论注解我国的传播行为和传播业，成了简单的经验总结式的"理论"，总有牵强附会的感觉。我国的传播学研究较少自己的理论体系。传播学未能对传播操作起到监督和制衡作用。传播学学科也未能做到相对独立。

再次，我国的传播学未能从我国的传播业中提炼出一整套可供研究的理论范式，源自于自我根基的学术话语寥寥无几。这就使我们的传播学研究及理论体系的建立缺乏基本的介质。

总之，我国传播研究对应纷繁的传播业显得单薄。传播学理论研究与传播业的真正互动远未形成。因此，我们的传播学研究需要从实证研究中建立一整套理论范式，从而可以利用该范式在学术层面进行争论和研究。

我们应该重新关注我们学术层自身。从四个层面进行重新定位。

研究者自身的定位：明确自己是整个传播操作系统和理论系统的汇集点。作为传播学理论的研究者和拥有者，同时作为传播系统的监督和评论者而存在。

研究对象的定位：传播学研究的直接对象是一整套传播学理论范式，使用的是传播学自己的学术话语。但是其间接对象则是传播业，因为理论范式和学术话语都是在关照了传播业操作层面之后的产物。

研究方法的定位：我国传统的人文学术的定性分析需要保持，但是科学研究的量化方法，即定量研究（实证分析）更需加强。经验总结成不了科学。要使传播学真正成为一门客观的证实或证伪的科学，而不是主观色彩浓郁的人文描述。

研究结果的定位：传播学研究的成果可以成为学者手中把玩的器物，更应该成为学者争论的依据和传播操作的制衡力。

由此，我国传播学研究的当务之急是与热烈而繁复的传播业建立真正的互动，即不依附注解，也不熟视无睹。利用定量研究和定性分析，创立一整套传播学研究的理论范式，即带动传播学的进步，又确立和提升传播学在整个传播系统和社会科学体系中的地位。只有对等互动，才会达到传播学研究与传播业共同进步的效果。

第二节 传播实践研究

传播实践是各种传播活动的集合。本节将就广播电视传播、广告媒介传播战略、整合营销传播、西方宣传以及跨文化的卫星电视等五个领域进行探讨。

一、广播电视传播研究

（一）广播电视传播机制转型研究（以欧洲广播电视为例）。

世界的广播电视业始终是在波动中进步的。进入到90年代，各国的广播电视业都面临着如何找准自己在信息传播业中的位置，以新的生命力迎接新世纪的问题。在这一思想的带动下，许多国家都在广播电视领域进行着变革。其中尤以欧洲广播电视业的变动最为明显。因为它受到的冲击远较美国自由市场体制为主体的广播业为大。

长期以来，欧洲广播电视业的主体是公营广播电视。这种广播电视业的主旨是传播良性社会价值。其运作方式也与美国的商业广播电视完全不同，商业性不是其根本特征。其经费来源主要是收听费和收视费。整个广播电视业实际上统领在国家（如法国）、指定的垄断机构（如英国的BBC）或特定的社会组织如德国的ARD等）的手中。

80年代中期以后，特别是90年代以来，要求广播电视业改革

第十一章　传播实践论

的呼声越来越高,一方面,来自其它媒介对广播电视的冲击丝毫不减;另一方面,广播电视业内部要求打破缺乏竞争、缺少活力、潜在垄断现状的呼声日益增大,文化多元化的要求也日益增强。重新建构广播电视业,以适应90年代乃至新世纪的需要便成了欧洲广播电视业要解决的重大问题。实际上,导致欧洲广播电视业变动并使其焕发新的生命力的根本而直接的动力有两个:市场观念、机制和结构的引入;传播新技术的引入。

如今,欧洲的广播电视业已经或正在重新确定广播电视的位置、机制,进行重新规范(Re—regulation)。观察这几年欧洲广播电视业的变动,它已经呈现出产业化、专业化、地方化、跨国化和高科技化的趋势。

1,广播电视传播机制转型的理念基础和结构基础。

任何变革都需要有导引变革方向的理念和确保变革规范的结构。欧洲广播电视业的变革也有其理念和结构基础。

进入90年代,对广播电视媒介及其机制的认识有了变化。首先,将广播电视媒介置于社会分工日益细致化的背景中去认识。如今的传播业中,媒介的种类越来越多,各自的分工越来越明确。总的来说,传播媒介的原有领地都有所缩小。在这个背景下,有关广播电视功能、广播电视传播内容乃至广播电视本体的理解都有了变化。例如,对广播电视功能的理解,已经从面向大众的笼统的全面广播走向了非大众化的具体的细分窄播;对广播电视传播内容的认识,已经从新闻为主的综合内容走向了每个媒介单一的新闻、音乐、谈话、综艺和影视剧等,日益强调信息娱乐性(Infotainment);对广播电视本体的认识,对广播越来越突出它的听觉本质,因此,音乐、听觉娱乐等在广播节目中占的比例越来越大;对电视越来越重视它视觉与听觉统一的本质,强化现场新闻、谈话以及综艺节目等。

其次,将广播电视业置于市场经济的机制中去认识。长期以来,欧洲广播电视坚持的是社会价值观,即广播电视媒介是服务于公众的公共事业,它不是商业化运作的经济实体。因此,欧洲的广播电视少有竞争、缺乏活力。随着开放电子媒介并使之多元化的呼声日盛,欧洲国家的政府和主体广播电视业都开始重新认识广播电视业的经济属性并在广播电视业中试着运行市场经济机制。这首先需要在观念上有所突破,需要建立一种广播电视市场观。例如要具备广播电视受众市场、节目市场、广告市场等观念,做好在广播电视这一领域中进行竞争的观念及心理准备,学会经营广播电视业。

这种观念的变化过程多少带有一些社会发展被迫使然的色彩。为了使自己的广播电视业能够跟上细分化和市场化的潮流,各国相继适时地重新调整各自的广播电视政策,力求形成一套适应变革的新的广播电视规范,建立一种新的广播电视业运行的机制和结构。

80年代中期至今,欧洲国家相继修订本国有关广播电视的法律,更新管理方法,变更管理范围。比如电子媒介的行政管理机构尽量独立化,甚至公共化;政府行政机构积极介入电子媒介规范的制定并扮演监督、仲裁者的角色,负责广播电视频率和频道的分配;经营执照的授予、转移和更换;防止广播电视所有权集中等工作,而不直接介入到电子媒介的经营;充分引入市场经济机制于电子媒介业中,即将竞争概念引入单元化、垄断式的广播电视业中,使其更具多元性,建立公营、民营(如英国、德国)或国营、民营(如法国、意大利)的双轨系统(dual systems),逐步放宽对电子媒介的种种限制。

总之,通过改革广播电视业结构和管理机制,提高广播电视业的效益。管理机构的职责集中在管理资源、规范市场和形成良性结构三方面。管理的内容也从以前对节目等浅层、微观的管理走向对市场、结构、机制等深层、宏观的管理。

第十一章 传播实践论

各国关注的重点就是需要在一定程度上使广播电视市场化，但决不走纯粹市场经济的商业化广播电视体制，因为，"市场机能"只有制造"报业、媒介大亨"的自由，而不是养成公民的素养（Murdock，1992）[①]。因此，欧洲对广播电视的重新规范过程的出发点便是在原有的社会价值观和市场经济观之间建立一个平衡点。

2，广播电视传播机制转型的内涵。

所谓广播电视传播机制的转型是指广播电视媒介在新的变动中重新确立自己生存和发展的基点及其环境，建构适应社会环境需要的新的体制和运行机制。广播电视媒介需要随着社会形态、经济类型和文化发展的变动适时地调整自己生存和发展的基点，以主动适应诸如此类的变革。

当今，为了重张广播电视的价值，焕发广播电视的生命力，欧洲的广播电视业正在确立自己的新基点。这个基点及其环境是多种要素优势的交会。多种要素中最重要的便是市场要素和高科技要素，两者的交会点便是广播电视媒介生存和发展的基点，也是广播电视媒介生存和发展的基本空间和动力源泉。

广播电视媒介已经成为市场经济中的一个分子。这是不以人的意志为转移的。因此，欧洲的广播电视业已经或正在从两个层面重新确立广播电视媒介在市场中的位置。

第一层面，广播电视资源。

广播电视资源基本上包括：

频率资源：广播电视的基本资源。充分、有效而合理地使用频率资源，不以频率多少论英雄。欧洲的大部分广播电视台拥有

[①] Murdock Graham，(1992)，"Citizens, Consumers and Public Culture" in Media Culture: Reappraising Transnational Media, Michael Skovmand etc. edt. London: Routledge Nowell—Smith

1—3套频率。象英国的BBC拥有5套对内广播频率的不多。之所以如此,主要是由于频率分配的原因。另外大部分电台本着精办广播的宗旨,专心致力于已有频率的经营。电视台也是如此。

时间资源:广播电视是时间型媒介。开发时间资源便可以为广播电视创造更大的价值。依据受众习惯和需求,创造性地开发时段资源,以自己的黄金时段加入到市场的竞争中。

受众资源:受众是广播电视媒介社会效益和经济效益的最终源泉。广播电视媒介要从大众受众观,进步到细分受众观,再进步到适位受众观,最终进步到一对一受众观。以自己独有的窄播受众群,占据其它媒介难以替代的位置,在市场中获胜。

节目资源:节目是广播电视加入市场竞争中的根本元素。因此广播电视媒介需要及时调整节目战略和节目结构。一方面节目类型化,即节目越来越走向新闻节目、音乐节目、杂志节目、谈话节目和娱乐节目等几种最基本类型,这样既便于电台、电视台组织节目,而且,由于统一了节目的规格和类型,更便于节目的社会化大生产。节目公司可以生产节目。另一方面节目结构单一化,即节目广播结构中音乐节目和新闻节目的比重越来越大,尤其是前者。这也符合广播媒介诉诸听觉和传播迅速的两大本质特征;电视节目结构中新闻节目、谈话节目、综艺节目的比重越来越大。另外,将录播和直播两种节目制作手段结合起来,丰富节目的资源。除了新闻节目外,相当数量的节目是提前精心录制的。这样保证的节目的质量,还使受众可以通过预告有目的、有选择地收听、收看。节目到达目标受众的比率较高,针对性得以体现。

第二层面,广播电视市场与经营。

广播电视业已经成为竞争激烈的市场。在这个市场上,基本要素包括节目、广告和受众。即用自己的节目去与其它电台、电视台,甚至其它媒介争夺受众,进而争夺广告。

为了参与竞争并在市场中生存和发展,广播电台、电视台就必须提高自己的经营水平。首先，要对广播电视市场有准确而成熟的认识，市场观念要成熟，市场行为要规范。各个电台、电视台既竞争，又合作。共同将广播电视市场这块"蛋糕"做大，而不是相互恶性竞争，两败俱伤。

基本要做到的是：

了解媒介市场，特别是广播电视市场状况，从而找到自己在整个传播市场中的位置和发展的机会点，制定出有效的经营战略。

充分而有效地开发自己的广播电视资源：充分利用自己的频率资源，精心计划和设计频率的分工；参照市场需求和竞争对手的状况，开发自己的黄金时段；精心设计节目结构，制播有市场影响力的强档节目；学会利用各种手段和方式，营销和推广本台的节目，特别是预计收听、收视较好的重点节目；建立自己的受众群。

经营个性化、风格化、规范化；没有个性、不具风格的广播电台、电视台已经没有自己的生存和发展空间了。每家电台、电视台都在经营中突出自己的特色。即使是同类型的电台、电视台，也力求在节目、时段和受众等方面创造差异。我们仅以电台为例，就可以发现不同层次电台的个性：

英国广播公司（英国，全国性电台）

第一套节目：摇滚和流行音乐

第二套节目：为40岁以上的人播出的通俗音乐

第三套节目：古典音乐和戏剧

第四套节目：信息和语言娱乐节目

第五套节目：24小时播出的新闻和体育

西德意志电台（德国，德国最大的州级电台）

第一套节目：青年（流行音乐和时尚谈话）

第二套节目：新闻及时事（新闻、时事报道、评论、背景报道、交通信息）

第三套节目:音乐文化(交响乐、歌剧、室内和现代实验音乐)

第四套节目:音乐与轻松(通俗歌曲、轻松的谈话节目)

第五套节目:背景(高质量的政治、社会和文化信息的背景报道,服务信息)

自由柏林广播电台(德国,市级电台)

第一套节目:城市广播(报道、谈话、广播剧、竞猜、音乐等)

第二套节目:信息与服务之声(新闻、评论、听众服务、娱乐和音乐)

第三套节目:古典与文化之声(各个时期的音乐、文化和政治信息、广播剧、专题)

第四套节目:多种文化(21种外语向柏林的外国人广播,世界报道和世界音乐)

第五套节目:信息台(24小时,新闻、气象和交通信息,各种语言专题节目,无音乐)

第六套节目:青年台(面对14—25岁听众,时尚、谈话、音乐)[①]

每家电台都力争通过节目形成自己的风格,这样在电台的经营上便于形成个性,占据自己的市场。同时,不应忘记经营行为的规范。遵守法律和公认的市场规则。大家共同努力,保证广播市场有序,发育并成熟。

3、高科技基础上的广播电视媒介。

广播电视生命力的保持,除了市场动力,另外一个动力便是高新科技。应用最新的科技手段,可以使广播电视的影响进一步

---

① Broadcasting&Cable International Vol. 7, No. 3, 1995, 德国 WDR 和 SFB 电台提供的资料。

扩大,节目的技术质量和传播速度极大地提高,接收的便捷性增强,与受众的互动更加方便,更重要的是高新技术使得广播电视的工作方式和媒介形态都会发生很大的变化。

哪个广播电台、电视台主动采用传播新技术,它便为自己注入了发展的动力。目前,欧洲的广播电台、电视台纷纷采用两种最新的技术。一是卫星技术:即利用卫星传播自己的节目。卫星广播可以使节目的覆盖面扩大,实际是市场范围的扩大,同时也使得广播电视的竞争更加激烈。当然,受众可以听看的节目增多,选择的主动性也在增强。这一点对电视尤其明显,卫星技术加上有线电视可以传播百余套电视节目,而且音、视频质量非常好。一是数字技术:对广播来说有两种数字技术,一种是现在欧洲电台已经采用且较为普遍的计算机辅助广播(CAR)。它是将计算机运用到广播运作的各个领域和环节中。在业务领域,从素材的采录、编辑到录音棚中节目的合成、直到节目编排、归档、待播与最后播出,全部利用计算机。因此计算机辅助广播便是建立在数字技术基础上的广播。这种建立在计算机技术上的广播运作方式已经成形,而且得到了较为广泛地应用。另一种最新的技术是数字音频广播(DAB),这是1995年9月才在柏林广播电视博览会上展示的技术。1996年,英国的BBC已经开始了这种广播。数字音频广播利用数字技术,不仅可以向听众传播声音,而且可以在传播声音信息的同时,通过监视器传播可读信息。如我们可以通过广播听音乐,同时可以通过接收机上的监视器阅读到正在收听的音乐的信息,如作者的名称、演奏家们,甚至可以看到讲解员。我们还可以得到交通、气象、旅游信息、书写的广播新闻。总之,除了广播节目本身,听众可以获得与节目有关或不相关的信息。DAB广播音质与CD一样,接收中不会跑台,没有任何干扰,广播频率的利用率大大提高,广播的能耗大大降低。当然,DAB在近期内尚不具备普遍应用的可能性,因为它的起步成本太高。对电视来说，数字技术也有两方面：数字压缩及传输的技术使得单位设备传输的电视节目的套数大增，资源利用率提高，而且节目的质量大大提高。

卫星技术和数字技术对广播电视媒介的影响是深远而巨大的。表层影响是节目的技术质量得到前所未有的提高，音质和画质好、传播速度快、范围大。电台及电视台运作的成本大大降低，工作人员可以减少。节目的采录、编辑、合成、复制等更加高效和高质，制作成本下降。广播电视发射的能耗也可以降低。深层影响是它一方面已经开始并将在更大程度上改变广播电视的工作方式和手段，比如广播工作者是会使用计算机的集采、编、播乃至制作、合成的全素质人员。工作中已经无纸、无磁带，只有磁盘或可录光盘。另一方面将在不太遥远的将来，改变广播电视媒介的形态。广播媒介不仅仅是听觉媒介，也可以是传递可读信息的通道。这样可以为听众提供更多的服务，也更方便与听众的双向交流，广播也成为听众与电台之间的交互媒介。电视媒介也可以进入网络传播年代，进行交互式传播。

欧洲的广播电视已经初露未来广播电视形态的端倪。目前，它们正在扩展自己的服务空间。比如广播电视媒介出版报纸和其他印刷媒介，加入到综合数据服务网络，驶上互联网络等等。

这些新技术使广播电视媒介在众多的媒介中更坚实地占据了属于自己的位置，并且日益显现出广播电视媒介新的生命力。

广播电视传播机制的转型是顺应经济社会日益信息化和全球化的必须产物。

（二）我国广播电视媒介市场与经营。

80年代中后期，特别是90年代以来的广播电视业经历了前所未有的改革。在上次改革的成果逐步被消化，其中的不完善、不彻底也日益突出的时候，总结已有改革的成绩和经验必要的，但是90年代更需要创新，尤其是在党的十四大提出建设社会主义市场经济以后，在即将进入新世纪的今天我们更需要总结过去、设计未来，解决以前未面临和未解决的许多问题。其中至关重要的有：我们的广播电视业如何适应社会主义市场经济建设的需要,重新认识广播电视的属性；如何准确而务实地认识广播电视在整个传播业中的地位；如何有效配置广播电视资源；如何培育、规范和完善广播电视市场等。

要想全面而准确地认识我国的广播电视，有必要首先解决广播电视的发展方向问题。发展方向问题不是简单的广播电视自身的问题，它涉及到与广播电视相关的各个方面。因此有必要将此问题放到以下的大背景下考察。

首先，应在经济社会日益信息化的背景中认识广播电视。全球范围的经济和社会信息化趋势是不以人的意志为转移的社会发展的必然方向。信息化既使社会进入信息业为主体的信息时代,也使信息传播行业发生很大变化。表现在广播电视等媒介的信息传播功能将越来越受到重视；广播电视等媒介也将成为社会中的一种重要的资源，需要合理而有效地配置和利用等。这是认识广播电视的宏观社会背景。

其次，应在整个传播媒介业的大背景中认识广播电视。随着信息化的加速，包括广播电视在内的传播媒介业内部将进行力量、地位和发展方向的重新调整和变革。表现在一方面，媒介业越来越市场化和产业化。现在电台、电视台等媒介机构数量大增，各媒介之间的竞争日益加剧。广播电视在市场上找到自己的机会和空间，建构清晰的广播电视市场结构将成为广播电视现在和未来面临的首要问题。因此就广播电视的结构和运作而言，需要建立适应市场的新的广播电视观念，走市场化和产业化的模式和道路；另一方面，媒介市场日益细分化。所有媒介的市场都有所变化，有扩大的，也有缩小的。就广播电视面对的对象而言，它已经从面向大众的笼统的全面广播走向了非大众的具体的细分窄播；就广播电视面对的空间而言,它已经从覆盖全国、全省走向覆盖特定区域,也就是说在国际广播电视、全国广播电视和全省广播电视仍在发展的情况下,区域化——具体而言就是城市化——已经成为广播电视发展的主方向,城市广播电视的优势将明显地发挥出来。以上两个方面的变化已经成为包括欧美国家在内各国广播电视发展的基本趋势。这是认识广播电视的宏观媒介背景。

第三,应在社会主义市场经济的背景中认识我们的广播电视。在此背景中,我们将重新认识我们社会主义广播电视的属性。首要属性仍然是它的政治属性,除此以外,它还是建设社会主义精神文明的重要手段,因此它还具有社会文化属性,再者,它自身便是社会主义物质文明的一部分,广播电视也是一种生产力,广播电视业的发展也是一种国有资产的再增值,因此,它又具有经济属性。

从我国的现状来看,我国的广播电视业已经成为竞争激烈的市场,其中各级城市,特别是中心城市已经成为竞争最激烈的地区。这说明我国的广播电视市场已经在各级城市开始生成和发育,已有了初步形态的广播电视市场,但是还远不够成熟和规范。这主要表现在以下三方面,这三方面是组成广播电视媒介市场的三个基本要素。

在广播电视的本体要素方面:(1)我国广播电视媒介的市场观念日益增强,对市场的认识和研究越来越重视,但是,认识的深度和范围还有限,许多观念还亟待改变。(2)我国广播电台、电视台和广播频率、电视频道数量的增加,电台和电视台及频率、频道的专业分工加强,内部竞争加剧,但是专业台特征模糊、内部节目和时段自我消耗、战线过长、频率和时间资源利用率低、成本增大等问题明显,并在一定程度上成了部分电台、电视台再发展的巨大阻力。(3)广播电视加入市场竞争的根本要素——节目,数量大增,质量上了一个台阶。但是,受众对节目的要求在变化,我们仍然需要在节目上给予最大的投入。比如要加强节目的计划性,改变节目制播的随意性和无序性。除新闻类节目外,相当部分节目应精心录制,从而可以具体、准确地预报节目,提高受众有目的、有准备地选择收听、收视的比率,增强节目传播的到位率和有效性。而且,这样可以使节目生产精细化,有利于生产出精品。同时要加强节目类型化,即节目越来越走向新闻、音乐、娱乐或专栏、杂志等几种最基本的类型,这样既便于电台、电视台组织节目,而且由于统一了节目的规格和类型,便于节目的社会化大生产,从某种意义上说,降低了节目的成本。

在广播电视的受众要素方面:受众是广播电视媒介社会效益和经济效益的最终源泉。广播电视受众有增多和扩大的可能性,但是我们更应该现实地看到,由于传播媒介的增多,信息通道日渐畅通,因此受众的市场分化非常明显。广播电视单个频率和节目面对的受众群越来越准确化和窄化,即从面向广大受众,走向面对细分受众,适位受众,甚至是一对一的受众。广播电视已经不再以受众数量的多少为唯一的标准,而更强调受众的准确率和针对性。广播电视媒介应以自己独有的窄播受众群占据其它媒介难以替代的位置。另外,由于受众的成熟,受众对电台、电视台节目的选择度和指认度都大大地提高。他们已经懂得根据自己需要进行挑选,形成接受习惯后,又会相对稳定地指认此电台、电视台和节目。

在广播电视的广告要素方面:我国经济发展越来越市场化,各类企业的经营意识和水平将提高,他们开始了解和注重营销传播,即广告和公关等。广播电视媒介以自己的节目实力和影响吸引广告客户,这是根本。另外,注重宣传自己和节目,扩展与客户联系与合作的方式,帮助客户创立新的消费者群等都可以扩大广播电视媒介的经济效益。

对我国的广播电视媒介来说,为了参与竞争并在市场中生存和发展，必须加强经营。市场中获胜的保证便是有效的经营。首先，要对媒介市场，特别是广播电视市场有准确而成熟的认识，从而找到自己在整个传播市场中的位置和发展的机会点，制定出有效和可行的经营战略。广播电视市场观念要完善，比如节目观念、时间观念、受众观念等。广播电视市场行为要规范。另外，广播电视市场不是粗放经营的，需要集约化经营。

其次，要改革内部机制，充分而有效地开发自己的广播电视资源。广播电视资源包括频率、频道资源、时间资源、节目资源、受众资源、设备资源等。合理而有效地开发以上资源，可以获得社会效益和经济效益的最大化。充分利用自己的频率（道）资源，精心筹划和设计频率（道）的分工；参照市场需求和竞争对手的状况，开发自己的黄金时段；建立节目核心制（总监制）和科学的节目生产机制（即节目的调查、策划、制作、播出和效果反馈机制）；精心设计自己的节目结构，新闻类节目直播求快、求准；其它类节目可直播、可录播，求精、求新。利用各种手段和方式，营销和推广本台的节目，特别是预计收听、收视较好的重点节目，扩大影响，争取客户和听众；建立除节目以外的与受众的联系渠道，稳定受众群体；利用先进的广播电视技术，既提高了节目的技术质量、降低成本，又将改变广播电视的工作方式、手段和广播电视的形态，从而增强广播电视的竞争力。

第三，寻求个性化、风格化和规范化经营。没有个性、不具风格的电台、电视台已经没有生存和发展的空间了。电台、电视台力求在节目、时段和受众等方面创造差异形成风格，占据自己独有的市场。

可以这样说，我国广播电视界需要和正在经历自八十年代后期以来的第二次观念变革。由此带动结构变化，市场形成，从而与新世纪接轨，与国际接轨。最近以来，发达国家的广播电视界提出"国际化思维，本地化操作"的口号，对我们倒不无启发。观念的进步、认识的到位是发展的前提。我们的认识要到位,重新审视广播电视的地位、前景和发展方向,现实而客观。市场挑战与市场机遇是并存的。

二、广告媒介传播战略研究

(一) 广告媒介。

媒介就是媒体。广告媒介是指能够借以实现广告主与广告对象之间联系的物质工具,是传达(运载)广告信息符号的物质实体。

最早的广告媒介就是叫卖(声音)以及店前悬挂(旗)等。随着科技的进步,媒介的种类增多。

当今社会中,广告费中的80%投入到媒介中,因而人们便重视对媒介的研究。

1. 媒介体制。

媒介体制基本上分三种:国有体制;公有体制,即不以盈利为目的的公共媒介。50年代以来发展,媒介经费来源有私人基金会、政府、大专院校、慈善团体和公共捐助。媒介不播广告,以文娱、教育节目为主;私营体制,即商业化体制。媒介是独立经营的经济实体,其经济效益来源于广告。

媒介所有制直接制约着媒介业的规模以及媒介生存的血液——经费的来源,也影响媒介播出广告的类型与内容,还制约着广告业发展的水平和方向。

我国大陆媒介体制是国有体制,因此,具有这样一些特点:媒介地位较高,竞争少,媒介卖方市场等。

在新的经济社会环境下,媒介将呈现出下列发展趋向:

第一,产业化:即承认媒介业是信息产业中的主体产业之一,尤其是在第二次信息革命(信息高速公路)到来之时。媒介和微机联网合成为多媒体。这就要求以产业的经营方式经营媒介。这在一定程度上也有助于理顺媒介与广告、经费与发展的关系。

第二，专业化：随大众社会的消退，分众社会的兴起，受众日益细分化，媒介业必须走专业化的道路。专业化之后的媒介受众相对减少和分散，但其针对性和影响力提升。实践中的媒介已经大量地专业化。

第三，区域化：目标区域明确而具对象性和接近性。城市媒介和社区媒介大量出现。传播实践中区域化已经非常明显。区域媒介的地位和影响日渐提高和扩大。

第四，全国化（全球化）：媒介巨头的日益国际化。在跨国传播中体现的最为明显，实际上，这是垄断与反垄断的矛盾，一方面垄断加剧，另一方面垄断被打破。卫星广播及电视已经成为未来媒介的基本形态。

2. 媒介与广告的关系。

不同体制，不同政治、经济、文化背景下，对媒介的使用不同。如，混合型使用：各种媒介均使用。美，日，英，加，中等；杂志型使用：德国，意大利。意大利杂志广告费占36.3%；报纸型使用：瑞典，澳，新加坡。瑞典95.9%于印刷；电视电台型：受尔兰、希腊、哥伦比亚。

多数国家对电子媒介的控制较印刷媒介严格。从全球范围看，印刷媒介仍然是最主要的广告媒介。全球广告费中，印刷品占54%，电视31%，广播8%（1986）。非大众传播媒介促销占越来越大的比例，如，在日本非大众传媒占35.6%，而电视28.9%，广播24.4%。

不同的国家，其媒介与广告的关系类型不同，基本有两种类型：一种是"广告离不开媒介"——媒介业不发达的国家媒介时空有限，因此必须广告主及广告公司求媒介。媒介卖方市场；一种是"媒介离不开广告"——媒介业发达的国家，媒介的时空"出口"畅通，因此媒介必须学会推销自己。媒介买方市场。

具体而言，媒介与广告的关系实际上是节目时间、版面空间与广告的关系。对广告主来说，节目或版面能否吸引我所需要的受众最重要。节目、版面受众多并非永远是好事，关键在于受众正是广告主所需的。广告主对节目和版面有一定的影响。

节目的构成和版面的构成，如节目和版面的类型、内容、时间、时段和版位以及编辑环境等对广告也会产生影响。

节目、版面与广告的关系如下：

```
        质量高的版面和节目 ——→ 社会尊重 ——→ 社会效益
              ↑                                    ↓
              └──────────── 广告 ←──────────── 经济效益
```

3. 代理制与媒介。

代理制是由广告公司全面代理广告业务活动的经营体制。要求广告公司为客户代理调查、策划、创意、设计、制作实施和效益测定等一切业务。从媒介的角度，媒介的广告部门只是刊发广告的部门。广告业务的增多必然要求由专业的广告公司代理。

实际上，媒介内部的广告部是一个面向广告公司和广告主的营销部。它的工作内容包括：向广告公司销售时空；调查研究媒介动向及状况；在文案、创作上给广告公司以帮助；为自身媒介做广告，如宣传新节目等。

代理制下，媒介只负责广告发布，避免了信用风险。不影响媒介的经济收入。代理制下，广告公司与媒介的关系是这样的，广告公司负责综合策划；为媒介的广告来源扩大渠道；向媒介支付广告费，承担由于广告主因故拒付广告费所造成的损失；广告内容必须得到媒介的认可；向媒介约定刊播时间和版位。媒介负责广告的"出口"；为广告公司的策划活动提供必要的条件和资料；提供必要的媒介动态和刊播机会；未经广告代理公司的同意，不得随意变便广告内容和刊播时间及版位；根据广告代理公司一律平等的原则向广告代理公司公开报价。总之，在广告活动中两者形成了密切合作的关系。

（二）广告媒介的种类及特征。

广告媒介种类繁多，日常的有20种之多。如报纸、杂志、广播、电视、电影、户外、交通、直接反应、店铺、包装、特用品、书籍等。

按面向对象分：大众传播媒介：报纸、杂志、广播、电视等，这种媒介对大多数人能进行迅速的传播，提高产品和企业的权威性。非大众传播媒介：DM、口头传播等，即"信用销售"，这种媒介对特定的受众有效地瞄准目标市场，广告成本低廉，对本行业的影响较大。

按广告影响时间分：长期的媒介：户外广告、杂志广告等，适于形成和维持商品和企业的信用。短期的媒介：电台和电视台插播的广告等，适于新产品和具有新闻性的商品。

按广告地区分：全国性媒介：报纸、杂志、电视、广播的联播网，卫星传送的节目和版面。地区性媒介：与地区密切关联的媒介，交通广告、户外媒介、广播和电视媒介。

按作用分：海报、广告塔等适于告知企业的CI。CM、传单、月历用于维持现有消费者，或获得潜在消费者。

1. 媒介的特点。

（1），报纸：

（2），杂志：基本同于报纸。只是专业化程度较报纸高，目标对象更为准确；保存周期更长，重复阅读率更高；彩色印刷，形象，逼真。

（3），广播：

（4），电视：

上述四种媒介的特点在本书第八章已经有所论述。

（5），直接反应广告：

"无店销售"（仓储销售）、直接行销已经成为最新式的行销方法。在美国,直接反应广告费已经排在报纸和电视之后,居第三位,占 15.2% (1990 年)。每年的上涨幅度 10% 以上。美国称之为"90 年代营销原则最适用的媒介",台湾称之为"90 年代的行销先锋"

这种方式兴起的原因在于传统的常规媒介比较偏重建立品牌形象,忽略了鼓励消费者立即购买,在产品个性化、品牌类似化日益明显的新消费时代力不从心。

直接反应广告的特点是直接瞄准目标消费者,对象准确、单一;反馈及时、直接、有效;所传信息专业、详尽;成本较高。

直接反应广告活动的阶段:

第一阶段:拟定反应方案和诉求对象及主题

第二阶段:对制订的主题和方法进行测试

第三阶段:开始较大规模的直接反应广告活动

第四阶段:对顾客反馈回来的资料,依人口、地理、心理等分类,输入电脑,以便建立资料库

第五阶段:开始对消费者进行一对一的营销

直邮广告是最为典型的直接反应广告,以传达商业信息为目的。通过邮寄的广告品统称为 DM。它的优点是对象范围具有选择性和集中性,易于控制管理,对个人冲击强等。它的缺点是成本高,较迟缓;易形成心理定势等。

直邮广告的类型有推销式信函;推销式信函附属品;用金属、塑料、纸、布等材料做的小物品,附在信件中寄出。这些均为促使收件人注意销售信息而特制的;广告明信片:可登顾客的问题,广告文,或做折扣券;说明书:小型的,折叠的,大型折叠的。480×635 平方厘米大;册子:内容较多,多的达 100 页,既提供知识,又可作为参考资料;小册子:同上,价格高;目录:只寄给明显的预期消费者。列出商品的图形、明细规格、价格等,制作昂贵;机构杂志:对外向批发商、零售商及代理商寄送。

直邮广告成功的关键在于：

对象的选择要准确：如美国的"名单公司"，美国的高级商店向年收入在10万美元以上的人家寄送商品目录和广告。

邮品个人性：必须用寄送对象的姓名、职位等。

必须有承诺：不论承诺是优惠券、样品，还是参加抽奖等。留下一部分工作让受众完成，如让其填写卡片等。

注重直邮品的外观：信封的创意与设计的好坏直接影响其效果。充分利用信封的颜色、尺寸、材质、图案、及信封上的文案。

内文的创作：内文的承诺必须特写你的产品，学会ＡＩＤＡ公式。寻找一个予人深刻印象的开头，以一种非常个人化的方式告诉消费者。

不怕长：关键在于真实，特殊，不一般化。

(6)、户外媒介

户外媒介每一单位讯息传递的成本最低。它的特点是具有较强的吸引力；立即的品牌到达率；非常高的频率；极大的适应性和冲击力。它的缺点是讯息过于简洁；所能到达的对象有限；初期的准备成本过高；对每个广告牌物理的检查量大。

户外广告类型有非电子（传统的印刷物）类，如海报看板和布告牌为最经常的形式、传单等，传统的非电子户外媒介静态、固定、较消极。电子类户外媒介：如电子快播板，即利用电磁效应，操作四色旋转体。成千上万的旋转体，各有四色，加上数十种混合色阶，使Ｑ板极富变化。另外Ｑ板耐风吹、雨打、日晒，还防火、防静电、防紫外线等；ＬＥＤ电脑显示板，称发光二极管，与微机联网可发送广告、新闻等，成为一座小型电视台；电视墙由许多小电视组合而成。但画面过于分隔。画质不如一般电视；灯箱；三面翻板；霓红灯等。

户外媒介的基本要求是：

产品与创意的结合："视觉上的惊异"效果，使受众震撼而驻足。广告主的名称和产品名称能迅速记住。

简洁：少就是多。文稿简洁，标题式。不超过7个字。字体、字形易于识别，画面醒目，大，背景简单，色彩醒目

幽默、诙谐，富有感情内容使人永远记忆：

适当的位置：

（7），交通媒介：

这是一种费用低廉，很好的补充和提醒媒介。它包括车身、车内、车站、侯车亭等载体。它的优点是较长的接触时间；良好的地理位置的适应性；对使用空间大小有较大的选择余地。它的缺点是无法覆盖某些社会地区；受众未经选择，影响力不大；广告文案和数字受到较大的限制。

（8），P.O.P（售点广告）：

在流通领域，有视觉行销，即指利用店面的商品陈列或店铺整体形象的展示从事营销。

高达62%的消费者是在进入店铺，看到商品后才决定品牌的。另外消费者的冲动型购买逐年增多。因此店铺内外的所有的环境对销售与购买行为影响巨大。

我们引进"店面促销支持系统"概念，这个系统包括：店面设计、内部装璜、通道位置、货架摆设、ＰＯＰ、光线、色彩、音乐和人员销售。在英语中，称之为ＩＭＳ（Instore Merchandising Support）。

仅就ＰＯＰ而言，可以分为：店面ＰＯＰ、柜台ＰＯＰ、壁饰ＰＯＰ、落地ＰＯＰ、动态ＰＯＰ、灯箱ＰＯＰ、粘贴ＰＯＰ、橱窗ＰＯＰ等。

（9），ＥＶＥＮＴ（事件，活动）：

将在后面论述。

（10），口头传播：

当今时代是"信用营销"年代。在日本，化妆品、卧室用品

按户访问销售。它的特点是多感官调动；即刻反馈，直接；信息容易进入记忆；目的性强，满足特殊需要；可信度高；扩展性好。

实际上口头传播就是人员推销。

2，开发新媒介。

有线电视、卫星直播电视、Videotext，teletext，PC以及Internet都已经和将要成为广告媒介。

新媒介的性能越来越高，并非全部作为新的广告媒介。即便具有广告的潜力，但权衡现有媒介的力量，其可能性相当遥远。

新媒介作为广告媒介，必须具有媒介的力量。这就要看媒介的覆盖范围、广告冲击力和广告认知、购买行动效果等。若用新媒介为广告媒介，需要这些标准来衡量，它能否与其它媒介抗衡。

以后特别强调的是双向沟通。现在是直接营销和直接反应的时代，只有双向的媒介才适合这个时代，才备受广告业的重视。

开发新媒介，须注意一些基本原则：所开发的媒介必须与所宣传的产品相适应；所开发的媒介必须能够有效传达广告信息；所开发的媒介必须有利于消费者接受。

开发新媒介与充分利用常规媒介并不矛盾。

(三) 广告媒介调查。

媒介调查是制订媒介策略、编制媒介计划的重要准备工作。

1，媒介调查的内容。

对媒介进行调查，内容较多。但是根据我国的实际情况，有些指标根本得不到；或者在制订媒介计划时使用不上。

媒介调查主要包括两项内容：

(1) 媒介量的调查：

印刷媒介：发行量

阅读率

涵盖率

读者构成

电子媒介：覆盖率

视听率（开机率）

涵盖率

视听众构成

（2）媒介质的调查：

适应性：媒介对所传信息的适应性。如，电子类媒介：适应较简单、表面、短、时效强的信息；印刷类媒介：适应复杂、概念化、说明性、解释性的信息。

社会质量：媒介在社会上的威望、地位；媒介的广告刊播水平。

传播环境：广告与所在环境的情绪与气氛；受众接受时的心理状态。

2，媒介调查的方法。

媒介调查的方法因调查指标的不同而有所不同。

常用的调查方法有：抽查法、仪器法、电话法、日记法、观察法：

3，媒介调查机构和审计机构。

在实际的广告活动中，为了保护广告主、广告公司不受媒介的假发行量、假收视率的欺骗，同时为了保证媒介本身也有一个公平的以真正的实力竞争的环境，需要有专门的媒介调查机构和媒介审计机构。

（1）媒介调查机构：美国三大媒介调查公司：尼尔森公司、阿比特伦公司、西蒙斯公司。现在他们已经将业务扩展到了欧、亚的许多国家。

（2）媒介审计机构：最早于1924年美国成立了美国发行量审计局（ＡＢＣ）。它负责审核各印刷媒介提供的各种数据，以保证其真实、准确；这种机构可以发挥两个作用：对媒介的制约，即限制媒介力量的盲目发挥；对广告主、广告公司的帮助，即提高他们对媒介力量的认识能力。

(四) 广告媒介战略。

媒介战略就是将商品的创意或概念,针对其目标,在一定的费用内利用各种媒介的组合的把广告讯息有效地传达到目标市场。

1,广告媒介战略与营销战略和广告战略的关系。它们是密不可分的。因此在制定媒介战略之前,需要了解:营销目的;产品特性;消费者形态;促销及推广策略;竞争对手状况;资金;创意等等。

确定广告媒介战略的目的:此工作由 AE 从事,由他根据客户等情况制定出本次广告的媒介战略的基本目标。这一目标体系为以后媒介部具体制定媒介策略和实施媒介计划提供了基本的方向。

媒介战略目标体系一般包括 5 项基本问题和基本要考虑的因素:

(1) 要到达什么人?

尽可能确认目标对象,根据广告策划进行。

主要确认主要消费群体,次要的也应该注意。

确定目标对象的方法:

人口统计特征

消费行为特征:提议、购买、决策、使用

消费心理特征:尽可能多地搜集媒介目标受众的客观数据和主观的态度信息,这些对以后的媒介选择、发布时间等有重要的影响。

必须界定出全部的潜在消费者,并按重要程度排序。

(2) 要取得何种结果?

如:是提高知名度?改变对产品的态度?介绍新产品?提醒消费者?促销?对抗新的竞争产品?

第十一章　传播实践论

(3) 什么时机刊播广告？

确定基本的时间表：引导销售旺季？

适应日常销售？

反击竞争对手？

促进推广活动？

购买前期提醒？

与气候、假期、季节有关？

是按日历（1——12月），还是按客户年度（Client Fiscal）刊播。

(4) 要到达何处？

全国性、区域性与地区性的发布

(5) 发布多少广告？

广告的数量，以一定时间段（如每周、月）中的到达率与频率界定。

(6) 其它因素：

将以上要素具体化为数量指标。如，"第一个月广告时段至少到达80%潜在市场，以保证消费者至少接触广告4次以上"。

2，选择媒介的原则。

选择最适合于本次广告的媒介是整个广告活动取得成功的关键。因此如何选择媒介至关重要。

(1) 本次广告活动的目的和媒介基本特性：

为短期内提高知名度——电视；树立形象——报纸；媒介的取长补短

(2) 媒介的目标受众：

媒介的对象与广告的诉求对象一致或基本一致；了解诉求对象接触何种媒介的机会最大。

(3) 媒介的地区类型：

选择覆盖区域正好或基本是本产品销售区域或潜在销售区的

媒介。

(4) 产品的特性及消费形态：

产品的特性相对简单可以选用电视等电子媒介。产品同样以儿童为对象的商品，如"娃哈哈"和"小儿清热口服液"，其购买动机和消费形态都不同，因此需要使用不同的媒介。

(5) 竞争状况：

竞争对手使用的媒介是什么？多少次？什么地区？等。从中可以发现他们没有用到的媒介和机会。

(6) 创意：

何种创意决定了使用何种媒介。文案多、形象——报纸；质感、色彩、场面、过程、情感——电视；声音、想象力——广播。

(7) 时机（受众反应的时机）：

季节性、销售高峰、节假日、重大ＥＶＥＮＴ等。

(8) 资金：（广告发布预算）

预算的大小以及预算的弹性：理想状态和现实状态。

选择媒介是一个严密而谨慎的工作，以后的媒介策略和计划都依此而定。

3, 媒介策略。

(1) 对象策略：

调查分析不同媒介的受众构成，以此确定每一种媒介受众是如何分配的。

以实际的媒介到达率与成本为基础分析不同的媒介，到达的人越多，成本就越低。

印刷媒介的CPM：（每千人成本费）

$$CPM = \frac{广告费 \times 1000}{发行量}$$

电子媒介的CPM：（每千户成本费）

$$CPM = \frac{广告费 \times 1000}{拥有量 \times 视听率}$$

选择产品和服务的几个群体消费者,作为主要或次要群体消费者,分别予以不同的策略(包括不同的广告发布量比重)。

(2)地区策略:

产品的销售形态:全国销售、全国与区域(地方)结合的销售、地方销售。不同销售形态的产品,其媒介的地区策略也不同。如,全国销售的产品,在媒介地区策略上有三种:一是100%广告费直接投入全国性媒介,二是全国性媒介与地方性媒介混合使用,三是全国各地只使用地方性媒介,特别是在产品的引入期;或在全国相当大的部分内使用地方性媒介

媒介策划人必须了解:一是产品销售的区域;二是该区域中潜在的消费者的集中程度。

下图表示地理区域和潜在消费者集中的双重特性

主要潜在消费者	本地	区域	全国
集中的	1	2	3
	4	5	6
分散的	7	8	9

方块1是集中在本地的潜在消费者,最容易处理。

方块9是另一个极端,针对方块9的媒介计划需要大量的创造性以适应这些有着特殊兴趣的——如古玩、网球、计算机——潜在消费者,他们不集中在某个地理区域。到达这些群体的媒介有直邮、专业杂志、专业报纸或严格选择的广播和电视节目。

地区策略的制定,要注意:先对产品和服务进行完整的商业分析,包括一切信息。可以用以下两种方法,确定媒介的地区分布:a,销售额金额分配法。b,受众印象分配法。

(3) 发布时机策略：

"机不可失，失不再来"。恰当的时机是广告发布取得效果的必备条件之一。因产品的生命周期、销售时机、购买时机等不同导致不同的发布时机。

①产品生命周期策略：

目标受众	引入期 广泛发布 （不明确）	成长期 明确的	成熟期 使用者	衰退期 使用者
广告 R/F	加强 R/F	对潜在顾客 加强 R/F	对目标消 费者群体 加强频率	在使用 者中加 强 R
地区策略	全国性 （地区性）	扩大地区	针对 最好的市场	针对 最好的地区
广告方式	强力介绍 不断强化 期望的销售额	旺季中加强	引导消费者进入 季节性销售旺季 并于其间做广告	只支持 推广活动

②销售旺季或购买旺季策略：媒介的时机策略要与销售旺季或购买旺季相互配合。

商品种类不同，购买间隔的时间也不同，因此要考虑购买间隔的长短发布广告。如，日用消费品（洗涤用品）等全年不分时间都销售；空调等则有时间性。

③与ＥＶＥＮＴ有机配合策略，在确定整体媒介发布时间的过程中，突出与ＥＶＥＮＴ相互配合的时机策略，可以取得相当的效果。

(4) 发布方式策略：

广告发布策略不外乎三种：连续发布法、间歇发布法、脉冲发布法

①连续发布法：整个广告活动期间连续不断地发布。

目的：一是为了不让消费者不忘广告

二是为了覆盖所有广告受众的全部购买周期

三是为了连续发布，可以获得一定的媒介优惠

适用：一是常常购买的产品

二是消费者的范围有限

三是拓展市场

②间歇发布法：广告发布期间分为若干段，两段时间之间有一个广告停止期。但是广告中止，注意的人就减少。

目的：一是顺应市场状况，于必要的时间发布广告

二是用集中的广告增大销售

三是利用各种媒介，短时间内达到预期的传播目标

适用：一是广告经费有限

二是较长时间才购买一次的产品

三是季节性的产品

四是短期内立即建立市场占有率的产品

③脉冲发布法：前两者的折中，兼而有两者的优点。

一般以低量的广告保持产品的基本讯息，不使之中断，同时配以周期性的、量大的广告加强效果

目的是顺应市场的变化，灵活机动

后两种发布法现阶段经常使用，但是要注意的是：没有广告或广告量较少时，容易引起竞争广告的反击；发布间隔、发布数量、发布绝对量与相对量的差必须慎重考虑；销售量会产生波动，因此要对生产和流通环节做相应的调整。如，不发布广告的时候，采取市场推广等。

（5）发布量策略：

确定媒介所到达的受众的总数，即接触至少一次广告讯息的人数：

到达率＝有效到达率＋无效到达率

有效到达率：接触广告讯息足够次数，并知晓该讯息的人数。

无效到达率：接触过广告讯息，但不知晓该讯息的人数。

频率指一定时间内发布广告讯息的次数（通常是以一周为单位）：

频率＝有效频率＋无效频率

有效频率：取得最小传播效果所需要的接触次数。

可以说，至今仍然没有一定之规可以确定，多少频率和到达率就够。一般要根据具体的营销目的、竞争状况等各种因素而定。

如，同为100万元广告预算，产品不同其广告频率和到达率则有很大的差异。

计划A：预算100万元　　产品：口香糖

策略：一年期，最大的到达率，放弃频率，到达最可能多的潜在消费者。

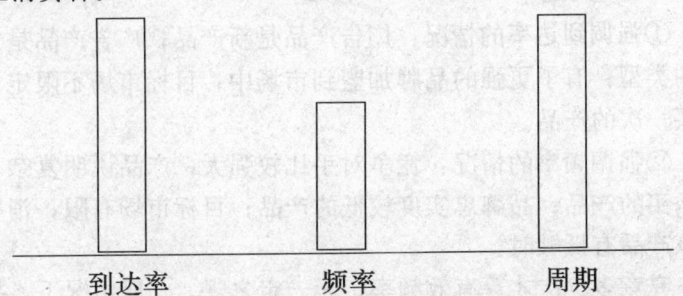

计划B：预算100万元　　产品：年终销售的豪华汽车

策略：短期发布战略，以尽可能多的次数，到达相对少的潜在消费者。

第十一章 传播实践论

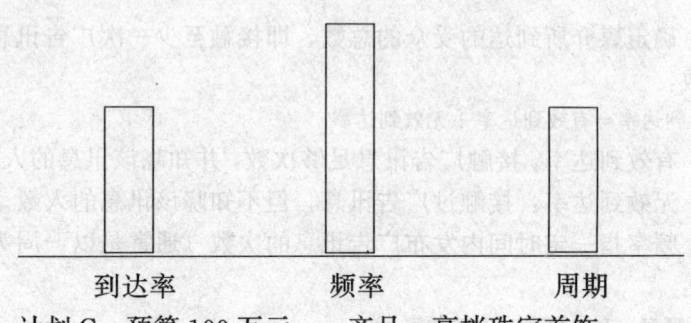

计划C：预算100万元　　产品：高档珠宝首饰
策略：连续发布战略，多次数到达经过选择的消费者。

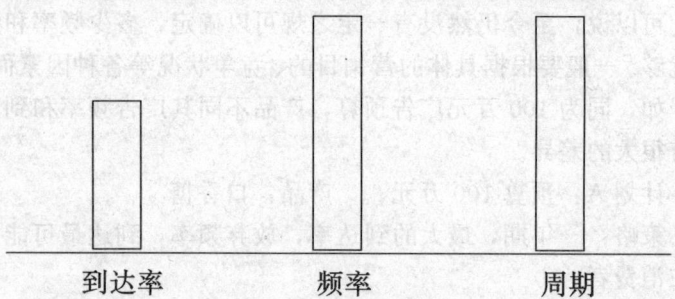

①强调到达率的情况：广告产品是新产品；广告产品是发展中的类型；有了更强的品牌加盟到市场中；目标市场不限定；难得买一次的产品。

②强调频率的情况：竞争对手比较强大；产品说明复杂；经常购买的产品；品牌忠实度较低的产品；目标市场有限；消费者对该产品有抵触时。

究竟多少次才算有效频率，无一定之规。一般情况下：接触一次、二次没有什么效果，在一个购买周期内接触三次以上，才有效果，较为好的次数是6—7次。接触过多毫无正面效果。

影响有效频率的因素很多，基本如下

媒介的接触率：如黄金时间。

广告对象：忠实度高的消费者，年轻的消费者有效频率较低。

广告目的：是提高知名度，还是提醒为目的。

竞争程度：竞争激烈，则有效频度较高。

已有广告的作用：过去广告的效果良好，则新广告战的有效频率则低。

广告内容：内容负载信息过多，则有效频率较高。

广告单位：广告单位大者，讯息量就多，效果好，频率低。

产品的市场占有率：大者，有效频率少。

新产品：要多。

影响因素极多。因此决定广告的有效频率，难度极大。

(6) 媒介组合策略：

广告活动只使用一种媒介的情况较为少见，尤其是以推动产品销售为目的的广告活动。因为单个媒介很难达到广告目的。只有充分组合各种大众传播媒介、非大众传播媒介以及ＥＶＥＮＴ等的优势，制定综合、立体的媒介计划，才可取得预期的效果。媒介组合战略因产品、消费者、市场、竞争等的不同而有所差异。

媒介组合的目的：扩大一种媒介的受众面；充分发挥每一种媒介的优势；协同作战，声势巨大。

媒介组合的基本原则：

相互配合，各司其职：所选的媒介是否包括了所有的目标消费者；所选媒介的影响力集中在何处。各个媒介的影响力势必有重复，但必须使这种影响力重叠在重点的目标消费者的身上，但尽量不要有过多的重复覆盖，也不要出现被忽视而过的空间。电子媒介告知消费者，印刷媒介解释和说服消费者，店面媒介吸引和诱使消费者购买。

扬各种媒介之长，避各种媒介之短：

整体广告战：就是利用所有广告传播的手段进行立体的、全面的广告战役。这是当代广告传播的经常项目。

整体广告战的构成要素有ＳＰ活动、ＥＶＥＮＴ等。ＥＶＥ

NT是轰动效应的制造者。所谓EVENT就是广告主为了产生一定的社会效应,赞助或自己举办的活动、事件。在使用EVENT中,要注意的几点:EVENT必须与自己企业的性质和产品相适应;抓住时机,借"机"生蛋;把握对象。例如,Marlboro赞助各种体育活动;Kodak,Fuji和可口可乐、百事可乐等赞助体育、文艺活动。

4,媒介计划。

将媒介策略具体量化,制定出使用媒介种类、版位、版面大小、节目类型及时间、发布时间、发布量的日程表,这便是媒介计划。制定媒介计划必须考虑各种媒介的现实可能性,如果无法买到媒介的时间和空间,一切都纸上谈兵。

(1)媒介计划的基本内容:

a,概说:对媒介战略的描述

b,计划:所用媒介的名称

广告单位:整版、半版或15、30秒的CM

发布时间:1月、5月等

发布量:多少次

发布方式:持续多长时间

媒介费用:费用的分配

费用的总额

(2)发布日程表:

媒介的类型和名称	广告单位	1月	2月	3月	4月	5月……12月
报纸A	通栏	2	2			
报纸B	半通栏	1	1	2		
××广播电台	60秒					
××电视台	15秒					
××电视台1	30秒					

媒介在广告活动中扮演着重要的角色。因此,研究媒介及媒介的基本策略和战术将对广告效果的达成起重要的作用。

三、整合营销传播研究

社会发展的早期,只要是社会、市场需求的产品,生产出来后,立刻有人买。这是"以生产为主导型"的初级阶段。当商品进入以批量生产、批量销售的新阶段,简单的陈列很难推销,便出现了市场营销学。初期市场营销的最大王牌是质量的差异化和价格的差别化,就是以高质、低价达到占领市场的一种战略。当生产技术进入成熟期,质量差别的营销战略则无法成立;另外成本也大大降低,价格差别也没有优势。

如今,经济的发展,科技的进步,当今的市场环境发生了很大的变化。其中突出的现象是:同类公司的产品层出不穷,依靠科技的迅速进步,产品的差异性越来越小,且相互竞争加剧。结果是任何一家公司和任何一件产品都更容易被"淹没"在市场的大海中。在这种情况下,影响消费者购买的主要因素是什么?是根据自己得到的信息选择自己所需要并为之动心的商品。

由此,人们提出了整合营销传播。那么为什么整合营销传播越来越重要?主要是因为:

第一,以消费者为中心的现代营销观念的确立

现代市场营销学观念,已经越过了以生产和以推销为中心的传统观念,进入以消费者为中心的时代,这样一来,企业与消费者、与市场的沟通,就占据了越来越重要的位置。营销环境的变化带来了营销理论的更新。由美国学者P.科特勒提出的4P理论,即:

产品(PRODUCT)

价格(PRICE)

渠道(PLACE)

促销（PROMOTION）

4P 理论已经不能适应当今的营销环境。因此，美国学者劳特朋提出了新营销理论 4C。

消费者的需求（CONSUMER WANTS AND NEEDS）

消费者需求满足成本（COST TO SATISFY THE WANTS AND NEEDS）

购买的方便（CONVENIENCE TO BUY）

传播（COMMUNICATION）

能否让消费者知道并认同"本公司是一家什么样的公司"，"所提供的是什么款式的产品和服务"已经成为公司或产品在商场上生存的关键。换言之，与消费者的营销沟通是关系企业生存的大问题。正如国外市场营销专家所强调的：如果企业的市场沟通力薄弱，迟早难以避免被市场淘汰的命运。整合营销传播已经成为越来越重要的主导性概念。在全球的市场营销活动中，它已经逐步形成为重要的营销战略。

第二，市场环境的变化造成了沟通障碍

有限的货柜陈列空间，有限的传播媒介，有限的沟通渠道，被巨量的公司和商品进行超载的争夺和瓜分，使得对一家公司或一件商品来说，传播的空间和通道越来越窄，市场营销传播的障碍迫使企业重视市场传播在整个营销活动中的作用，力争有效的营销传播。

第三，消费者对营销传播提出新的要求

首先，消费者对商品判断和购买决策发生了变化。在传统的简单市场中，消费者可以主要依靠自己的经验和知识对商品做出判断和购买决策。但是在现代商品环境中，大量商品的科技含量越来越高，消费者几乎无法对商品直接做出准确判断。消费者对商品的判断发生了这样的变化，即从对商品的实证性具体分辨判断走向了对信誉和形象的认同判断；从直接评估走向间接评估。消费者常常以品牌地位和形象来区分商品的优劣,决定是否购买。

其次,随收入和消费水平的不断上升,消费者的消费行为也发生了相应的变化。从以满足基本需求出发追求购买实际利益走向追求心理和精神满足。这种情况下,消费者最想知道的,并不是商品的具体功能、利益等,而是品牌的名称和公司形象等地位象征。

90年代以来,整合营销传播(IMC)在美国成为一种新趋势。美国广告协会(4A)主席J.奥图指出:当今的市场推广已经逐渐体现为"营销传播"。美国学者D.E.舒尔茨于1993年出版了世界上第一本系统论述整合营销传播的专著——《整合营销传播——21世纪企业决胜关键》。他认为,真正的整合营销传播必须达到长期的关系营销(Relationship Marketing),而与消费者维系久久不散的关系。

需要说明的是,我国企业还远远没有树立这一观念,仍然是非信息时代的观念。

(一)整合营销传播的概念。

整合营销传播,又称全传播,是以企业的整体营销战略为依据,用整合、有效的传播方式与社会大众产生互动关系,实现企业的营销目的。

本概念的基本主张:将所有的传播手段,如广告、公关、直效营销、CI……等结合起来,使目标消费者在多元化的信息包围中,更好地识别和接收品牌和公司。

本概念包括了两个基本内涵:

传播有关产品和服务的信息

传播有关企业理念、行为、形象的信息

这一观念不但突出了传播在整个市场营销中的重要地位,而且强调了不能仅仅使用一种单一手段,而要通过多元取向的结合使用和强化传播攻势。

整合营销传播的内容如下：

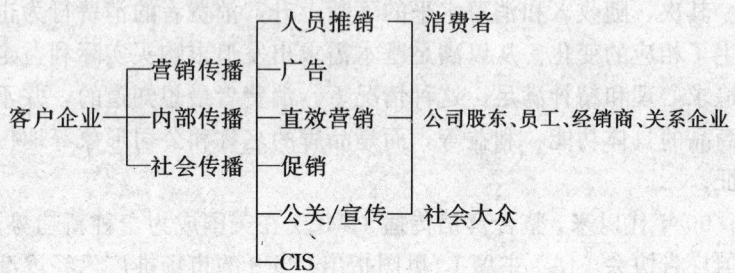

（二）整合营销传播的过程。

1，信息传播的一般过程：

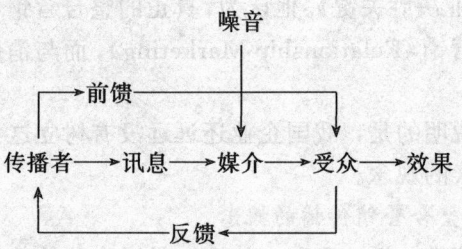

2，菲利普·科特勒提出的营销传播过程模式：①

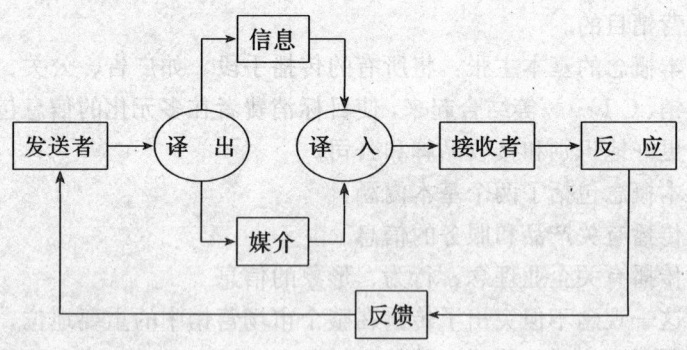

---

① 邝鸿（1989）：《现代市场学》，第571—586页，中国人民大学出版社。

他认为：市场营销传播者必须确定下列问题：

（1）传播的目标对象是谁？（Target Audience，Target Consumer）

必须一开始就明确自己的目标传播对象。他们可能是产品的潜在购买者或现有使用者，或决策购买的决定者和影响者，还可以是某些个人、团体、特殊公众或一般公众。

确定了传播对象后，首要的任务便是调查企业及其产品给目标对象留下的印象，调查目前的产品和企业形象，并在此基础上确定传播目标。

其次的任务是调查研究目标对象如何处理接收的信息。如，文化程度不同的人对信息的处理。

（2）应该期待何种反应？（Consumer Behavior）

最终的反应是购买行为，但在决定购买某一产品前，消费者大多经过一系列的准备阶段。

传播：传播者首先向目标传播对象传播信息

接收：信息是否为对象接收，一是接收者是否注意到信息，二是接收者是否了解信息。

传播者的任务是尽可能使接收信息简单、清楚、有趣、重复。通过传播，期待消费者在认识、反应、态度、意图、行为等方面有所变化。

（3）应该制定何种信息？（Message）

解决三个问题：

说什么（信息内容）：诉求：理性诉求、情感诉求、道德诉求（常用于社会公益）

如何传播得符合逻辑（信息结构）：提出结论、单面论证或双面论证、表达顺序

如何用符号传播（信息格式）：选用何种媒介。

（4）应该利用何种媒介？（Channel，Media）

大致有人际媒介和非人际媒介。

人际媒介：人际影响较好，尤其在以下两种情况：一是产品昂贵、风险大和不常购买；二是产品具有明显的社会性，由于产品（如汽车、服装、香烟、酒等）都具有明显的品牌差异，从而意味着不同使用者的社会地位和个人偏好，因此，消费者可能选择其团体能接收的品牌。亲密朋友和权威人士的口传和个人影响比大众传播更具影响。重视"意见领袖"；说情媒介：推销员和业务代表——购买者；专家媒介：第三者——购买者；社交媒介：口传媒介，最强有力。

非人际媒介：大众传播媒介：报纸、杂志、广播、电视、广告牌；选择性媒介；气氛：创造一种环境，使顾客对企业及其产品产生并加深良好印象；事件：为向目标传播对象传送特殊信息而设计的活动。

（5）信息来源应该具备哪些属性？（Source C. C. A. P）

即个性特征、可信任程度、吸引力、权威。

（6）应该收集何种反馈？（Feedback、Response）

调查研究这些信息对目标对象的影响

（7）防止何种噪音？（Noise）

优质的产品、市场、消费者、传播现状方面的前馈。

（三）整合营销传播的手段。

整合营销传播的主要手段有：

个人推销（Personal Selling）

广告（Advertising）

直效营销（Direct Marketing）

销售促进（Sales Promotion）

公共关系/宣传（Public Relation/Publicity）

CIS（Corporate Identity System）

(四)整合营销传播的运作过程。

整合营销传播的运作没有共同的程序。不同的公司在提供整合营销传播服务时,会有自己不同的运作方式。

日本一家公司整合营销传播的运作过程如下:

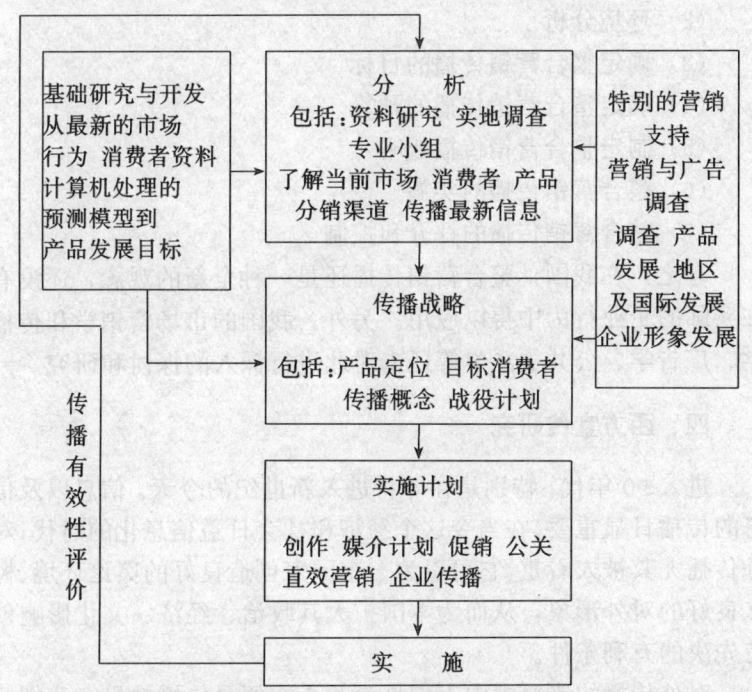

美国有着丰富的整合营销传播的经验。总体来说,美国整合营销传播运作模式如下:

(1) 营销计划的评估 (Review of the Marketing Plan)

(2) 环境分析 (Situation Analysis)

(3) 确定传播目标 (Specifying Communication Objectives)

(4) 预算确定 (Budget Determination)

(5) 制定整合传播战略 (Developing I. M. C. Strategy)

(6) 实施（Implementation）

(7) 评价与控制（Evaluate，Control）

我们认为，一个科学的整合营销传播程序基本是这样的：

(1) 整体营销战略及计划的评估

(2) 环境分析

(3) 确定整合营销传播的目标

(4) 确定整合营销传播的预算

(5) 制定整合营销传播战略

(6) 整合营销传播的实施

(7) 整合营销传播的评介和控制

总之，在我国，整合营销传播还是一种全新的观念，还没有在实际的企业行为中得以应用。另外，我国的市场营销学和传播学、广告学、公共关系学等还未对此进行深入的探讨和研究。

四、西方宣传研究

进入 90 年代，特别是在即将进入新世纪的今天，信息以及信息的传播日显重要。在当今这个经济和社会日益信息化的时代，对外传播尤其被人看重。它可以为一个国家创造良好的舆论环境、树立良好的对外形象，从而为本国扩大其政治、经济、文化影响创造先决的有利条件。

对外传播的诸要素中人们最为关心的便是传播效果。我们要想取得令人满意的对外传播效果，了解自己面对的目标受众是首要的工作。"知己知彼，百战不殆"正是这个道理。因此，我们有必要研究西方国家的宣传。

通常所说的西方国家是指欧美经济发达的主要资本主义国家。为了便于论述，我们主要涉及的是美国、英国和德国等国家，涉及的宣传媒介主要是广播电视，它已经成为对外宣传的主体。

(一) 西方国家宣传的总体情况。

西方国家的宣传业由于其发展的历史较长，又有较为雄厚的经济实力，因此较为发达。西方国家的政府对宣传业也非常重视，特别是进入到 90 年代的今天。

西方国家的宣传业因其体制、文化和历史等的差异而又有所不同。但是从总体上看，它们在宣传体制、宣传内容、宣传手段、宣传技术和宣传效果等方面仍然有其共通之处。

在宣传体制上，由于西方国家在经济上大部分实行的是自由市场经济运行模式，政治上坚持的是资本主义的三权分立、多党竞争的体制。这就决定了西方国家的宣传体制也是以自由竞争、相对独立为核心的。这在美国体现的最为明显。美国的传播业除了对外宣传的机构以外，对内传播机构大部分都是商业化的自由竞争和相对独立的实体。就连英国、法国、日本等原来国有传播业占国内主体的国家，在进入 90 年代以来，也加入到传播业主体私有化和商业化的行列中。西方国家的对内传播业的运行经费主要来自广告费（如美国的报业收入的 2/3 来自广告；广播电视的全部收入几乎都来自广告）、收视收听费（如德国的广播电视经费来源 70%—80% 来自收视收听费）。它们对外传播业的运行经费均毫无例外地来自政府拨款（如美国的"美国之音"每年得到的经费有 2—3 亿美元）。总的来说，由于运行经费相对比较充足，因此西方国家的对内和对外传播都比较发达。

在宣传内容上，西方国家宣传机构选择宣传内容是以本国法律和本国政府的要求为基本依据的，同时还要考虑受众市场的变化和同行的竞争状况等因素。由于各自媒介面对的对象不同，所担负的任务不同等，因此它们的宣传内容也有侧重，千差万别。在后面部分将有详细例证。

在宣传手段上，西方国家积累了百余年的经验，形成了一整套成熟的宣传业务观念、宣传技巧和手段，其中有许多值得我们学习和借鉴。比如：宣传要看对象，根据对象的情况和要求进行传播；宣传中要形成自身的特点，以特色取胜；以事实说话，将观点隐藏在事实之中；避免说教，但有引导；重视问题、矛盾等等，我们将在后面详细论述。

在宣传技术上，西方国家不断将最先进的传播技术应用于传播业中。特别是进入 90 年代以来，西方国家大力应用卫星技术、数字技术、光纤技术等于传播业中，特别是广播电视业之中，大大地延伸了信息到达的范围，提高了信息传播的速度和质量，扩大了传播效果。英国的路透社利用卫星网建立了全球网，不仅传播传统的新闻，还传播各类金融和财经信息，近年来，还传播电视新闻。西方的报纸也利用卫星传输版面，提高了速度和质量。

在宣传效果上，西方国家传播业一方面非常重视调查和研究目标对象——受众，通过抽样调查等各种技术手段，了解受众的需求，从而为制定传播战略服务。在西方国家业已形成了专门的受众调查行业，各种调查机构已经成为媒介机构须臾不能离开的支柱之一。例如，美国的尼尔森公司是美国进行媒介受众调查的最大的公司。它在全美国抽取 21000 户作为调查的样本户，进行抽样调查。通过统计和分析调查回来的数据，找到受众接触媒介的情况和习惯，了解受众的各种人口统计和心理统计情况；另一方面它们非常重视研究传播市场、传播媒介与社会的关系、传播竞争对手的情况等问题，从而了解传播市场的现状、发展等情况，为自己寻找新的机会点，获取更大的经济利益和社会影响服务。如日本的 NHK 在 1946 年就成立了日本广播协会广播文化研究所。该所主要开展广播电视视听率及视听众意见调查、时事问题调查、以观察社会意识、文化及生活方式变化为目的的基础调查等，另外它还进行跨国的比较调查研究。

总的说来，西方发达国家的传播业是世界上最为发达的。虽然这个阵营中只有数十个国家，但是它们的传播业，无论在数量、覆盖面、信息量方面，还是在经济收入和社会影响等方面，均居世界的主要地位。

从信息的流向上看，当今的世界上，至少有 2/3 的消息来源集中于只占世界人口 1/7 的西方发达国家。西方的美联社、路透社、法新社等大通讯社几乎垄断了世界范围内国际新闻的报道和流通。世界上每天传播的国际新闻中大约 80% 来自西方的这些通讯社。在第三世界国家报纸版面上的国际新闻，来自西方发达国家的新闻一般要占 60% 左右；有人在研究了 91 个发展中国家的广播电视业后发现，在这些国家中，进口的电视节目占全部播出节目的 30%—75%，平均占 55%，进口的节目中美国等西方发达国家的节目又占主要部分。70 年代以来，人们就对这种"信息的不平衡流动"给予了极大的关注。西方发达国家凭借自己在经济、政治等方面的实力，正在对发展中国家进行"文化帝国主义"式的渗透。

从媒介的分布和数量上看，报纸、广播、电视、电影这些大众传播媒介绝大多数分布在工业发达国家。西方发达国家集中的欧洲、北美，无线电广播发射台的数量占全世界总数的 75%，而发展中国家集中的亚洲、非洲仅占全世界总数的 13%；欧洲、北美分别占有世界收音机、电视机总数的 78% 和 82%，而亚洲、非洲仅占世界总数的 15% 和 11%。报纸密度（每 1000 居民的报纸发行量）最高的国家依次为日本、英国、瑞士、德国等。

从媒介内容上看，由于西方发达国家垄断了国际新闻的发布权，因此，绝大多数国际新闻的内容都是按照西方发达国家的政治观点、文化传统、思维方式、审美标准和新闻价值筛选和报道的。它们从自身利益出发，对第三世界国家的报道经常是片面的、有偏见的，甚至是歪曲的。在西方的对内宣传中，较少有来自第三世界的报道，即使有，也几乎总是介绍它们的缺陷、灾难、战争、猎奇等，而不是它们的进步和发展。

从经济收入和社会影响上看,西方国家的经济实力及对外经济扩张使得西方媒介的经济实力雄厚,另外在世界范围内的影响也日益扩大。以英国广播公司为例,其总收入如下表:

(单位:百万英镑)	1993—94	1994—95
视听执照费	1683.5	1751.3
对外广播电视	256.9	305.1
其他	39.5	52.1
总收入	1979.9	2108.5

从表中可以看出,它具有相当的经济实力,这样,它便具有了充足的发展潜力和扩大全球影响的物质前提。近年来西方国家的宣传影响日益扩大。特别是卫星电视的兴起和发展给西方国家的宣传带来了更好的契机。它们利用自己在卫星技术领域和广播电视领域的优势,大力发展,现在已经成为卫星广播电视业的垄断者。现在覆盖全球、影响最大的卫星电视都是西方发达国家的,如美国是开办国际卫星电视最早的国家,它的卫星电视的规模和影响也居世界首位。它的节目通过卫星可传送到128个国家的190个城市的无线电视台和有线电视台,可以说,二十一世纪最有影响力的将是卫星电视。当前,卫星电视的控制权被少数西方国家所主宰。今后在这个领域,不论是政治上,还是在商业上,主宰与反主宰、垄断与反垄断、渗透与反渗透、侵入与反侵入的竞争将更为激烈。

西方发达国家正在纷纷制定面向全球市场、面向新世纪的跨国传播战略和对内传播战略,以期获得更大的市场份额,产生更深更广的国际影响。

(二)西方国家对内宣传的情况及其特点。

对内宣传是西方国家宣传业的主体。它们对对内宣传向来比较重视，有关的政策和管理手段也较为完善和成熟。但是值得注意的是90年代是西方国家调整和修订国内传播政策的年代。这次调整是80年代以来传播业市场化、高科技化等使然。它是为了更好地适应新变化的需要。尽管如此，西方国家对于传播业的控制仍然是相当严格的。它们主要是通过两条通道控制：一是通过专门的新闻和广播电视法律以及有关的法律进行规范和管理；一是通过政府的各种手段影响和干预对内传播。

如今西方国家的对内宣传无论是在规模，还是在影响上都较80年代有很大的发展。仅以传播业最为发达的美国广播电视为例：

广播电台：　　　　　　　　　　　　　　　11788家
　　　　其中：商业台10048家，公共台1740家
电视台：　　　　　　　　　　　　　　　　1527家
　　　　其中：商业台1163家，公共台364家
有线电视系统：　　　　　　　　　　　　　11216个
有线电视订户：　　　　　　　　　　　　　6103万户
有线电视入户率：
　　　　　　66.3%（全国拥有电视机户9540万户）
直接接收卫星节目的家庭：　　　　　　　　250万户
　　　（资料引自1995年5月《世界广播新闻》）

西方国家对内传播业的发达由此可见一斑。

总的说来，西方国家的对内宣传具有以下明显的特点：

首先，重视受众，将受众放在第一的位置上。之所以如此倒不是真正的如我们所说的"人民的利益高于一切"、"为人民服务"。而是出于占据更大受众市场、获取更大经济利益的目的。它们有专门的受众调查研究公司为媒介服务。如前面提到的美国尼尔森公司等等。这些公司有着较高的专业调研水平。各个媒介机构从调查公司购得有关自己媒介收视收听的状况的资料和数据，

以此为依据，调整当前的宣传状况、规划未来的宣传策略。由于这些媒介机构对自己面对的目标对象——受众较为了解，因此它们在各自的受众领域都有一定的影响。

其次，宣传机构的专业化。西方发达国家的社会的分工越来越细化。受众市场也日益细分化。因此，为了占据自己的市场，各个媒介机构纷纷走专业化道路。如美国等国家的杂志绝大多数都是专业化的杂志。广播电视更是如此，有专门的新闻台、音乐台、信息台等等，主要是以自己个性化、风格化的优势吸引特定的受众，占据属于自己的市场。

第三，宣传内容的类型化和宣传手段的多样化。西方发达国家的对内宣传系统可以说是一个按大工业方式运作的产业。媒介机构除了自己制作新闻和其它部分节目以外，大部分节目都由社会上的各种节目制作公司制作，然后卖给各电台、电视台。因此媒介的内容走向类型化，即节目分为新闻、杂志综合内容、音乐、娱乐、影视片等。其选题范围包括政治、经济、社会、文化、军事等各个方面。宣传形式上不断创新，以吸引受众。比如：充分调动所用媒介的优势：电视节目节奏鲜明、动感和现场感强烈、画面饱满、特技运用得当和娴熟等；抓住宣传时机，避免说教等等。

第四，注重有关宣传的宣传。这在90年代的今天尤为明显。如今西方国家媒介之间的竞争非常激烈。谁了解自己面对的受众，谁会向受众推销自己和自己的产品——广播电视节目，树立自己的形象，谁就会在竞争中占据优势。它们一方面经常以电台和电视台自己的名义开展一些受众参与的活动和公益活动，以赢得社会的好感；另一方面在宣传中努力推销自己的重点节目，比如专门出版杂志、报纸和小册子介绍节目，以便受众对自己感兴趣的节目可以提早留心，注意收听收看。这是一种非常有效的扩大宣传效果的方法。

第五，重视提高"软件"（从业人员）和"硬件"（技术条件)的水平。近年来,在媒介业就职已经成为西方国家的热潮之一。人员竞争激烈。宣传机构自身为了适应不断变化的受众市场的需要,提高自己宣传的质量,扩大宣传效果,争相引进优秀人才并对原有人员进行计划详尽的培训和继续教育,让从业人员更新观念、改进技巧、增强竞争力。另外,它们也非常重视技术条件的改进。广播电台和电视台较为普遍地应用数字技术,如欧洲国家普遍采用的计算机辅助广播(CAR)和已经开始的数字音频广播(DAB);利用卫星进行信号传输,如欧美国家大量采用的直播卫星(DBS)和卫星广播的直接到户接收(DTH);利用微机进行全国乃至全球联网等。以此增强宣传的时效、提高信号的质量和覆盖率、扩大信息的来源和数量,从而满足受众对信息日益增长的高质、大量的需求。

第六,在事业发展上,呈现出市场化、国际化趋势。90年代,西方国家逐步调整和修改自己的传播政策和法律。其中一个最为明显的特征之一便是传播业市场化的呼声日显。在有的国家,这种市场化变化比较小,如美国,它仍然坚持原有的自由竞争、商业化的传播业政策,媒介机构是一个社会经济实体。有的国家变动较大,如德国、英国、法国等欧洲联盟国家,原来占对内宣传主体的是政府拥有或公营的媒介机构(如英国的BBC)或公法的媒介机构(如德国的ARD和ZDF),如今这些机构仍然占据相当重要的位置,但是90年代以来的市场化传播业的兴起,已经从它们手中夺走了相当大的市场。

另外,由于有了卫星传输技术,西方国家原有的对内宣传媒介现在也在逐步走向国际,使得对外宣传领域不仅仅是政府的独有领域,也成了商业竞争的一个新领域。比如美国的CNN(有线电视新闻网),成立于1980年,是世界第一家全天24小时连续播出新闻的电视台。1984年向国外发展。十几年来报道过许多影响巨大的新闻事件,如1990年的海湾战争等等。它现在在美国国内有近7000万订户，加上世界上近百个国家的订户，共有1亿5千万的订户，在14个国家驻有200名记者。它现在有对内广播，也有专门的对全球广播，称ＣＮＮＩ（有线电视新闻国际台）。美国越来越多的对内广播电视机构走向国际化。除ＣＮＮ，还有音乐电视台（ＭＴＶ）、娱乐体育台（ＥＳＰＮ）、卡通台（Cartoon Network）等都大力向拉丁美洲、亚洲和欧洲发展。[①]

西方国家的对内传播业发达而有影响，已在成为其产业的一个重要组成部分。它为西方发达国家带来了巨大的经济收益。但是，我们应该看到，在西方国家的整个对内宣传过程中，始终贯穿着明确而敏感的价值系统，即资产阶级的一整套价值体系。在它们的宣传中，一切从此出发。它们在实际的宣传中从资产阶级的整体利益和资本主义国家的最高利益出发，发现、选择、加工和传播信息，发挥自己的作用。

它们虽然是产业，但是同政治和政治行为的执行者——政府有着直接关系。它与政府是合作和支持的关系，但是外在表现确是隐蔽的。这是为了给受众以客观、公正、中立和监督的外在表象，以争取最大量的受众，实现它们获取最大利润的根本目的。

（三）西方国家对外宣传的情况及其特点。

对外宣传历来是西方国家整个宣传领域中极为重要的部分。从第一次世界大战、二次大战到冷战，特别是到如今冷战结束以后，对外宣传在西方国家的政治、经济、军事和文化生活中始终扮演着相当重要的角色。尤其是在和平和发展成了世界两大主题的今天，西方国家要将自己的资本主义民主制、价值观念、生活方式和商品灌输给非西方国家，最重要的影响通道便是对外传播媒介。

正因为如此，西方国家都对对外宣传给予了极大的关注和控

---

① Via Satellite，September，1995

制。它们主要通过法律和政策两种方式进行控制，特别是后者。如英国政府控制和监视其对外宣传的主要机构——英国广播公司（ＢＢＣ）就是通过以下三种手段和步骤进行的：

第一，挑选英国广播公司的工作人员，以防止那些会传播受社会谴责的舆论的人进入英国广播公司。敢于批评现政府的人有控制地进入该公司，而且他的批评决不能越出规定的思想意识范围。

第二，通过"重复讲述"某些事情，以此令英国广播公司"加深认识"。该公司的对外广播部门每天收到来自英国外交部和情报处的秘密材料，这些消息一般可以播出，外交部和情报处通过这种方式影响该公司的政治时事报道的方向。

第三，如果前两个手段仍然不能控制的话，英国政府就直接出面对节目进行全面审查。

英国广播公司只能在实际存在而无明确规定的界限范围内从事新闻报道工作。

西方国家的对外宣传机构主要是政府拥有的电台和电视台等机构。当然，近年来相当一部分的私营传播机构也开始步入这个前景广大的领域。

世界上影响较大的隶属西方国家的对外电台和电视台有：

美国的"美国之音"电台：美国政府最主要的官方广播宣传机构。1942年2月24日成立，隶属于美国新闻总署。目前使用43种语言对世界各国广播，每周累计播出1400小时，全世界听众总数约有1.3亿。新闻性节目占50％。该台一直受总统和国务院严密控制，台长由总统直接任命。其经费全部由政府提供。经费不断增加，现已达到每年2亿多。为了使"美国之音"的影响进一步扩大，政府拨巨款更新设备、增大发射功率。西方报刊称之为"广播星球大战计划"。1990年10月1日，美国新闻署将其所属的"美国之音"和"电视电影处"，合并为一个对全世界进行无线电

第十一章　传播实践论

广播和卫星电视广播的全能机构。据美国官方称，这一变动是为了"适应美国政府对世界各国听众和观众施加影响方面迅速改变着的需要"。

英国的英国广播公司：成立于1922年，原来是由英国6家无线电广播公司和电器制造公司联合组成的商业性的广播公司，1927年英国政府收归国有，但名义上是"独立"于政府的。政府不直接控制，由国家委托某特许垄断公司经营，对议会负责。它对内有2套电视节目，5套广播节目和分布全国的38家子电台。其对外广播在全球影响很大，听众是最多的，约1.4亿人。它依靠自己的新闻报道、英语教学和广播剧等对许多国家的听众和电台形成了深远的影响。1991年英国广播公司通过卫星开办了24小时全天的全球电视广播。现在该电视节目在141个国家可以收看到。1995年还专门开办了针对欧洲市场的"黄金频道"。[1]

从现状和发展前景看，西方国家对外宣传呈现出以下特点：

首先，宣传目标明确，目的性强。这正是它们对外宣传所要求的。它们的宣传明确地指向对象国和目标受众。其目的便是向这些国家和受众宣传自己的制度、价值体系和生活方式等。西方国家对内宣传重视受众，对外宣传也一样。它们请来本台以外的专家和内部的节目编导共同研究并寻求对某些特殊问题的解决办法。它们非常关注对象国受众的任何信息。通过受众来信、直接调查等方式搜集有关目标受众的需要、喜好、倾向等资料，以便参考。BBC世界广播部的编播人员办节目的方法，首先是对听众持尊重的态度。他们将这种态度视为国际广播中最重要的和不可分割的部分，如果听众听不到他们想听的内容，那么电台的工作就失去了意义。

---

[1] 《世界广播电视：变革和发展》，中国国际广播电台研究室编，1992年8月，中国国际广播出版社。

其次，宣传讲究技巧，按对象国受众易于接受的方式进行宣传。新闻报道中用事实说话，将政府的观点和宣传意图隐藏于事实之中，努力做到外在的客观、中立、公正、准确，以赢得对象国受众的好感；尽量减少空话、废话和对象国受众认为是刺激的话；充分利用宣传的时机，争取先入为主，占据宣传的主动；增强广播节目的可听性，多利用现场采访和音响，增强现场感和可信度；充分调动各种电视手段，提高电视节目的可视性、可信度；按对象国受众习惯的语言表达方式和风格播出；宣传中讲究战略和战术，如主动出击和适时等待相结合的策略或有张有弛、有正有反的策略等等。

第三，不失时机地拓展宣传领地，扩大宣传效果。这一方面表现在原有的对外宣传的电台纷纷用英语和本国语言开办了对全世界各个方向昼夜不停的整套节目，成为"环球广播"（World Service）。这种作法突破了对象地区和广播时间的限制，做到本国的对外宣传无处不在、无时不在。如美国、英国、德国、法国等国家都已有环球广播。另一方面表现在仅有对外广播还不够，西方国家对外宣传中拿出了对外电视这一利器。这主要是由于美国ＣＮＮ在1991年的海湾战争中大显身手，一跃成为全球电视广播的重要力量而造成的。随后，英国的英国广播公司、德国的"德国之声"、日本的日本广播协会（ＮＨＫ）等相继开办了国际电视广播。美国的ＣＮＮＩ（美国有线电视新闻网国际频道）在世界上拥有近1.5亿订户。有的国家将卫星电视广播作为"世界政治武库中一种超级武器"。

在技术方面，对外广播宣传中传输手段仍然为短波，但是通过卫星传送的调频（ＦＭ）广播已经开始，另外使用数字处理和压缩技术使广播节目的音响质量大大提高，传输节目的套数大量增加。对外电视宣传采用卫星技术扩大了自己覆盖范围。卫星电视也采用了数字压缩技术，使一个转发器可转发多路电视节目。卫星发射功率的增大也使得接收更加方便。除美国，现在已经有英国、德国、日本、加拿大、澳大利亚、意大利、西班牙等国相继利用卫星电视技术开办了对外的电视广播。

除了对外广播电视自己利用各种手段扩大覆盖和影响以外，西方国家的对外广播电视机构还利用对象国国内的电台和电视台，向它们输出节目，在那里进行二次传播，从而扩大影响。

西方国家的外宣机构如同其对内宣传机构还利用各种方式为自己及其机构和宣传进行宣传。它们大量印刷出版有关本国的书报、小册子、宣传品和纪念品、节目表分发给受众。有的甚至向听众和观众寄发节目带，联络与受众的感情。

纵观西方国家的对内、对外宣传，可以发现两者之间有许多共同和不同之处。相同之处在于，两种宣传都是在坚持资产阶级价值体系中进行的，从本质上说它们都是为资产阶级的整体利益和资本主义国家的最高利益服务；此外，两者的目的都非常明确，都是创利和服务；第三，两者都非常重视开发受众市场（国内外的受众）。

但是我们也应该看到两者的区别由于内外宣的对象、内外宣的目的等方面的差异，使得对内、对外宣传仍然有较为明显的区别。首先，在政治色彩上的差异。西方国家的对内宣传基本上在外表上隐蔽和淡化其政治色彩，而在对外宣传中则时隐时显，新闻报道尽量隐蔽政治色彩，而在时局分析和评论中则明显表露出其为政府服务的面孔。这是由于对外宣传比对内宣传有更明确的指向和政治意图。其次，在宣传内容上的差异。西方国家的对内宣传多为社会性、娱乐的内容；而对外宣传的内容则多为时事性、政治性强烈的内容，多为宣传本国的价值观、政治体制、经济实力、文化生活等，根本出发点在于张扬资本主义制度的优越。第三，在宣传形式上的差异。西方国家对内宣传在表象上客观、中立、公正；对外宣传中，仍然继承了这种技巧，但是时常有较为硬性的政治立场表述。另外采用对象受众乐于接受的方式和手段。如受众参与、外语教学、抽奖等等。

（四）西方国家在宣传有关中国内容方面的特点。

我国的改革开放使我国的综合国力有了极大的增强，因而，也日益也为西方国家关注的重点之一，特别是进入 90 年代以后，西方国家的传播媒介在对内宣传中有关中国的报道数量上有了增加。较多关注的是我国的经济、政治、军事和社会文化等方面的动向和问题，有一部分的报道比较客观和真实。但是相当大量的报道不够真实、客观和全面，使得西方国家的普通百姓对当代中国虽然有些关心，但是仍然有相当的误解、不理解、疑虑和片面理解等。造成这种状况的原因很多，有西方国家个别媒介的蓄意歪曲和诋毁，但是更多的还是由于社会制度、文化背景和历史进程以及传播目的的不同造成的。当然其中也有一些是由于我国对外宣传的力度不够、质量不高导致的。

归纳而言，西方国家在宣传有关中国内容方面有以下一些特点：

第一，政治意图强烈，渗透出强权政治的气息：在它们的有关中国内容的宣传中有意无意之中，或多或少地流露出对我国社会主义制度的贬低甚至是诬蔑。

第二，相当数量的报道片面、狭隘并有歪曲和偏见的成份。它们的报道是在"西方中心论"和资本主义价值体系基础上进行的。因而必然存在这种成份。另外相当多的报道是西方记者非亲身经历、隔岸观火得来的。因此，他们的报道看上去仍然是事实，但是他们是在用事实歪曲事实。

第三，相当数量的报道没有恶意，但是报道中表现出的不了解和疑虑非常明显。比如：宏观的有对我国的人口问题、计划生育问题、粮食问题、农村问题、自然灾害，微观的有对缺碘问题、"蛇头"问题的报道。报道中事实不准确，因不了解我国的有关政策和措施而故弄玄虚甚至危言耸听的情况时常出现。

从西方国家有关我国内容的报道中可以看出，我国的外宣还有相当多的工作可做。总得说来，我们"打出去"和"请进来"得都不够。此问题在后面将详细论述。

宣传工作自身有其不以人的意志为转移的基本规律。西方国家在宣传上的许多作法和经验完全可以为我所用。特别是当今世界，我国宣传不仅走向世界，扩大影响，而且要与新世纪接轨。

我们必须"解放思想，实事求是"，正视西方国家在宣传上的影响和效果，认真分析他们的运作方式，发现其中的规律，学习其中可资借鉴的作法和经验。

首先，遵循新闻宣传和对外宣传的规律。

我们宣传的根本目的是为了国家的根本利益。为了实现这个目的，我们必须按规律办事。

我们需要坚持事实第一的原则。以事实服人，用事实说话，学会选择事实，学会将自己的观点寓于事实的选择之中。

抓住时机，讲究宣传的策略。该宣传的时候不说话，时过境迁，相当被动。要学会主动出击。同时要学会请进来一些对我们不持偏见而且真正在国际上有影响的媒介和新闻工作者，借助他们为我们做文章。

注重事实的宣传价值很重要，但是我们也得充分实现事实的新闻价值。多报道我国当代的事实和各项建设的成就，不能仅局限于过去的辉煌历史。增加"现在时"的真正的新闻报道，减少"过去时"的非新闻。

其次，研究和把握受众，了解宣传市场状况。

"没有调查，就没有发言权"，我们的宣传也是建立在充分调查和研究受众基础上的。把握自己的目标受众是做好宣传工作的第一步。我们有必要通过购买资料或自己调查等方式了解我们目标受众的基本构成、心理特征、需要以及信息接受方式和习惯等。

在分析和研究受众的基础上，制定出针对不同目标受众的宣传战略和战术。

除了了解和研究受众外，还需要了解外宣市场的基本状况。认真分析他人在外宣上的优势、薄弱之处及其作法，制定自己的外宣战略，找到突破口。

第三，改进宣传技巧，提高宣传的技术水平。

改进宣传技巧，一方面要充分发挥每种媒介的优势，提高广播节目的可听性和电视节目的可视性。制作广播电视外宣的精品节目。使政治宣传看不出痕迹，经济宣传没有广告痕迹；另一方面要有效地组合各种宣传媒介的优势，整体作战，形成强大的声势和影响力。也就是这几年在国际上传播领域中兴起并普遍采用的全传播的观念和作法。

提高宣传的技术水平，一方面要利用当代先进的传播技术，如卫星技术、数字技术等，扩大广播电视在全球范围的覆盖面；另一方面要利用各种技术手段提高信息的质量，将信号的质量和节目的质量放在第一位。

第四，加强从业人员的继续教育。

现代化的宣传需要现代化的从业人员。从业人员的继续教育是我国宣传领域的薄弱环节。特别是在信息传播日益重要的今天，面对纷繁复杂、变化迅速的世界，我们的宣传工作者更需要强化政治素质，增强政治敏感、提高政治水平。同时要学会主动进步，更新观念，掌握现代传播必需的理念和操作手段。增强适应力和创造力。

总之，我们有必要冷静、务实地研究西方发达国家在宣传上的经验，大胆地吸收其合理部分，为我国做好跨世纪的对外宣传服务。

五、跨文化传播研究

进入 80 年代，特别是 90 年代以来，新的信息技术及传播手段大量涌现，这就为人们迅速、大量地进行跨国信息传播提供了良好的物质条件。另外，世界格局的多极化，经济体制的多样并存，文化的多元化，国家与国家之间的相互依存度提高，每个国家，尤其是发达国家都迫切希望利用最先进、最能影响人的信息传播媒介在当今的国际舞台上占据一席之地，把本国的价值观、生活方式、社会体制远播异国他乡，从而为自己创造一个良好的政治、经济、文化外部环境，并在这样一个有利于自己的外部环境中进一步加强、扩大在各方面对世界其它国家的影响与控制。

在众多的被选用的新兴传播手段中，首当其冲的便是卫星电视，充当头阵的国家是美国，其中又以美国的电视节目的输出最活跃。

卫星电视广播的兴起使全世界的电视广播界出现新的局面，其影响广泛而巨大，它既可以影响全球内信息流动的方向、数量和结构，也可以影响个人的信息接受环境，还可以进而影响到一个国家内部的社会、经济、政治、文化秩序。现在愈来愈多的发达国家都在利用卫星电视进行国内、国际传播。

美国是本世纪多数时间里居世界领先地位的国家，它既向其它国家出口商品、资金、技术等，也向他国出售电视节目，除此以外，美国还通过卫星电视把自己的节目传播给他国，在国际上产生相当大的影响，特别是对许多国家的经济、文化都有很大的影响。1991 年的海湾战争是美国卫星电视名声远播的最佳时机，美国有线电视新闻网（CNN）成了世界各国受众接收战争信息的唯一电视渠道。交战双方都利用这一媒介，使之独领风骚，出尽风头，结果人们形成的对战争炮火的感受，对交战事实的了解都受制于 CNN。它现在已经打开了亚洲的领空并正在扩大。目前

CNN 租用印度尼西亚的"帕拉帕"卫星（PalapaB2p）向东南亚播出节目,并租用阿拉伯卫星（Arabsat－2）向南亚和北非施加影响。1993年CNN又向印度政府提出租用印度卫星（INSAT－2B）的申请，现已基本获得印度议会的同意。①

美国CNN在世界及亚洲的巨大成功，使得欧洲、日本都不甘落后，争相播出自己的跨国卫星电视新闻节目，以便在世界上争得发言的一席之地，英国早已利用香港的STAR TV向亚洲地区播出24小时的新闻节目，1994年上半年又与日本合资开播对日本的24小时的电视新闻节目。现在世界五大电视网正在合力挤入亚洲的卫星电视市场，它们是：控制着CNN的特纳广播公司，香港的TVB国际公司，澳大利亚广播公司，亚洲HBO和ESPN国际公司。②

目前播出覆盖区域包括我国的电视卫星有12颗，频道达34个，另外今后几年还将有更多的卫星上天。在我国90年代安装家用卫星天线已经成为新的消费时尚。据国家统计局的数字表明,我国已经有1100万户家庭安装了卫星电视天线，其中45%的家庭，即480万家庭能够收看香港卫视电视台（STAR TV）。据卫视台的人士说："收看他们节目人数最多的是广东、云南、内蒙古"。③

目前，这种卫星电视不断扩大其影响的趋势有增无减。美国等发达国家难以理解其它国家对卫星电视传播的美国电视节目的强烈反应。美国以外的其它国家，尤其是发展中国家反对对卫星电视采取放任自由的态度。

对利用卫星电视进行跨文化传播的争论集中在两个方面：一

---

① 《世界广播新闻》，1994年第5期。
② 《亚洲大众传播公报》，1994年第1号。
③ 《参考消息》，1993年2月25日。

是国家主权问题；二是人与人、国家与国家之间信息的自由流动问题。有关国家主权的争论较复杂，较多的集中在美国的政治权力对其它国家的影响上。信息自由流动的一个重要前提是：每个国家有能力参与、分享信息的交换，只有当这个国家主权独立并拥有真正可以用来交换的信息时，才能真正做到分享信息，如果信息交换不平衡，即一方控制着传播渠道并有很强的制作讯息的能力，那么就不可能有真正的自由流动，只有对这种不平衡的强化。

这种信息流动的日益失衡给一些主权国家造成了巨大的影响，因此许多国家在国内决策中主张对这种影响进行控制。他们担心来自美国的大量的节目使得本国受众按与这些外来讯息一致的方式思维与行动。由卫星电视带来的"文化侵略"将损害而不是有助于其它国家的发展，最终将使这些国家的主权受到侵犯。

实际上这种媒介影响的扩展包含于国家间权力的不平衡之中。如前所述，世界处于多极化过程中，在如今的这个信息时代，最显著的特征就是信息的急剧膨胀和迅速传播。信息的流动可能导致大国的变革和时代的转换。谁大量拥有信息并使之快速流动，谁在世界格局中的权力就越大，支配他人的能力也就越强。早在拉斯韦尔时代，他就指出：人类的较量有两种，一种是武器仗，一种是符号仗。这同如今各国尤其是发达国家愈益放弃武力征战，而愈益重视利用信息进行影响的作法不谋而合。

人类的权力结构是由暴力、财富、知识（广义的信息）组成的。早先的权力实施是通过暴力、武力征服他国，这是低质量的权力形式，风险大、缺少灵活性。进入工业时代，发达国家便依靠商品、资金等财富手段行使权力，打开他国的大门，操纵、控制他国的命脉，但这都不是高质量的权力。真正高质量的权力来源于知识（广义的信息）。这种知识可以扩充武力和财富，增强一个国家对他国的控制能力。① 国与国之间的控制与反控制已经从仅仅依靠暴力、财富渐渐转向主要依靠信息。信息可以改变人的观念、行为，可以改变群体、社会，进而改变一个国家，因此西方发达国家正日益通过信息的传递来重建、扩大以前通过暴力和财富占据的领域。这是发展中国家普遍关注和希望控制的问题，即使同样的发达国家，如北欧，他们也很重视自己国家的文化一致性问题，强烈要求加强本国的电视广播力量，以抵制美国的商业主义的信息侵入。②

（一）卫星电视跨文化传播的影响。

卫星电视使信息走向国际化，其影响也在迅速扩大，具体而言，其影响在以下几个方面尤其显著。

1．影响信息流动的方向、数量和结构。

卫星电视及其技术的先进与否受所在国的经济实力、科技水平制约，其影响大小还受该国的政治、文化实力和动机的制约。

联合国进行的一项调查表明：全球每周有将近25万小时的电视节目时数，而美国每周就有9万多小时的播出时数。美国首当其冲成为最大的电视节目出口国。据统计，各国进口的电视节目中75％来自美国。③美国几乎完全控制了西欧的影视市场，并自认为是那里的全权代表。美国的影视产品在英国占91％，在荷兰、瑞典和德国占70％，在希腊、丹麦、西班牙占65％，在比利时、意大利、挪威和法国占50％，而西欧出口到美国的影视产品仅占其本国产品的50％，欧洲的录象带节目市场中，美国商业影片占90％。④

---

① 阿尔温·托夫勒：《权力的转移》，中共中央党校出版社。
② 《卫星电视与大众传播》，见《世界广播电视参考》，1992年第2期。
③ 约翰·奈斯比特：《90年代世界发展10大趋势》，第139页，中国经济出版社。
④ 《统一欧洲能对抗美国吗?》，见原苏联《电视与广播》，1991年。

卫星电视的大量采用，使得媒介播出时数大量增加，那些未有充分资金、技术、设备和能力制作本国所需电视节目的发展中国家只有两种选择：要么只播本国制作的有限节目，因此每天的播出时数很少；要么进口外来节目，尤其是美国的电视以填充本国的荧屏。

可以说卫星电视使美国的那些"媒介贵族集团"（托夫勒语）继续拥有并扩大其无可争辩的支配地位。

2. 影响个人的信息环境。

卫星电视的对象是不同文化中的每个个体。只有在影响到个体的基础上，才能影响到个体所在的文化。

首先，卫星电视可以使个人接受外界信息的深度、广度扩大，使之接受到仅靠本国媒介接受不到的许多信息。

其次，卫星电视节目并非随意选择、自由安排给这些个体的，它们都经过卫星电视台这些"守门人"精心筛选、制作，其中必然经过自由价值观对信息的过滤，因此受众在接受时会或多或少、或迟或早、或明或暗地受到外来讯息的影响。

第三，卫星电视节目最大量的观众是25岁左右的青年。挪威的一项研究表明：在10岁—15岁有选择频道能力的青少年中，收看空中电视台（一家英国卫星电视台，主要内容为电影和体育节目）的人数最多。世界最有影响的卫星电视音乐台—美国的音乐电视台（MTV）近2亿观众中，大多数是18—24岁的年轻人，男女各半，美国大学的传播学家帕特·奥芬特海德说：这家24小时播放摇滚乐的音乐电视网"不仅是推销录象带，而且是在推行生活方式"。美国反电视暴力联盟（NCTV）主席托马斯·拉德科克说："我们对MTV的最大不满，不仅是它们的暴力和性堕落镜头多于其它频道，而且在于它的节目中把所有内容混在一起，使观众无法挑选一个合适的时段,收看没有堕落题材的节目"。① 各国都知道青少年是未来社会的主力。他们受外来大众文化的影响甚于正规、高层的教育影响。这是令人们普遍担忧的。

第四,在许多发展中国家,能够接触到外来节目的往往是有一定经济实力、一定社会地位、一定文化水平的人,而这些个体正是这些国家参政、议政的主体力量。因此,卫星电视这种在这些国家象征权力、财富的媒介往往会对这些国家的运转产生潜移默化的影响,这正是许多发展中国家最为关心的。

3. 造成对象国电视节目的商业化、娱乐化

如今的跨国信息交流,人们越来越明白这样一个道理:声嘶力竭的政治叫喊,不加掩饰的相互攻击是最愚蠢的举动。因此,在实际的传播中利用接近受众,满足受众心理的节目传递某种价值观、生活方式,虽然见效漫长但有效率提高。

卫星电视节目的大部分是商业性、娱乐性节目,如 MTV、体育节目、喜剧、电影等等。这些节目在被接收国拥有高于本国节目的收视率。现代流行音乐、精彩的体育节目、肥皂剧、电影的吸引力高于知识性节目和信息性节目。

为了争取更大量的观众,许多国家自己的电视节目不得不走商业道路或加强娱乐色彩。就连电视新闻也出现了"娱乐化"倾向,这似乎是全球电视媒介共同的趋势,美国如此,其他国家和地区也如此。②

面对既想通过自身媒介提高人民文化水平又怕"曲高和寡"而遭到无人收看结局的那些国家,往往通过指责卫星电视这种外来

---

① 《美国 MTV 受到国内外几亿青年狂热欢迎》,见《世界广播电视参考》,1992年第2期。
② 《台湾电视新闻娱乐化,新闻价值下降》,见《世界广播电视参考》,1991年第11期。

文化的侵入解决这一矛盾,而不去寻找造成这种矛盾的真正原因:为什么人们不注意、不接受、不使用本国政府通过本国媒介提供给他们的信息呢?

4. 影响对象国的政治、经济、社会、文化秩序

受卫星电视跨文化传播影响较大的一方最关心的往往是卫星电视对本国政治的影响。因为卫星电视传播者一方往往有意或无意地"忽视"其它国家的传统、价值观和政治体制,这种节目可以是直接的观念的传播,如新闻、评论,但常常是以娱乐节目的面目出现的。"娱乐通过语言和形象,超越了表层的交流界限,跨入了价值观的领域。电视节目通过传播它的信仰和实践的最根本的精神实质直接揭示社会文化和精髓"。

卫星电视带来的外界的价值观、生活方式等易引起社会规范的变革,从而可能导致社会秩序发生波动。

(二) 价值判断和实施控制。

卫星电视有无影响可以说毋庸质疑。现在值得探讨的是:对这种新媒介产生的影响应采取何种对策,有无必要实施控制及如何控制?

从世界范围看,亚洲市场是继已经发展起来的北美、欧洲市场之外的又一具有广阔发展前途的宝地,美、日、英等一些国家的大传播公司都在纷纷转向亚洲,争夺观众。面对这种形势,日本、印度、香港、台湾等国家和地区经过主动或被动的过程已经允许私人拥有碟式卫星无线,而有些国家则将设备的价格定得奇高,普通家庭难以负担,还有的国家,如新加坡、马来西亚等则完全禁止家庭、饭店安装卫星电视天线。1993年10月5日,我国国务院发布《卫星电视广播地面接收设施管理规定》。

对外来文化采取民族主义的态度引起了许多争论。应该承认:外来节目不可避免地要反映制作国的社会、文化系统的价值观,另外,尽管这些国家的政府不让本国受众接收这种信息,但随着信

息技术的进步,如卫星技术迅速发展,碟式天线越来越小,操作安装也更容易,价格也会更便宜。总会有一天,这些国家会发现某些指令还是得让位于技术及社会进步。新加坡、马来西亚现在已经采取一些折中的办法便是一例。①

机械、被动、自卫式地对待卫星电视,以此保持本国的秩序正常,但又希望开放,吸收更合理、更先进的信息为我所用。这是许多国家,尤其是处在现代化进程中的发展中国家面临的两难境地。

完全扼制卫星电视这种跨文化传播是作不到的,而面向任何市场"文化开放"模式也是难以接受的。适当控制电视媒介,使之更多地反映、保护自己国家的文化,这一最易为大多数发展中国家所接受,但是确定这种保护任务的内涵和分寸仍然十分艰难。从传播角度来说,是否为国产节目留出大部分时间,提供一种经费让大众传播工作者制作出大量宣扬本国文化精神的节目?从接受角度来说,如果一个国家的受众不愿意收看自己国家的节目,那么即使本国电视播放的全都是具有强烈民族色彩,宣扬民族文化精神的节目,观众可能也少的可怜;另外还有一个互动的、更重要的问题,即本国电视怎样才能提高自身的吸引力与外来的卫星电视争夺观众?

(三) 寻找新的文化模式。

应该明确电视节目(包括外来节目)属于文化范畴。不能把他们仅仅视为商品。这种特殊的商品会给输入国和输出国带来截然不同的憧憬和担忧。

对输出国来说(往往是发达国家,如美国),他们憧憬着能够利用商业化、娱乐化的电视节目打入对象国,既为本国业已饱和的市场开拓新的产品销路,带来巨大的利润,又能使节目中的价

---

① 《亚洲大众传播公报》,1993年第4期、第5期。

值观、生活方式等文化要素植根于对象国的受众中，为更长远的利益奠定精神基础。

事实上，文化也如同产品一样，正在走向非大众化、多样化，而且正是传播媒介及内容的多样化加速了文化的非大众化、多样化的过程。卫星电视"这种新的全球化媒介系统可以深化这种多样性，而非使这个地球更趋一致"。（托夫勒，1991）早在60年代，麦克卢汉就预测：我们将拥有的不是一个地球村，而是许多不同的地球村，这些地球村虽然都是共享同一个新媒介系统，便它们都要维护或发扬自己的文化的、道德的、民族的或政治的特点。

对输入国来说，他们担心作为一种外来的卫星电视节目会大幅度改变本国受众的观念、行为，进而影响本国的社会秩序和文化的一致性。

这里需要明确：没有一个人或一个国家总是接受而不发送讯息。日本是很好的从节目输入国转变为节目输出国的例子。70年代之前的日本大量引进外国的媒介产品，其最主要的原因是日本本国的大众传播媒介产品的竞争力很弱，另一重要原因就是70年代以前日本人中的文化一致性意识也很弱。随着日本经济的飞速发展，物质需要得到满足，人们追求更属于自己的精神产品。70年代以后，日本渐渐成了媒介产品的出口国。日本传播学者伊藤阳一认为：软弱的文化一致性是导致从国外输入传媒产品的原因而不是这种输入的结果。日本经济表明：即使电视播出许多外国节目，在19—20年之内本国的文化一致性不会发生剧烈的变化。[①] 我们知道，一个社会的新文化要素常常来源于另外一个社会，一个社会向另一个社会借取文化要素并溶入自己的文化体系之中，有时这可使该社会在发展的过程中或在建立某种机制时绕

---

① 《国际传播与一国文化的一致性》，（日）伊藤阳一著，胡正荣译，见《北京广播学院学报》1991年第2期。

过某些不必要的阶段或避免某些错误。外来电视节目输入本国文化也是一个道理。他山之石未必都不如本国之玉。

另外，一个社会对与自己的文化不相容的、来自其它社会的东西加以排斥。"一个社会会对不能满足某些心理、社会或文化需要的观念和技术加以排斥"，因为"人毕竟不是海绵"。①

跨文化传播的这种非海绵式接受在亚洲的一次调查中表现得非常明显而有趣：卫星电视播出较多的香港地区，收视率在前20位的电视节目全都是由本港制作的，同样印尼，菲律宾，新加坡，泰国和韩国，收视率在20位的电视节目有90%是本国制作的，而恰恰是在卫星电视被控最为严格的马来西亚，情况相反，观众更喜欢外国进口的电视节目，而不喜欢本国的节目。②要保持文化的一致性，在封闭之中能否成功，已不言自明。

许多国家包括发展中国家和深受美国影视产品冲击的欧洲发达国家都在努力寻找自己的文化独立模式，但是可供不同国家共同选择的文化独立模式还没有找到。尽管如此，笔者认为仍有一个可供参考的逐渐解决新文化模式问题的方法。这一方法的最终目的是使一个国家文化独立程度提高，或对一个支配文化——美国文化的依赖程度降低。

这一方法可以分为两个阶段：

第一阶段可称之为文化多元化阶段：即"文化开放"阶段，这是一个需要胆识和魄力的工作。

在现代"超级信息符号经济"（托夫勒语）时代，卫星直接打破了各国的地球界限，前面已经讲到完全封闭、阻止外来文化进入和国际间的传播是不明智的，也是不可能的。

具体到电视节目也是如此，在这一阶段里，国家不能简单地

---

① 《文化的变异》（美）C. 恩伯，M. 恩伯著，第540页，辽宁人民出版社。
② 《亚洲大众传播公报》，1993年第5号。

关闭电视，不许播放或极大限制外来节目，因此可采用较少购买外来节目并仔细选择购买的方式，这使得投入电视的费用更合理，另外更多的国家可因此进入国际制作市场。

第二阶段可称文化自立更生阶段，即提高自身文化的生存和发展能力阶段。

许多国家已经或正在利用本国的政治、教育、文化、经济等系统，为文化的自立更生服务，提高在外来影响下保持本民族特点，维护自身生存的能力。在这一意义上，各国必须自立更生，只有在开放的国际传播市场上通过自己努力，保持本国地位，而不是靠封锁、禁止国外讯息来保持和证明自己的文化一致性和主权。

这是保持文化一致性的关键阶段，也是解决跨文化传播的关键阶段。

解决卫星电视带来的跨文化传播的影响问题没有灵丹妙药。可以说根本的矛盾还是在担心这些问题的国家的自身。这与马克思主义认识事物发展变化的内、外因关系的原理是吻合的。

从微观上讲，人们拥有接触信息的权利，特别是接触无偏差信息权。这就意味着，为了实现这一权利，人们就会在不同信息来源间进行一定的选择。另外，人们还有维护隐秘信息的权利，这就意味着，人们不愿受控制信息的一个组织发出的、来自外部的、不断的、不期而至的讯息的干扰，不论这一组织是政府，还是商业集团。

从宏观上讲，文化的生存力与必要的社会结构相关联。可以说经济的发展、科技的进步等是增强自身文化生存力，扩大自身文化产品影响的前提条件。

本章参考文献：

* Asian Mass Communications Bulletin, Vol. 26, No. 1 Jan—Feb, 1996

* Dialogue, No. 22, 1996
Deutsche Welle Radio Training Centre
* Kultur im Hoefunk
—Dokumentation der Fachtagung, Dez. 1994
Westdeutschen Rundfunk, Koeln, Deutschland
* 《解构广电媒体——建立广电新秩序》
郑瑞城　王振寰等合著
1993年　澄社出版　台北市
* 《新闻理论教程》
胡正荣　著　1995年　中国广播电视出版社
* 《美国广告的魅力》
胡正荣编译，1994年，内蒙古人民出版社

中国传媒大学出版社媒介大视野丛书

香港内地传媒比较   定价:32.00

本书探讨了香港、内地传媒的特色,对两地传媒的特色、属性与功能、传媒的管理机制以及传媒法规作了比较,对各自的合理性作了分析论证。

集团化:城市电视新闻的对策   定价:29.00

当入世的脚步坚实而不无沉重地敲打着中国大地时,对于中国城市电视台的生存和发展来说,更实际的情况却是挑战远远大于机遇。

全球化:中国电视的命运   定价:36.00

本书是来自中国、美国、澳大利亚等国的著名影视作者,从不同角度对全球化问题进行的阐发,探讨了中国影视业未来命运,具有学术价值和现实意义。

中国传媒的市场对策   定价:16.00

传媒所扮演的多种角色,既存在着联系,也存在着矛盾。舆论引导者和经济创收者就是一对重要的矛盾,它往往影响甚至制约着其他角色之间的关系。

广告竞争   定价:22.00

本书汇聚全国电视广告精英人物为中国电视广告把脉问病,是中国加入 WTO 后,如何规划中国电视广告格局、规范广告市场行为进行的深入探讨。

电视中国   定价:18.00

作者张海潮是中央电视台的资深人士,本书对电视媒体所涉及的媒体调查、媒体竞争、媒体制作、频道定位、广告市场和竞争优势与操作实务、媒体和资本经营等作了全面分析和论证。

中国传媒大学出版社新书推荐

汉语言文字学书系

书　　　　名	作者	开本	定(估)价
语言学习与教育	李宇明	大32	25.00
先秦汉语实词	李佐丰	大32	25.00
上古汉语语法研究	李佐丰	大32	25.00
语言能力及其分化	于根元	大32	25.00
实用语法修辞(修订本)	于根元	大32	22.00
现代汉语研究与应用	于根元主编	大32	25.00
清代前期古音学研究(上下册)	张民权	大32	45.00
都市语言研究新视角	邢　欣等著	大32	25.00
现代汉语兼语式	邢　欣	大32	25.00
现代汉语语篇衔接	邢　欣	大32	25.00
计算语言学视窗	靳光谨译	大32	25.00
汉字·姓名·规范	张书岩	大32	25.00
古代语言现象探索	刘丽文等	大32	25.00